PIERRE DAC

L'OS À MOELLE

avec Le Gorafi

Omnibus

Conception graphique : Athéna Jouini
Mise en page : Athéna Jouini et Corinne Liger
Fabrication : Laura Bisulli

92, avenue de France - 75013 Paris

ISBN : 978-2-258-21137-7
Dépôt légal : janvier 2025

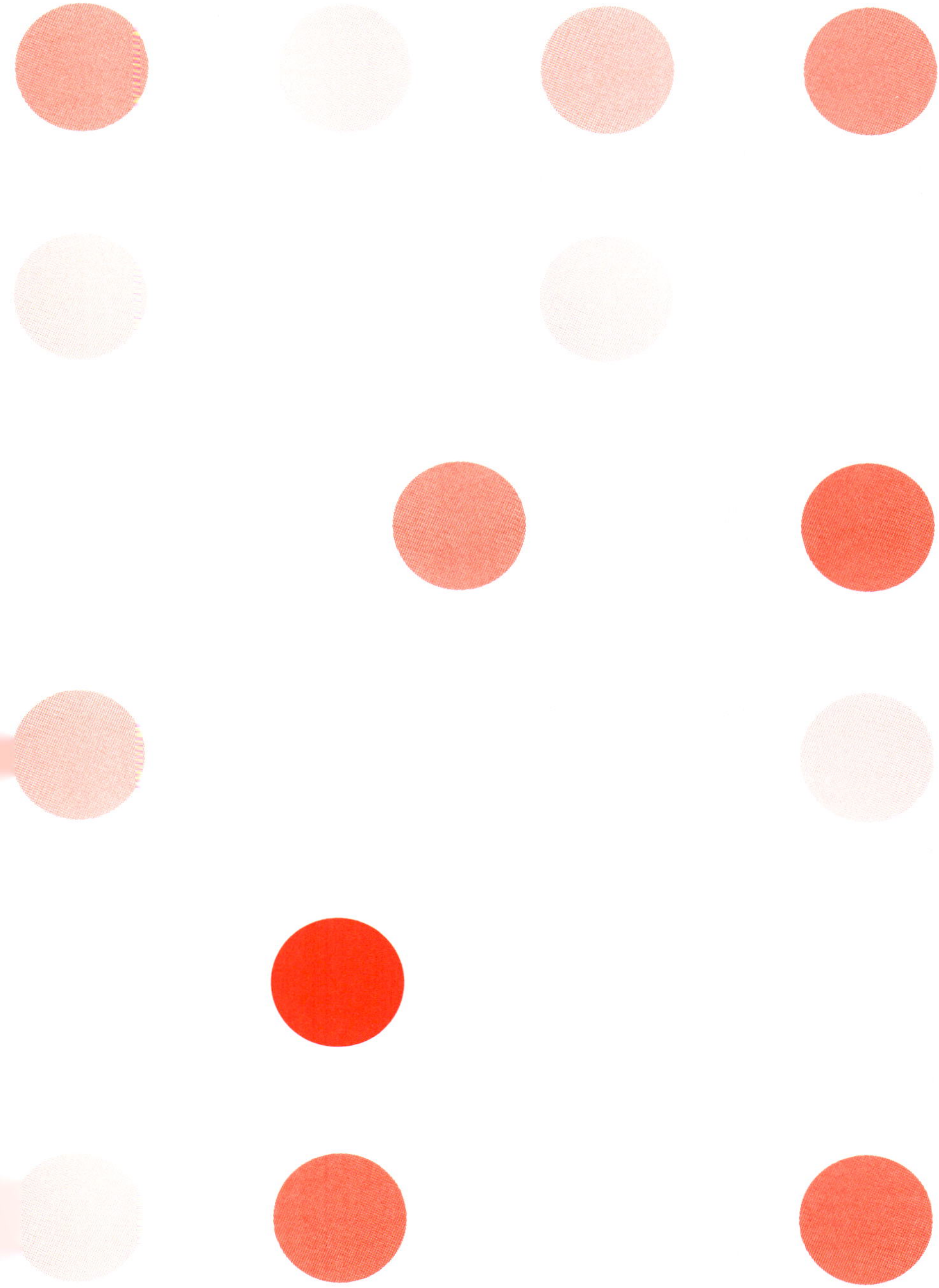

Le mot de **Jacques Pessis**

Les textes de *L'Os à Moelle* figurant dans cette édition ont été publiés entre le 13 mai 1938 et le 14 juin 1940. Ceux réalisés par *Le Gorafi* datent de 2024. Ce mélange d'époques entre le grand-père putatif et un petit-fils, voire un arrière-petit-fils, présumé est volontaire. Pierre Dac a ouvert une voie dans laquelle plusieurs générations d'humoristes se sont engagées. Sébastien Liebus, créateur du Gorafi, est le symbole d'une transmission dans la presse. La preuve flagrante de l'intemporalité de l'absurde et du loufoque, même si Pierre Dac a dit un jour : « Il vaut mieux avoir l'âge de ses artères que l'âge de César Franck. »

De *L'Os à Moelle* au *Gorafi*

PAR JACQUES PESSIS, LÉGATAIRE UNIVERSEL DE PIERRE DAC, ET SÉBASTIEN LIEBUS, CRÉATEUR DU GORAFI

J.P. Quand on lit *Le Gorafi*, la filiation avec *L'Os à Moelle* est indéniable.

S.L. Elle est d'autant plus réelle que l'aventure du Gorafi a débuté quand mon père m'a rapporté un almanach de *L'Os à Moelle*. J'avais seize ou dix-sept ans. Plus tard, en 2004, j'ai publié un article sur un forum Internet et me suis pris au jeu. J'ai continué de manière ponctuelle jusqu'à ce qu'un texte où je me moquais d'une interview de Nicolas Sarkozy dans *Le Figaro* me donne l'idée d'aller jusqu'au bout de la parodie en créant *Le Gorafi*, en 2012. J'étais alors photographe et m'amusais à détourner quelques-unes des coupures de presse que je collectionnais depuis mon enfance. Ça a été le déclic, le point de départ d'un projet que je portais en moi depuis huit ans, sans savoir véritablement comment le rendre concret.

J.P. Quand Pierre Dac crée *L'Os à Moelle* en 1938, il est déjà une star de la scène et de la TSF. Il a de nombreux fans et une solide équipe autour de lui, à commencer par ceux qui l'accompagnent chaque dimanche dans son émission de radio. Ça n'a pas été votre cas. Vous êtes parti de rien. Pierre Dac aurait ajouté « pour arriver à pas grand-chose ».

S.L. Quand je décide de me lancer véritablement dans l'aventure, je commence par travailler seul, pendant environ huit mois. L'humoriste Pablo Mira est le premier à me suivre dans une aventure qui, en 2013, devient, en ce qui me concerne, un emploi à plein temps. Les équipes s'étoffent, nous commençons à trouver notre place avec des séries d'articles qui vont déboucher, ensuite, sur un premier livre. *Le Gorafi*, aujourd'hui, ce sont quinze personnes avec qui je travaille très régulièrement, face au quotidien. Cela nous permet d'être présents plusieurs fois par jour sur Internet.

J.P. Pierre Dac disposait d'une équipe plus modeste, mais cela ne se voyait pas, les articles étant publiés sous divers pseudonymes, parmi lesquels GKW Van den Paraboum, Gédéon Burnemauve ou Léon Lamigraine.

S.L. Quand j'ai découvert l'almanach, j'ai flashé sur le pseudonyme de Basile Sangène. Il est aussitôt devenu le mien pendant de longs mois.

J.P. *Le Gorafi* possède un immense avantage sur *L'Os à Moelle* puisque, grâce à cette équipe et à Internet, vous pouvez réagir très vite, à votre façon, à un événement qui vient de se dérouler.

S.L. Nous suivons l'actualité au jour le jour, et, sur certains sujets, notre réaction est quasi immédiate. Nous avons adopté un fonctionnement traditionnel avec deux conférences de rédaction par jour et des soirées spéciales quand il y a un événement important comme, par exemple, des élections en France ou aux États-Unis.

J.P. Dans *L'Os à Moelle*, Pierre Dac détournait l'actualité en la traitant de manière absurde. Il demeure plus que jamais votre guide.

S.L. Il m'inspire totalement dans la carte du décalage que j'ai choisi de jouer. Pour moi, *L'Os à Moelle* est un journal qui joue à être un journal, mais dont les faits qu'il évoque n'existent que dans la tête de ses lecteurs. Quand on lit le reportage d'un soi-disant envoyé spécial auprès d'Hitler ou de Mussolini, on sait, bien évidemment, que l'entretien n'a jamais eu lieu. J'ai repris ce principe des fausses interviews, totalement absurdes, mais très sérieusement réalisées.

J.P. Pierre Dac disait : « Le plus beau compliment que l'on puisse me faire à propos de mes textes, c'est de dire : "C'est complètement con, mais c'est vrai !" »

S.L. Mon principe, c'est de me mettre dans la peau d'un journaliste particulièrement stupide, qui ne comprend pas de quoi il parle, et qui s'adresse à des gens qu'il imagine très bêtes, alors qu'ils ne le sont absolument pas.

J.P. En découvrant ou en redécouvrant les articles qui figurent dans les pages qui suivent, quel sentiment avez-vous éprouvé ?

S.L. Les éditoriaux et reportages autour de « Pierre Dac président ! » m'ont particulièrement marqué. C'est de la loufoquerie à l'état pur, une dernière bulle de légèreté. Quand je lis ces articles en me mettant à la place de leurs rédacteurs, j'ai presque envie de prévenir le lecteur des dangers qui le menacent, de ce qui risque de lui arriver.

J.P. Pierre Dac l'écrit parfois en filigrane, quelques mois avant la mobilisation. Quand la « drôle de guerre » éclate, il se met au service des soldats en tentant, à sa manière, de leur remonter le moral.

S.L. Je mesure la dimension du courage d'un homme qui ose faire des blagues sur Hitler, alors que le monde est au bord de la guerre. Quand il s'installe derrière son bureau pour écrire un éditorial, il ne doit surtout pas penser au fait que les nazis sont encore de l'autre côté du Rhin mais qu'ils pourraient bientôt venir occuper Paris. Ce n'est pas simple. Il faut disposer d'un self-control exceptionnel pour conserver son calme en se disant que, malgré cela, on va faire marrer les Français !

J.P. Près de quatre-vingts ans séparent la création de *L'Os à Moelle* et celle du Gorafi. Les temps ont changé, mais la forme d'esprit demeure. Comment expliquer qu'aujourd'hui encore *L'Os à Moelle* reste d'actualité ?

S.L. Notre époque est très différente de celle où *L'Os à Moelle* a été publié, mais la forme d'humour a traversé le temps. Lorsque je me rends dans un salon du livre pour une séance de dédicace, des jeunes et d'autres, plus mûrs, me disent régulièrement que l'esprit du Gorafi leur fait penser à celui de *L'Os à Moelle*. Moi-même, quand je donne des cours de rédaction web dans les écoles, j'illustre la mécanique de la satire en citant la réponse de Pierre Dac à Philippe Henriot, à la BBC en 1944. Elle est cinglante, mais il n'y a pas, dans les mots qu'il emploie, le moindre sentiment de colère, bien au contraire. C'est un modèle du genre.

J.P. Au micro de Radio Paris, Henriot avait attaqué ses origines juives en disant : « Nous atteignons les cimes du comique quand notre Dac prend la défense de la France ! La France, qu'est-ce que cela peut bien signifier pour lui ? » En deux heures, Pierre Dac avait écrit une réponse aujourd'hui étudiée dans les écoles sous le titre Bagatelle sur un tombeau. C'est postérieur à la « Drôle de guerre ». En 1943, Pierre Dac est devenu, à Londres, au micro de la BBC, l'un des « Français qui parlent aux Français ». C'est un passé encore très présent, et pour longtemps encore, dans la mémoire collective. Il appartient à l'histoire, alors qu'au Gorafi, vous traitez exclusivement l'actualité.

S.L. Nous travaillons sur l'instant présent, sur l'actualité d'aujourd'hui avec des références qui disent quelque chose aux lecteurs d'aujourd'hui, les plus anciens mais aussi la nouvelle génération. Nous faisons rire, sans jamais blesser méchamment, en respectant la langue française et en affichant une tournure d'esprit dans la droite ligne de celle de Pierre Dac. Dans mon esprit, comme dans celui de ceux qui travaillent à mes côtés, il demeure un maître que je vénère. Je ne me considère pas comme son égal, mais je ne dissimule pas mon émotion quand on m'assure que *Le Gorafi* est l'égal de *L'Os à Moelle*. C'est l'accomplissement d'une filiation que je n'aurais jamais imaginée. Cela m'incite, comme disait Pierre Dac, à continuer à faire du mieux que je peux et du peu que je mieux !

J.P. Vous donnez ainsi la preuve, comme disait aussi Pierre Dac, que rien de ce qui est fini n'est jamais complètement achevé tant que tout ce qui est commencé n'est pas totalement terminé !

Dans les pages suivantes, entre autres et réciproquement

PIERRE DAC

PRÉSIDENT !

Dès le lendemain de sa nomination comme chef du gouvernement, monsieur Pierre Dac a préparé un certain nombre de décrets qui seront soumis incessamment – et même plus vite que ça – à la signature du Président de la République Loufoque.

Statut du travail :

à la suite de l'accord intervenu entre les syndicats, on ne travaillera plus désormais le lendemain des jours de repos, mais, à titre de compensation, on se reposera la veille.

Tarifs douaniers :

les droits relatifs à l'importation du yaourt seront triplés les jours pairs, quadruplés les jours impairs, et quintuplés tous les autres jours. Un droit fixe sera appliqué aux bretelles, aux tessons de bouteille et aux sifflets à roulette. Bénéficieront d'une exonération totale : les cages d'ascenseur, les cordes à nœuds et les bougies allumées. Rien de changé en ce qui concerne l'importation des cuirs chevelus.

Bœuf en daube :

la ration quotidienne de bœuf en daube est fixée à douze kilos par personne. La vache en daube, même enragée, est interdite à moins de 50 kilomètres de la capitale. Quiconque aura, à l'aide de violences, voies de fait ou manœuvres frauduleuses, entravé la liberté de pâturage du bœuf en daube sera passible d'un emprisonnement de quinze à trente secondes.

Consommation d'alcool :

les lendemains de cuite seront désormais reportés à la veille ou au surlendemain.

Le Gorafi

Tout risque de guerre mondiale écarté en Europe avec la nomination d'un Loufoque en France

La nomination de Pierre Dac à la présidence du Conseil est un signe clair et précis que les risques d'une guerre mondiale en Europe sont totalement écartés. « Après pareille nouvelle, on comprend que nous sommes désormais dans un environnement sain, équilibré et sans risque d'occupation temporaire ou d'annexion d'un pays tiers ou à moitié », a commenté pour sa part le ministre des Affaires étrangères anglais. « La France rejoint le concert des nations », a quant à lui souligné le président de la SDN, rappelant que la place de second basson était toujours vacante.

UNE JOURNÉE HISTORIQUE

Le premier ministère loufoque est constitué

« Mais il ne durera pas... »

nous dit monsieur Pierre Dac, président du Conseil

À minuit exactement – c'est-à-dire à l'heure où ce n'était plus tout à fait hier mais où ce n'était pas tout à fait encore aujourd'hui – monsieur Albert Anonyme, Président de la République Loufoque, s'est trouvé face à face avec la crise. Dans le noir, ils se sont l'un et l'autre fait « Hou ! » à mi-voix, et, l'obscurité aidant, apeurés, se sont enfuis chacun de leur côté. Cependant, quelques instants plus tard, le chef de l'État recevait les personnalités politiques. Tour à tour et sur un air de polka, on a vu arriver : monsieur Léopold Lavolaille, en pyjama, monsieur Van den Paraboum en trottinette à voile et le capitaine Adhémar de la Cancoillotte en bâillant. Après vingt minutes d'une attente angoissante, monsieur Pierre Dac est apparu dans la cour du Palais devant des journalistes accrédités, en train de battre la semelle, la mesure, et le pavé. L'air grave et la voix rendue aiguë par la solennité du moment, il a annoncé que le chef de l'État l'avait chargé de constituer le gouvernement.

« Je n'ai pas cru devoir décliner cette offre.
L'heure, vous ne l'ignorez pas, est grave.
Elle est même très grave. Enfin, quoi : elle est grave.
En conséquence, il importait d'aller vite. Je puis dire, sans me vanter, que je suis allé vite. »

Le nouveau chef du gouvernement a alors précisé aux représentants de la presse le dosage politique de son cabinet.

« J'ai fait inscrire les titres des ministères sur des papiers, qui ont été pliés puis soigneusement mélangés dans le fond de mon chapeau. L'huissier de service a procédé au tirage, et chaque ministère désigné a été attribué au vainqueur de parties de poker particulièrement acharnées. »

Monsieur Pierre Dac a ensuite expliqué que seul le ministère de l'Air avait été tiré à pigeon vole, avant de préciser que, dans la foulée, il a choisi de le supprimer parce que cet acte aurait pu être jugé anticonstitutionnel.

« Mieux vaut encore ne pas avoir l'air d'avoir l'air que d'avoir l'air de ne pas avoir l'air »,

a-t-il lancé avant de conclure ainsi :

« Il n'y a pas d'huile sans vinaigre, de fumée sans tabac, ni d'épines sans pied.

Celles et ceux qui ne voudront point comprendre la suite de ce qui précède ne sont pas dignes du nom magnifique qu'une démocratie vigilante et infranchissable s'est plu à leur accorder en toute confiance sur l'autel sacré de la Patrie reconnaissante. »

Bagarre au parlement loufoque

De graves incidents ont mis aux prises, hier, au Parlement loufoque, les partisans de l'ordre dans le désordre, nuance Népomucène Doublemètre, et ceux du désordre dans l'ordre, nuance Jérôme Troublefête. Ces incidents déplorables n'ont pas tardé à dégénérer en bagarre, en dépit des efforts désespérés du président de séance pour un retour au calme. Voici le compte rendu détaillé de cette séance tumultueuse.

Dès la seconde interpellation, alors que monsieur Durand Verdouillette, député des Côtes Premières, parlait à la tribune, dans l'indifférence générale, de l'influence des pois de senteur sur le retour des hirondelles, les membres de l'opposition systématique, d'accord, pour une fois, avec ceux de l'opposition occasionnelle, ont entamé les interruptions d'usage :

« Très bien ! bravo ! »

Ceux-ci, dressés sur leur banc, ont alors entamé sur l'air approximatif des Lampions :

« Démission !... Démission ! »

Les invectives se sont ensuite croisées comme des serpentins un soir de réveillon :

« Gros chéri ! », « Petit chou ! »,

« Sale gosse ! »

Cette bordée d'injures mit le feu aux poudres et aux visages. Le président, craignant pour sa sécurité personnelle, a quitté une salle que les huissiers sont parvenus, non sans mal, à évacuer. Dirigés vers la buvette par l'habile service d'ordre, les parlementaires ont fini par se calmer devant les orangeades glacées et les vin-blanc-citron. Pendant ce temps, subrepticement, le président du Conseil est monté à la tribune et, devant les huissiers qui n'en perdaient pas une bouchée, a lu le décret qu'il avait pris la décision de signer, sous sa seule responsabilité :

Pendant les mois de juin, juillet et août, 50 % des routes nationales inutilisées iront de la capitale à La Rochelle. Sur demande expresse des préfets, les 50 autres pour cent pourront relier éventuellement Paris à Deauville, La Baule, Cannes, Juan-les-Pins, et cela, afin de faciliter le trafic pendant cette traditionnelle période d'intense circulation.

Précision : À la suite des incidents survenus au Parlement, le docteur Duniton a été chargé de prendre la tension ministérielle du cabinet.

Dès cet intermède terminé, le président Pierre Dac s'est rendu au domicile de fonction de monsieur Albert Anonyme, président de la République Loufoque, afin de lui remettre la démission collective du cabinet. Dans la foulée, il a présenté la liste de son cabinet, accompagnée d'une précision liminaire, essentielle, et réciproquement.

« Il faut du nouveau, alors le voici ! Si les ministres sont les mêmes – je ne peux tout de même pas me fâcher avec mes collaborateurs –, les ministères ont changé. Voici, monsieur le Président, la liste que vous n'avez plus qu'à parapher et signer. Je me charge du reste. »

signature :

LA LISTE OFFICIELLE DES MINISTRES DU NOUVEAU GOUVERNEMENT

PRÉSIDENT DU CONSEIL ET CHEF DU GOUVERNEMENT :

monsieur Pierre Dac,
provisoirement inamovible, sans portefeuille mais avec un petit porte-monnaie.

VICE-CHEF DU GOUVERNEMENT ET GARDE D'ESSO :

ça dépendra.

MINISTRE DES BAS ET CHAUSSETTES :

monsieur Jérémie Pataùsabre.

MINISTRE DU YAOURT :

monsieur Joseph Paudemurge.

MINISTRE DES PORTES ET FENÊTRES :

monsieur GKW Van den Paraboum.

MINISTRE DES HUISSIERS :

capitaine Adhémar de la Cancoillotte.

MINISTRE DES PLÉONASMES :

monsieur Albert Tunoulès.

MINISTRE DES PAVÉS GRAS :

monsieur Jules Fauderche.

MINISTRE DES VIEUX DENTIERS :
monsieur Raphaël Fauderche.

MINISTRE DE LA MATIÈRE GRISE :
monsieur Léopold Lavolaille.

MINISTRE DES ŒUFS AU BACON :
monsieur Gédéon Burnemauve.

MINISTRE DES LINOLÉUMS ET TERRES CUITES :
monsieur Sosthène Veauroulé.

MINISTRE DES JAUNES D'ŒUFS :
monsieur Léon Lamigraine.

MINISTRE DE LA GOMME À CLAQUER :
monsieur Saturnin Mouchabeu.

MINISTRE DU GAZ ET LÈCHEFRITES :
monsieur Guy Landneuf.

MINISTRE DES SUCCÉDANÉS :
monsieur Sylvain Étiré.

MINISTRE DES CHAPEAUX BAS :
monsieur Prosper Defaisse.

Les premières nouvelles mesures

La première décision du nouveau gouvernement a fait sensation. En baissant la voix et en souriant divinement, monsieur Pierre Dac a déclaré : « Il y a huit jours, mon prédécesseur a fait un emprunt… Eh bien, demain, moi, je le rends. » La preuve d'un véritable changement, mais pas la seule. De grands travaux vont être programmés, à commencer par le percement d'un tunnel de 2 mètres sous la Bièvre ; la construction d'une borne lumineuse à Brique-sur-Anchois, et l'installation d'un strapontin supplémentaire au théâtre de l'Odéon. Des mesures que certains qualifieront de démesure. À quoi nous répondrons que quand on aime son pays, on ne compte pas en demi-mesures.

Le Gorafi

Le gouvernement loufoque annonce des mesures très mesurées

Les nouvelles mesures du président du Conseil Pierre Dac feront l'objet de nouvelles mesures qui seront elles-même mesurées par un cabinet dédié à cette opération. « Il s'agit de prendre la mesure des mesures. » Ces nouvelles mesures devraient donc apporter de nouvelles mesures très attendues et, dans une moindre mesure, de plus petites mesures, très mesurées, seront prises, au fur et à mesure et, comme l'a garanti le président Dac, sans démesure.

La passation des pouvoirs

À 10 heures ce matin, l'ancien Président du Conseil, monsieur Pierre Dac, a passé les pouvoirs à son successeur, monsieur Pierre Dac. La cérémonie a été aussi simple qu'émouvante. Allant d'un côté à l'autre de la table-bureau, s'adressant des sourires de circonstance qu'il allait rattraper en courant, le Président a prononcé les paroles habituelles de bienvenue, avant de s'adresser les vœux les meilleurs, puis de se remercier chaleureusement.

Le discours du président

Las de porter sur ses épaules, néanmoins solides, un tel poids de responsabilité, las, également, de se voir critiqué avant même de savoir exactement ce qu'il allait dire, le Président Pierre Dac a décidé, exceptionnellement, de faire son discours par gestes. Et même, par gestes silencieux. Dès son arrivée à la tribune, richement garnie de fleurs artificielles et de curriculum vitæ du plus bel effet, le Président, d'un geste large, s'est touché le front par deux fois. Il a ainsi indiqué qu'il était le Roi incontesté des Loufoques, cinglés et autres piqués de même espèce. L'assistance composée du garde champêtre, totalement sourd, et de l'aide-pharmacien, particulièrement myope, a montré son enthousiasme par des applaudissements également silencieux. Puis, le Président a successivement posé ses mains sur les planches qui l'entouraient, dans la direction des quatre points cardinaux. Il a voulu montrer ainsi que, tout autour de lui, des gens se croyaient loufoques qui ne l'étaient pas autant qu'ils l'imaginaient. Alors, l'œil fixe comme celui d'un aigle à la mamelle, le front serein, le corps redressé d'avoir accompli son devoir, tout son devoir, il a quitté la tribune sans avoir lancé une parole, ni prononcé le moindre coup de poing. Une ovation tout aussi indescriptiblement silencieuse que la précédente a accueilli ces déclarations muettes, avant que le garde champêtre et l'aide-pharmacien concluent la manifestation par une violente partie de pigeon vole. On ne s'attend à aucune réaction dans les chancelleries européennes.

Le Gorafi

Le président Pierre Dac se blesse grièvement en voulant mimer « déficit global de la balance du produit extérieur brut »

Voulant être le premier président du Conseil à mimer un discours de président du Conseil, Pierre Dac s'est grièvement blessé. En cause, les termes de « déficit global de la balance du produit extérieur brut » qui ont valu au malheureux président de se retrouver coincé dans un triple nœud au niveau des bras et des deux mains. L'opération de désincarcération nécessaire pour le libérer a duré plus de

quarante-huit heures. Il s'est malheureusement recoincé quelques minutes plus tard après avoir tenté de mimer « recapitalisation des exportations par une réindustrialisation des territoires sur l'index du commerce extérieur ».

Un président ambassadeur

Prenant son temps et son inséparable parapluie, ménageant son effet et sa monture – car il se trouve sur sa trottinette favorite –, et face aux difficultés extérieures qui s'accumulent, le président Pierre Dac a annoncé la préparation d'un grand mouvement diplomatique ! Il a ainsi décidé de faire lui-même ce que d'autres n'osent pas exécuter, en se nommant ambassadeur. Lors d'une conférence de presse, il en a dévoilé les raisons :

« Nul mieux que moi ne saura exécuter mes instructions, deviner mes intentions, prévoir mes réactions, et suivre les lignes de conduite que j'aurais moi-même adoptées dans des circonstances identiques et, pour tout dire, semblables. »

Il a précisé s'être signé les lettres de créance l'accréditant auprès de gouvernements étrangers avec les représentants desquels il a immédiatement participé à une interminable conférence. En conclusion, il a déclaré :

« La règle, en diplomatie, la règle actuelle est de ne rien savoir. La preuve : on envoie un ambassadeur en Russie. Dès qu'il y connaît quelque chose, on l'envoie au Japon. Se met-il au courant ? Le voilà affecté au Pérou. Lorsqu'il aura fait son apprentissage, successivement dans tous les pays du monde, ne sachant plus quoi faire de lui, on le mettra à la retraite... Moi, au contraire, j'ai des idées suivies. Je me nomme ambassadeur, à la fois, dans toutes les capitales de l'univers. »

À celles et ceux qui se demandent comment il pourra être partout à la fois, il répond :

« Je choisis des remplaçants – autant de remplaçants que de pays à fournir –, et je les envoie me représenter. »

On ne peut être plus diplomate.

Le Gorafi

Le président Pierre Dac se rendra en visite officielle dans le trou de la Sécurité sociale

Refusant qu'un territoire échappe à l'autorité souveraine – et plus si affinités – de la République, le président du Conseil a annoncé sa visite prochaine dans le trou de la Sécurité sociale. Un trou qui sera d'abord sécurisé pour éviter toute chute de déficit ou de déremboursement non prévu. « Je n'ai pas peur d'aller là où aucun président n'a osé aller », a affirmé Pierre Dac avant de remettre son scaphandre pour résister aux fortes pressions financières dans le fond du gouffre.

Le nouveau système électoral : le service parlementaire

Une réforme électorale est aujourd'hui d'actualité. Les parlementaires, qui sont évidemment les premiers intéressés, n'envisagent que deux solutions : le scrutin d'arrondissement ou la représentation proportionnelle. Disons-le tout net : aucune des deux n'a notre approbation. Mais, à l'inverse de celles et ceux qui critiquent toujours sans rien proposer, nous avons un système à suggérer : le service parlementaire obligatoire. Que l'on ne nous dise pas que c'est impossible : nous avons bien le service militaire, le service fiscal, le service compris dans les restaurants, le service à dessert, et j'en passe...

Comment fonctionnerait-il ? Très simplement. Il suffirait de transposer sur le plan politique ce qui se passe dans l'armée.

1. Un conseil de révision auquel seraient astreints tous les citoyens ayant l'âge désiré. Il ne s'agirait pas pour les candidats de se mettre tout nus devant un jury médical, mais de satisfaire à certaines épreuves, parmi lesquelles un claquage de pupitres, des interruptions violentes et parfois empreintes de mots grossiers et un discours d'une heure au moins permettant d'endormir au minimum un tiers de l'assistance.

2. Les candidats ayant subi avec succès les épreuves seraient incorporés pour une durée de deux ans. La fonction parlementaire ne serait pas rétribuée, mais les députés seraient logés, nourris, habillés et toucheraient un paquet de cigarettes par semaine.

3. On désignerait tous les jours des hommes de corvée. Il y aurait, entre autres, la corvée d'interpellation, la corvée d'interruption, la corvée d'approbation, la corvée de dépôt d'ordre du jour. Enfin, les gradés assureraient à tour de rôle et pendant sept jours d'affilée la semaine de Commissions des Finances, des Affaires étrangères, ou de l'Armée. Les tire-au-flanc seraient chargés, en guise de punition, des pires corvées, à commencer par le vote de mesures impopulaires telles que l'augmentation des impôts ou la suppression d'emplois. Des récompenses seraient réservées aux plus assidus. Un portefeuille ministériel serait attribué à celui qui aurait réussi la plus belle interpellation.

Enfin, ce système présentera l'avantage d'éviter désormais toute forme de discussion entre la droite, la gauche et même le centre. Cette différence disparaîtra. La Chambre ne sera plus un hémicycle, mais un cycle complet. Les députés étant répartis sur des gradins circulaires, la Chambre aura l'apparence d'un cirque. Ce qui, au bout du compte, ne changera pas grand-chose.

Modèle de lettre à adresser à M. le préfet de police pour solliciter une place de président de la République

Monsieur le Préfet,

Ayant appris d'une manière fortuite, quoique fort honorable, qu'il y aurait peut-être prochainement une place vacante à la Présidence de la République, j'ai l'honneur, par la présente, de solliciter de votre haute bienveillance l'octroi de cette place que je me sens capable de remplir à votre entière satisfaction et au mieux des intérêts de votre maison.

Je tiens à votre disposition un curriculum vitæ détaillé, ainsi que les certificats des maisons qui m'ont employé, d'où je suis toujours parti de mon plein gré et libre de tout engagement.

Je vous signale, à toutes fins utiles, que je possède un habit, une jaquette, un complet veston croisé et que je porte avec une certaine désinvolture le chapeau claque, le bicorne et la chéchia.

Je vous serais fort obligé de bien vouloir me fixer un prochain rendez-vous afin que nous puissions débattre les conditions.

En l'attente d'une prompte réponse, je vous prie d'agréer, Monsieur le Préfet, l'assurance de ma parfaite considération sans préjudice de mes salutations distinguées et de mes civilités empressées.

Signature et adresse.

L'EAU BOUILLANTE EST-ELLE MOINS BOUILLANTE EN HIVER QU'EN ÉTÉ ?

CETTE QUESTION NOUS EST POSÉE PAR MONSIEUR MOHAMMED GAÉTAN FLOUGUINAX, L'HONORABLE CHEF RESSEMELEUR DE LA SOCIÉTÉ « L'EAU DE MÉLISSE RÉPUBLICAINE ». NOUS AVONS LE REGRET D'INFORMER SON AUTEUR QUE CETTE QUESTION EST NON SEULEMENT DÉNUÉE D'INTÉRÊT, MAIS ENCORE COMPLÈTEMENT RIDICULE. NATURELLEMENT, L'EAU BOUILLANTE L'EST MOINS EN HIVER ! AUTREMENT, À QUOI SERVIRAIT LE FROID ? EN REVANCHE, ELLE L'EST BEAUCOUP PLUS EN ÉTÉ, CE QUI ÉTABLIT UNE JUSTE COMPENSATION. NOUS DEMANDONS INSTAMMENT AUX CHEFS D'ENTREPRISE DE VOULOIR BIEN NE PAS NOUS DÉRANGER AVEC DE PAREILLES INSANITÉS. NOUS AVONS MIEUX À FAIRE ET NOTRE TEMPS NOUS EST D'AUTANT PLUS PRÉCIEUX QUE, LORSQUE NOUS NE SAVONS COMMENT L'EMPLOYER, NOUS EN DISPOSONS EN CONSÉQUENCE POUR COMBLER LES LACUNES DES INTERVALLES RÉSULTANT DES CONTRETEMPS.

On demande retraité ayant grande barbe pour épousseter objets d'art.

Le Gorafi

On demande Premier ministre capable de ne pas utiliser une seule fois un 49.3 pendant son mandat.

On demande lanceur de lasso expérimenté pour attraper les moustiques.

Le Gorafi

On demande éditorialiste sur chaînes de télévision capable de parler de sujets qu'il maîtrise. Trop sérieux s'abstenir.

On demande cheval sérieux connaissant bien Paris pour faire livraisons seul.

On demande octogénaires corrects et courant bien pour vente à la sauvette.

Le Gorafi

Parti qui ne se dit ni de droite ni de gauche cherche colonne vertébrale politique, même d'occasion. Si possible de droite.

Cheval sérieux, ayant petit avoir, cherche cavalier pas trop lourd en vue promenades au bois.

On demande ingénieur agronome pour piquer des salades sans se faire prendre.

Importante compagnie d'autobus demande messieurs chauves pour servir de rétroviseurs.

Pourquoi lorsque le soleil apparaît sur une partie de la terre disparaît-il de l'autre ? Ce sont là des inégalités flagrantes. Qu'en pensez-vous ?

Je n'ai pas constaté la chose moi-même, mais j'ai toujours entendu dire que le soleil brille pour tout le monde.

J'ai un bon copain qui est, paraît-il, mon cousin... Je veux bien... mais est-ce vraiment moi qui suis le sien ou lui le mien ? Comment sortir de ce dilemme ?

Vous en sortirez en grimpant à votre arbre généalogique. Mais gare aux branches mortes si vous ne voulez pas vous casser la tête inutilement, voire la figure.

ATTENTION AUX ESCROCS !

Nous ne saurions trop mettre en garde nos lecteurs contre les agissements malhonnêtes de certains individus sans scrupules qui, depuis quelques jours, se présentent en notre nom chez les particuliers et leur proposent des pommes au lard porte-bonheur. **NOUS DÉCLINONS TOUTE RESPONSABILITÉ.** Les seuls porte-bonheur que nos démarcheurs officiels ont le droit de vendre affectent exclusivement la forme d'une matraque plombée ou d'un boudin de sable.

Madame, si votre peau est terne, si votre teint est brouillé, si vous manquez d'éclat... Chaque soir, avant le coucher, et chaque matin au réveil,

- passez sur votre visage un tampon de coton hydrophile imbibé de quelques gouttes de brillant à métaux ;
- laissez sécher et frottez énergiquement avec un chiffon sec.
- Renouvelez l'application jusqu'à complète satisfaction, mais arrêtez dès que vous constaterez que la peau reste accrochée au chiffon.

PEUT-ON TAPISSER UNE CHAMBRE DE JEUNE FILLE AVEC DU VEAU FROID ?

L'IDÉE EST AMUSANTE, MAIS J'AI PEUR QUE ÇA NE SOIT PAS TRÈS CHAUD, ET UN PEU FADASSE. IL EST VRAI QUE VOTRE CHÈRE MAMAN, QUI EST SI BONNE POUR VOUS, VOUS DONNERA VOLONTIERS UN PEU DE MAYONNAISE.

Divers

Fauché n'ayant pu partir en vacances serait reconnaissant à qui lui céderait hâle et coup de soleil pour bluffer amis et connaissances.

D'ON NE SAIT PAS OÙ

On est sans nouvelles de l'autobus parti mercredi dernier de la Porte Maillot. Il a été aperçu pour la dernière fois voici deux jours sur les bords de la Loire. L'hypothèse d'une fugue semble, à ce jour, la plus plausible.

Ça va mieux…

Ouf ! Eh bien ! mes chers amis, ce n'est pas pour me vanter, mais c'est avec une intense satisfaction que je peux enfin dire : Ça va mieux ! Remarquez que je ne peux pas encore dire que ça va tout à fait bien, mais je constate tout de même qu'il y a du mieux dans le moins mal et du moins mal dans l'un peu mieux ; et je vous prie de croire que ça n'a pas été tout seul : je reviens de loin et généralement, quand on revient de loin, ça prouve qu'on a vu le danger de près.

À la seule évocation de ce qui m'est arrivé, j'en ai froid dans les os tellement j'ai eu chaud ; et c'est même une chance inespérée qu'ayant eu chaud à l'extérieur et froid à l'intérieur, je n'aie pas attrapé un chaud et froid entre la peau et les os.

Il ne m'aurait plus manqué que d'avoir une broncho-pneumonie du deltoïde ou des supinateurs ; c'eût été complet. Enfin, n'en parlons plus ; mais quelle alerte !

Mes chers amis, vous avez certainement souffert, au cours de votre existence, d'affections plus ou moins graves ; mais si vous n'avez jamais eu le plébiscite ou le référendum, vous ne savez pas ce que c'est qu'une maladie sérieuse ; et c'est ce qui vient de m'arriver ; j'ai eu le plébiscite.

Je ne souhaite pas à mon plus mortel ennemi de tomber sous les coups de cette abominable calamité ; ça m'a pris comme ça, subitement, un soir, alors que tranquillement je triais, par rang de taille, de la teinture d'iode en vrac.

Ça a commencé par un violent spasme de mon nœud de cravate avec déplacement subit de l'œsophage de gauche à droite et de droite à gauche, provoquant ainsi une rupture d'équilibre, puisque, ayant l'œsophage central depuis deux ans, je me trouvais, de la sorte, en mauvais état de self défense pour résister à une attaque aussi imprévue.

Deux docteurs, mandés en toute hâte à mon chevet, prescrivirent, l'un des ventouses au sucre, l'autre des sinapismes à la vanille ; délaissant leurs avis contradictoires, j'eus l'excellente inspiration de me faire faire des enveloppements de coke au vin, qui, comme chacun le sait, est le spécifique, par excellence, du plébiscite, voire du référendum.

Est-il besoin de signaler que, pour être efficaces, les susdits enveloppements ont été appliqués avec du coke fraîchement émoulu de l'usine à gaz imbibé fortement de vin des coteaux de Pamir.

Donc, grâce à ma présence d'esprit, le plébiscite et le référendum ont rapidement diminué d'intensité. Après vingt-quatre heures de traitement, ils ont complètement disparu, ne me laissant que de douloureuses courbatures et une légère paralysie des pattes de bretelles.

Je remercie les nombreuses personnes qui m'ont témoigné leur affection en cette cruelle épreuve et m'ont ainsi aidé à triompher d'un mal dont, à de rares exceptions près, il est à peu près impossible de réchapper.

Le jeu des barres

Nous avons tous, enfants, joué aux barres ; le jeu de barres pour adultes procède du même principe et se pratique de la manière suivante : les joueurs se divisent en deux équipes de quatre et prennent position à chacune des six extrémités d'un triangle isocèle imaginaire. Chaque compétiteur se munit d'une solide barre de fer et doit se débarrasser de ses adversaires dans le plus bref délai. C'est celui qui reste debout le dernier qui gagne. Les frais de clinique sont à la charge des perdants.

MODÈLE DE LETTRE

À envoyer pour s'excuser de ne pas écrire

Monsieur (ou Madame),
ou Monsieur et Madame,
ou Chère vieille gamelle,

Je viens, par la présente, m'excuser très sincèrement de l'impossibilité dans laquelle je me trouve présentement de vous écrire le moindre mot. Chaque jour je remets à plus tard le soin de vous envoyer de mes nouvelles et m'inquiéter des vôtres : je n'y parviens pas : les affaires, les ennuis, les rendez-vous, etc. Bref, je ne peux trouver une minute de tranquillité pour remplir à votre intention la valeur même d'une demi-page. J'espère que vous ne m'en tiendrez pas rigueur. De votre côté, s'il ne vous est pas possible de m'écrire, veuillez avoir l'obligeance de me le faire savoir au plus tôt et par lettre. Encore une fois, toutes mes excuses pour mon actuel silence, et croyez à tout ce que vous voudrez croire.

Post-scriptum : il n'y en a pas.

VITESSE LIMITÉE

Le ministère des Travaux publics communique la note suivante :

Dès promulgation et affichage de la présente instruction, la vitesse de la lumière est fixée et déterminée comme suit :

Vitesse ordinaire moyenne sur une route nationale : 299 796 km/seconde ; sur une route secondaire : 121 618 km/seconde ; sur une traversée de ville ou village : 18 021 km/seconde. Toute infraction sera punie d'une peine variant de seize jours à dix-huit ans et de 125 grammes à 12 kilos d'amandes.

Le Gorafi

Permis suspendu et véhicule confisqué pour Dieu, flashé sur le périphérique extérieur galactique

La divinité circulait à 299 297 450 km/s, soit 299 297 400 km/s au-dessus de la vitesse autorisée sur cette portion du périphérique galactique. En outre, son véhicule présentait un défaut d'assurance de plus de 2 000 ans. « Mon Fils devait faire les papiers », a assuré la divinité qui a proposé de passer les déposer au commissariat « d'ici le prochain déluge ». Dieu sera aussi présenté au juge pour avoir menacé les agents de police de « damnation éternelle ». « J'avais un peu bu et j'ai peut-être eu des mots désagréables, mais au fond de moi je ne suis qu'amour », a-t-il ajouté avant d'être conduit en cellule de dégrisement.

Quel remède permet de lutter contre la calvitie et le somnambulisme ?

Manger, chaque soir, une tasse de café et boire des pastilles de menthe.

Locations

Monsieur descendant et montant escalier 4 à 4, cherche appartement dans maison ayant 16, 20 ou 24 marches par étage.

Le Gorafi

Loue place au soleil où la misère est plus supportable.

Cours et leçons

Apprenez rapidement à compter sur vos doigts, en suivant des cours astucieux et pleins d'intérêt.

DE TRAPPES

Ce matin, deux trains ont manqué d'entrer en collision. Fort heureusement, grâce à la présence d'esprit des ingénieurs qui avaient prévu une voie montante et une voie descendante, la catastrophe a été évitée.

Le Gorafi

La SNCF va expérimenter un second rail parallèle pour éviter les collisions

Un troisième voire un quatrième rail parallèle pourrait résoudre des problèmes d'aiguillage à l'infini selon un porte-parole de la SNCF qui ne ferme pas la porte à des voies perpendiculaires.

Faites-vous tailler les cheveux en brosse, vos tapis s'en porteront mieux.

Le Gorafi

À Marseille, ouverture du premier salon de coiffure pour couper les cheveux en quatre.

Avis et correspondances

Philatéliste distingué
s'intéresserait à voix ayant
beaux timbres.

Allumette suédoise donnerait
leçons de gymnastique.
Prix très souples.

Laitue tendre cherche limace
sentimentale.

DIVERS

■ **Clous à tête très large pour bricoleurs maladroits.**

■ **Poudre explosible pour déboucher les éviers. Livrée avec notice et extincteur : 32,90 F.**

■ **Parapluie tissu-éponge. Très intéressant au prix où est l'eau.**

On annonce, pour des questions d'économie, la suppression d'un grand nombre de postes de fonctionnaires. Qu'on n'oublie surtout pas les percepteurs !

DEMANDES D'EMPLOI

JEUNE HOMME FAIBLE CONSTITUTION RECHERCHE EMPLOI D'ESSAYEUR DE CHAISES LONGUES. CERTIFICATS ET DIPLÔMES DE CALEUR D'OREILLERS.

OFFRES D'EMPLOI

On demande ménage s'entendant comme chien et chat pour garder immeuble isolé infesté de souris.

FARCES-ATTRAPES

Cuillère à bascule, renversant la soupe sur les genoux (désopilant). La pièce : 0,50 F.

COMMENT CUEILLIR DES FRAISES

VOUS PRENEZ UNE ÉCHELLE DOUBLE - sur une échelle simple, vous risqueriez de vous casser la figure - et l'appliquez le plus près possible de l'arbre. À ce moment, fatigué par cet effort, vous allez boire un verre de blanc, si c'est le matin, ou un verre de rouge, si c'est l'après-midi, au bistrot du coin.

À VOTRE RETOUR, VOUS REDRESSEZ L'ÉCHELLE, tombée parce que vous ne l'aviez pas placée en équilibre. Vous revêtez ensuite vos mains de gants de peau, afin de ne pas vous piquer. La cueillette débute alors.

MUNI D'UNE ASSIETTE dans la main gauche, vous choisissez, avec la main droite, les fraises bien mûres, bien à point. Vous les mangez immédiatement, car il ne faut jamais remettre à plus tard ce qu'on peut faire tout de suite. Les autres - c'est-à-dire les pourries, les blettes, les piquées -, vous les déposez dans l'assiette.

LORSQUE L'ARBRE est complètement dépouillé, vous descendez de l'échelle, vous jetez les fraises pourries, puisqu'elles ne peuvent servir à rien, et rentrez chez vous. Si vos amis, ou les membres de votre famille, veulent aussi manger des fraises, ils n'ont qu'à faire comme vous.

Le Gorafi

Il tombe d'une échelle en cueillant des fraises : 15 jours d'ITT

Hier matin, un jeune homme s'est blessé en tombant de son échelle alors qu'il cueillait des fraises. Au moment où il se penchait pour attraper des fraises en bout de branche, il a perdu l'équilibre et a fait une chute de plusieurs mètres. Le gouvernement rappelle les recommandations en vigueur pour la cueillette des fraises, à savoir l'utilisation d'une échelle – voire deux ou trois –, un harnais de sécurité, une ligne de vie, un trampoline pour amortir la chute. Selon les experts, ces systèmes de sécurité ont fait baisser de 3500 % le nombre de blessés durant la saison de la cueillette des fraises.

Le droit

Avons-nous encore le droit de rire ou ne l'avons-nous plus ? Oui, disent les uns, non, disent les autres, sans compter les avis intermédiaires émanant de personnes de mentalité également intermédiaire.

Or – qu'on veuille bien m'excuser de donner impérativement mon avis – je réclame plus que jamais le droit de rire pour tous.

Je sais que beaucoup estiment qu'à l'heure présente, en raison des difficultés actuelles, le rire sonne comme un défi au bon sens et dénote une indifférence coupable vis-à-vis d'une situation qui, à tous égards, n'a rien de réjouissant. C'est une erreur et une erreur très grave : je peux personnellement en parler en toute connaissance de cause puisque j'exerce un métier dont le but est de distraire mes contemporains ; vous avouerai-je que j'ai la conscience de mon métier et que c'est justement en ce moment que je multiplie mes efforts pour mener à bien une tâche qui s'avère particulièrement difficile en une période où rien ne prédispose particulièrement à un optimisme béat.

Et c'est là où je veux en venir : si le rire est chose toute naturelle en période calme, j'estime qu'en période trouble il devient, s'il est conscient et lucide, comme une manifestation du courage tranquille ; car, en définitive, qu'est-ce que le vrai courage ? C'est, du moins je le crois, le fait de se rendre compte d'un danger, d'en avoir la crainte et de dominer cette crainte pour accomplir l'acte dangereux. Et c'est à ce moment que le rire est nécessaire ; certes l'avenir est peu réjouissant, certes nul ne sait s'il sera encore en vie dans quelques mois ; est-ce une raison pour se promener en arborant un air désespéré et un visage allongé de plusieurs aunes ?

La peur n'a jamais sauvé personne ; la tristesse non plus ; c'est pourquoi j'estime que nous devons plus que jamais accomplir l'effort nécessaire pour arborer présentement un sourire de bon aloi ; évidemment il ne s'agit pas de s'esclaffer stupidement à tout bout de champ, sans rime ni raison, en pratiquant la politique de l'autruche ; non, mais il s'agit de faire ce que l'on a à faire avec le maximum de confiance et le minimum de laisser-aller.

Le rire engendre un état bienfaisant qui permet de tenir le coup et de résister aux attaques du sort ; à danger égal, celui qui saura le considérer à la manière de Rabelais aura beaucoup plus de chances de s'en tirer que celui qui s'y soumettra fatalement.

Rions donc, dignement, bien sûr, mais rions sans crainte ; et si, quelque jour, il arrive que nous soyons contraints d'avaler notre bulletin de naissance, sachons le faire en gardant le sourire !... Et, croyez-moi, ce n'est pas à la portée de tout le monde.

DEMANDES D'EMPLOI

Épagneul en chômage demande emploi pour lécher les assiettes dans restaurant faisant cuisine au beurre. Bonnes références.

Kleptomane cherche place, même peu rétribuée, dans commerce de luxe ou magasin de nouveautés.

Pourquoi ne joue-t-on pas du violon à quatre mains ?

Votre question en vaut une autre et me semble tout aussi plausible que le calcul de l'abattement à la base. On joue bien du piano à quatre mains, alors pourquoi n'en serait-il pas de même pour le violon ? Est-ce qu'il est impossible de fabriquer des violons à deux places ? Nous ne le pensons pas. C'est au luthier de se débrouiller, mais du moment que l'on fabrique des trompettes en *si*, il n'y a aucune raison pour qu'on ne fasse pas des violons biplaces.

Le Gorafi

Alcoolisme – Les scientifiques conseillent de commencer directement par le dernier verre

Face au fléau de l'alcoolisme, les scientifiques recommandent de commencer par le dernier verre. « En commençant par la fin, on évite l'accumulation d'alcool et donc l'alcoolémie », explique l'un d'eux. « On dit toujours que c'est le dernier verre qui fait du dégât mais en procédant ainsi, comme on est plus sobre étant donné que c'est le premier verre, cela permet de mieux le gérer et d'enchaîner en douceur avec le premier verre », souligne un autre, ivre mort.

POURQUOI LES IVROGNES DISENT-ILS TOUJOURS QUE C'EST LE DERNIER VERRE BU QUI LES ENIVRE ? N'Y AURAIT-IL PAS UN REMÈDE POUR GUÉRIR, OU DU MOINS POUR NEUTRALISER L'EFFET DU DERNIER VERRE ?

Je ne vous dissimulerai pas que votre question particulièrement originale n'est toutefois pas absolument nouvelle... Je n'étais encore qu'un charmant bébé qu'on me la posait déjà pour former mon esprit aux spéculations transcendantales. Ce que je répondais ? Je ne me le rappelle pas, mais ce que je n'ai pas oublié, c'est la joie admirative d'un entourage qui, pour être plongé dans la plus totale indifférence, n'en était pas moins à cheval sur les convenances. J'ajouterai qu'il est bien difficile, sans faire de casuistique et vu l'état de nos connaissances, de déterminer l'état normal d'un ivrogne, même sous une latitude donnée.

LA RENTRÉE DES CLASSES

À la veille de la rentrée des classes, le ministre de l'Éducation nationale vient de communiquer le programme qui sera désormais exigé pour l'examen d'entrée à l'école maternelle, rendu indispensable par l'essor de l'instruction. Les éléments permettant de se présenter sont les suivants :

Être âgé de 6 à 75 ans. Messieurs les sénateurs ne sont pas admis comme boursiers.

Les candidats devront être munis d'une ardoise en fer-blanc, d'une toupie et d'une tablette de chocolat.

FRANÇAIS

Connaître au moins douze mots usuels.

MATHÉMATIQUES

Savoir combien on peut acheter de bonbons avec 1 franc.

GÉOGRAPHIE

Dire le lieu de sa naissance.

HISTOIRE

Raconter *Le Petit Chaperon rouge*.

CHIMIE

Savoir jeter une boule puante avec adresse.

PHYSIQUE

Jouer au lancer de bombes à eau.

HISTOIRE NATURELLE

Mettre un doigt dans son nez.

LANGUES VIVANTES

Tirer la langue de 3 centimètres.

PHILOSOPHIE

Sucer son pouce pendant trois minutes.

PERDUS ET TROUVÉS

RENTRANT VACANCES AI PERDU MON ADRESSE. FORTE RÉCOMPENSE.

La Préfecture de Police communique :

« De nombreuses chutes de piétons étant provoquées par des peaux de banane ou d'orange jetées sur les trottoirs, il a été décidé que toutes les peaux de banane, d'orange ou analogues devront être adhérisées sur celle de leurs faces venant en contact avec le sol. »

Une carte postale a mis plus de vingt-quatre ans pour parvenir à son destinataire. Un record de lenteur ? Non ! J'ai moi-même oublié de poster, voici vingt-neuf ans, à 16 heures, à la poste de la rue du Louvre, un mandat destiné à Léopold Lavolaille. Eh bien, il ne l'a toujours pas reçu !

Le Gorafi

Insolite – Une lettre arrive à destination

Une lettre est arrivée à destination après avoir été postée. « L'adresse était écrite au recto de l'enveloppe, c'était très facile », a expliqué le facteur qui espère recommencer le même exploit demain.

OCCASIONS

Un lot d'arbres de Noël garnis d'œufs de Pâques. Pièce : **52 SOUS.**

Costume bleu marine : **300 F.**

Le même, avec rayures : **350 F.**

Le même, sans rayures : **400 F.**

Statistique

Le nombre de coups de pied au derrière qui se sont perdus, pour l'exercice juillet-août, s'élève à 3 793 693. Les ayants droit sont priés de s'adresser à leur dépositaire habituel.

Le Gorafi

Il revendait sur Le Bon Coin les coups de pied au derrière qui se perdaient

Un homme a été arrêté pour avoir tenté de revendre plusieurs centaines de milliers de coups de pied au derrière qui s'étaient perdus. Lors d'une perquisition à son domicile, les policiers ont découvert en outre des milliers de belles jambes dont on recherche toujours les propriétaires, qui seront ravis de savoir où elles sont.

De Chartres

Un cheval a mordu son propriétaire, qui voulait l'affubler d'un ridicule chapeau de paille.

Offres d'emploi

Industriel recherche deux secrétaires. L'une 25-40 ans, présentant bien ; l'autre acajou ou chêne ciré, de préférence style Empire.

DEMANDES D'EMPLOI

Cuisinière, cuisinant mal, cherche place chez ménage hargneux manquant de sujets de scènes de ménage. Se mettra du côté du plus offrant.

SUS AUX ALARMISTES

Il y a des gens qui, lorsque tout va bien – et Dieu sait si tout va bien en ce moment –, se complaisent à démoraliser les autres en essayant de leur faire croire que tout va mal. Le gouvernement, fort heureusement, a décidé de sévir avec force contre ces oiseaux de mauvais augure. Les autorités ont demandé que l'on fasse une chasse impitoyable à celles et ceux qui colportent de fausses nouvelles, susceptibles d'alarmer l'opinion publique. C'est ainsi qu'on a arrêté hier matin, à l'angle de la rue Dufour et du boulevard Saint-Germain, un triste individu qui, ayant consulté le ciel avec ostentation, a murmuré à l'oreille d'un passant : « Le temps se couvre, il va pleuvoir ! » Ce propos tendancieux ayant été entendu par un inspecteur de police, qui avait tendu la bonne oreille au bon endroit, l'individu en question a été placé en garde à vue avec les ménagements d'usage. D'autres arrestations ont ensuite été effectuées en divers points de la capitale. On a notamment incarcéré une femme qui, sur le quai de la station Pigalle, a demandé à haute voix si le dernier métro allait passer. On a également envoyé en prison un quadragénaire très suspect qui prédisait une prochaine augmentation du sandwich au saucisson et la suppression du dix de der à la belote. De quoi affoler, en somme, les trois quarts de la population ! Enfin, un mandat d'amener a été lancé contre le sieur Durand-Dupont-Durand, actuellement en fuite. Il avait laissé entendre que tout allait très bien, mais sur un tel ton que l'on aurait pu s'imaginer qu'il voulait dire que tout allait très mal. On espère le capturer mort ou vif avant la fin de la semaine.

COORDONNONS !

Il n'y a pas de raison pour que tout le monde ne soit pas comme les autres

Notre gouvernement vient de prendre les mesures nécessaires, courageuses et indispensables en vue d'envisager l'éventualité des possibilités qui pourraient, le cas échéant et sauf avis contraire, faciliter la coordination de la route et du rail. Ce n'est certes pas nous qui formulerons la moindre critique à ce sujet ; au contraire, nous applaudissons des deux mains à cette intelligente initiative que nous n'avons cessé de réclamer depuis toujours et même avant. Le pays ne se sauvera que par la coordination. Cependant, il ne faudrait pas s'imaginer que la seule application de la coordination à la route et au rail soit suffisante pour sortir de l'ornière le gouvernail des roues du char de l'État. La coordination doit être généralisée et étendue à toutes les branches de l'activité nationale, car elle est aussi indispensable à notre salut que le chapeau.

Tout en ne voulant diminuer en rien les indiscutables mérites de nos gouvernants en cette affaire, il est quand même bon de rappeler qu'ils n'ont fait que reprendre à leur compte une idée vieille de plusieurs siècles et qui remonte, si je ne m'abuse, à la bataille de Bouvines ; vous souvenez-vous, chers lecteurs, des paroles qu'à la fin de cette illustre journée, Philippe Auguste prononça à l'intention de son adversaire, l'empereur Othon IV ? Non, sans doute ; moi non plus d'ailleurs, et c'est d'autant plus naturel que Philippe Auguste n'a rien dit du tout ; mais son silence qui en disait long était beaucoup plus éloquent que n'importe quel discours et il est hors de doute qu'à ce moment il n'était uniquement préoccupé que par la coordination.

Pour en revenir à l'extension de la coordination, il est indispensable que, dans le plus bref délai, tout soit coordonné : que, par exemple, le fabricant de lampes à souder coordonne ses efforts conjointement avec ceux du dessinateur sur côtes d'agneau ; c'est tout aussi important que le rail et la route et les résultats pour n'être pas aussi immédiats n'en exercent pas moins une action suffisante et utilitaire sur le résultat final.

Donc, coordonnons. La coordination doit devenir la lampe de chevet du leitmotiv de notre existence. Nous ne devons plus penser qu'à ça à toute heure du jour et de la nuit. D'ailleurs, dans coordination n'y a-t-il pas le mot nation ? Donc, qui dit coor dit nation. Ça se passe de tout commentaire. Ou nous coordonnerons ou nous disparaîtrons.

Pour nous, qui sommes toujours à l'avant-garde de ce qui précède les choses suivantes, nous donnerons, suivant notre millénaire habitude, l'exemple. La coordination n'ayant plus de secrets pour nous, nous l'appliquerons dans la mesure la plus large à tous nos actes, n'ayant d'autre souci que l'intérêt général mis au service de nos intérêts particuliers.

UN SERVICE ROYAL

Un repérage scientifique des fèves dans les galettes des rois ! C'est désormais possible grâce au service que nous vous proposons. Plusieurs raisons justifient notre intervention :

1. La suppression d'une attente créatrice d'émotions parfois trop fortes pour les personnes sensibles.

2. La possibilité pour la maîtresse de maison de forcer la main au hasard et de désigner comme roi le plus riche et le plus généreux des convives.

3. La certitude de savoir qu'il y aura un roi ou une reine, celui ou celle dont la part de galette contiendra la fève ou le baigneur étant dans l'impossibilité morale de l'avaler pour échapper à ses obligations.

Nous vous proposons plusieurs options :

- Le sourcier seul

- avec baguette de coudrier ;
- avec pendule électromagnétique.

- Le même avec chauffage central et tout-à-l'égout.

- Le même avec sonnerie de cors annonçant le repérage.

- Le même, mais avec le concours de la Garde républicaine.

Pour faciliter le recours à notre service de radiesthésie, nous acceptons de faire les recherches dans notre laboratoire. Envoyez-nous vos galettes et un peu de la vôtre. La fève ou le baigneur vous seront adressés par retour du courrier.

Le Gorafi

Galette des rois : Comment la lithothérapie peut aider à trouver la fève

Une nouvelle astuce pour trouver la fève qui se cache dans la galette des rois ! En effet, maintenant, grâce au pouvoir des pierres, c'est-à-dire la lithothérapie, on peut plus facilement trouver la fève. Il suffit de placer un pavé dans votre galette non loin de la fève. La taille du pavé fera qu'il sera très visible pour vous mais pas pour vos convives, qui ne comprendront pas pourquoi on a mis un pavé dans une galette des rois avant de la mettre au four. Au moment de la déguster, faites comme si de rien n'était et prenez la part contenant le pavé (de toute façon personne n'en voudra). Jouez la surprise en faisant mine de découvrir la fève juste à côté du pavé. Encore une preuve de la force du pouvoir des pierres ! N'oubliez pas de retirer le pavé avant de croquer la part.

AVIS ET CORRESPONDANCES

ÉCHELLE À BARREAUX LUMINEUX POUR FAIRE LE MUR DANS L'OBSCURITÉ : 12 F. LA MÊME SANS BARREAUX POUR FAIRE UNE FARCE : 12 F.

Le Gorafi

Vends stock de dernières marches d'escalier. Livrées sans escalier.

AVIS ET CORRESPONDANCES

Apprenez à nager grâce à notre maillot de bain en pierre ponce. Flottaison garantie. Tous coloris, le maillot : 29,95 F.

AVIS ET CORRESPONDANCES

Lunettes pour lire le journal à l'envers : 4,40 F.

Le Gorafi Lunettes pour lire entre les lignes : 300 €.

Jeune étalagiste ambitieux, voyant très grand, cherche place chez marchand de locomotives et de transatlantiques pour agencement vitrine ou étalage.

Détecteur d'agents de police, pour vendeurs à la sauvette : 400 F.

Mille-pattes cherche partenaire sérieux pour numéro de claquettes.

Pourquoi dit-on que l'on a la chair de poule ?

C'est par pure loufoquerie, puisque c'est un froid de canard qui donne à notre épiderme l'aspect que vous évoquez.

DEMANDES D'EMPLOI

AUTRUCHE AYANT QUITTÉ JARDIN ZOOLOGIQUE CHERCHE PLACE CHEZ MARCHAND DE MEUBLES POUR ÉPOUSSETAGE.

J'ai inventé un nouveau jeu qui se joue avec 33 cartes. Qu'en pensez-vous ?

Votre idée m'en suggère une autre : créer un nouveau jeu de 34 cartes...

LOCATIONS À louer, au 6e étage, chambre sans fenêtre pouvant servir de cave à personne n'aimant pas descendre les escaliers.

LA FIN DU MONDE, C'EST POUR QUAND ?

Si **les calculs des savants sont exacts,** et avec toutes les réserves d'usage, nous sommes à peu près certains d'être en mesure d'annoncer à nos lecteurs que la fin du monde aura lieu mercredi prochain à 19 h 55. Aussi pénible que soit cette nouvelle pour les personnes qui ont en tête quelque projet à longue échéance, il faut l'accepter avec optimisme et se consoler en pensant que l'événement aurait pu se produire en l'an mil. Dans les milieux compétents, on se réjouit même de pouvoir mettre à profit les cinquante-cinq dernières minutes pour trinquer à notre santé éternelle. En ce qui nous concerne, toutes nos précautions sont prises. Nos reporters, rédacteurs et photographes sont déjà en route pour les postes qui leur ont été assignés aux quatre coins du monde. Minute par minute, ils nous adresseront des informations nous permettant, dès le lendemain de la fin du monde, de vous raconter par le détail ce moment funeste. Puisse ce prodigieux effort satisfaire l'esprit de curiosité de nos amis qui acceptent stoïquement l'éventualité de la fin du monde, mais qui tiennent tout de même – et c'est logique – à savoir ce qui se passera après !

Le Gorafi

Grève : La fin du monde repoussée de plusieurs semaines

En raison d'une grève d'une certaine catégorie de personnel, la fin du monde doit être repoussée de plusieurs semaines. Une déception pour tous ceux qui attendaient la destruction de l'Univers avec impatience. « Une fois de plus ce sont les usagers qui trinquent », se lamentent certains qui regrettent une fois de plus « une prise d'otages » de la part des grévistes. « J'avais beaucoup investi dans cette fin du monde, je dois tout décaler », ajoute un autre, qui n'exclut pas de porter plainte contre ces retards à répétition. « Il faut un service minimum de fin du monde », exige-t-il.

De la manière de…

Quand on se penche attentivement sur les graves problèmes de l'humanité on éprouve bientôt une telle courbature qu'on est obligé de se redresser pour mettre fin à une situation susceptible de compromettre la dignité de la pensée pure.

Pour peu qu'on veuille répéter cet exercice une dizaine de fois par jour, il est bon, dans ce cas, de s'assurer les services d'un masseur diplômé et d'un moniteur de l'école de Joinville. En tout état de cause donc, l'étude des vicissitudes sociales et des choses de la vie provoque une fatigue générale qui nécessite le repos plus ou moins prolongé des organes intellectuels. Vous me direz peut-être qu'il était parfaitement inutile d'écrire tout ce pathos pour en arriver à conclure que lorsqu'on est fatigué il n'y a qu'à se reposer. Eh ! là ! minute ! facile à dire : il est évident que l'homme qui travaille musculairement n'a qu'à interrompre son effort corporel jusqu'à récupération complète de ses forces.

Mais l'homme qui travaille du cerveau, comment doit-il se reposer ? Hein ? En ne faisant plus travailler sa matière grise, me répondrez-vous peut-être ? Bon ; et comment, s'il vous plaît, ne plus faire travailler la matière grise ? La réponse est toute prête : en ne pensant plus à rien. C'est là que je vous attendais ; essayez donc un peu pour voir de ne penser à rien ; vous verrez comme c'est facile ! D'abord, le fait de se dire qu'on ne veut penser à rien implique forcément qu'on pense à quelque chose, ne serait-ce qu'à ne rien penser. Quand on s'est bien bagarré avec soi-même pendant un bon moment pour essayer, en vain, de neutraliser sa pensée, on essaie autre chose : on tâche d'empêcher la pensée de se fixer sur un sujet précis, alors se produit un autre phénomène : pour que la pensée ne se fixe pas, on la fait voltiger d'un sujet à un autre le plus rapidement possible, et dans l'espace d'un quart d'heure, c'est bien le diable si on ne trouve pas le moyen d'en envisager une centaine ; résultat : pour ne penser à rien, on a pensé à cent choses, d'où augmentation de fatigue et accentuation de la tension nerveuse. Alors que faire ? Oh ! la solution est fort difficile à trouver, mais elle existe cependant ; le tout est de la trouver, comme disait le chercheur d'or qui prospectait des pièces de vingt francs dans la poche d'un contribuable.

Le mieux, à mon avis, pour ne penser à rien est encore de penser à quelque chose qui ne signifie rien, qui ne veuille rien dire, qui soit, en un mot, l'expression du néant. Ce ne sont certes ni les articles ni les livres offrant ces particularités qui manquent, mais on comprendra que, par discrétion professionnelle et confraternelle, il m'est interdit de donner le moindre renseignement permettant au lecteur de guider son choix.

J'espère, néanmoins, que ces simples suggestions seront suffisantes pour permettre à ceux qui forment l'élite intellectuelle du pays de faire halte avant de repartir vers des destinées dont dépendent l'avenir et le passé de notre histoire.

Occasions

À saisir tout de suite, très urgent, occasions de tunnels au mètre :

- **Tunnel noir**, 150 F
- **Tunnel très noir**, 200 F
- **Tunnel très très noir**, 250 F
- **Le même, mais plus noir**, 300 F
- **Tunnel obscur**, 400 F
- **Tunnel noir comme un four**, 700 F
- **Tunnel noir comme 2 fours**, 910 F
- **Tunnel noir comme 3 fours**, 711 F
- **Modèles au-dessus**, supplément de 15 F par four
- **Pâte à noircir les tunnels**, le pot, 18 F
- **Noir de tunnel**, le seau, 75 F
- **Lanterne aveugle pour tunnel**, 15,15 F
- **Lumière noire de rechange**, la flamme, 10 sous.
- **Panoplies de vendeurs de meubles à la sauvette :** 150 F. À tout acheteur d'une panoplie, il sera remis gratuitement un ameublement panaché, de toutes les époques.

OFFRES D'EMPLOI

Araignée paralytique ayant toile déchirée demande remmailleuse expérimentée. S'adresser au plafond, 3e à gauche.

Coiffeuse débutante cherche crânes chauves pour essais indéfrisables.

On demande pour petite ville très calme bon spécialiste lettres anonymes pour créer sujet discordes et conversations. Références exigées.

Mon journal humoristique préféré est le Journal officiel, malheureusement on ne le trouve pas dans les kiosques.

Certes le Journal officiel est fort bien rédigé, ses rédacteurs étant pour le moins députés : cependant je trouve qu'il manque de dessins humoristiques.

DEMANDES D'EMPLOI

Concierge demande loge au 6e étage pour descendre le courrier au lieu de le monter.

Le Gorafi

Polémiques après que le Journal officiel a annoncé qu'il allait publier son premier horoscope

Le Journal officiel de la République officielle aura enfin sa rubrique horoscope, publiée en fin de journal. Et cela dès que les députés se seront mis d'accord sur le nombre de signes, les logos des signes et le fait que tout ce qui va de travers est invariablement la faute des Scorpion. Une affirmation battue en brèche par les députés de gauche Scorpion qui y voient une manœuvre des députés Capricorne de droite tandis que l'extrême droite, dans sa grande majorité Poissons-Sagittaire, risque encore de servir d'arbitre. Sauf si enfin les centristes Bélier s'unissent avec les restes de la majorité présidentielle Verseau-Balance.

Le jeu des 32 draps

La règle est exactement la même que celle de la belote, à la différence près que les cartes sont remplacées par des draps.

1. Le jeu se joue avec 32 draps.
2. Chaque drap a sa valeur suivant sa qualité et son ornementation.
3. On joue communément à 4 ou à 125, mais plutôt à 4.
4. On donne 5 draps par joueur.
5. Celui qui met a le droit de mettre à fil, à coton, à brodé, ou à jour.
6. On bat le jeu de 32 draps comme un jeu de cartes ordinaire, on coupe et on retourne de même.
7. Chaque partie se joue en 40 points de feston ou en 200 points de bourdon, le point de bourdon comptant double.
8. Chaque fois qu'un joueur ramasse, il fait un pli. Quand il a fait 10 plis, il a gagné.
9. Avant une seconde partie, il convient, à cause des plis, de donner un coup de fer au jeu pour le remettre en état.
10. Tout joueur tentant de couper irrégulièrement avec une taie d'oreiller est considéré comme ayant triché. Il est aussitôt éliminé.
11. L'emploi des draps marqués est formellement interdit. Il n'est d'ailleurs pratiqué que par les tricheurs professionnels.
12. Les joueurs ne doivent employer que les seuls jeux de draps en vente dans les bureaux de tabac en armoires à linge plombées et estampillées.

DICTION-
NAIRES
DE GROS
L'un 30,05 F
MOTS,
POUR
CHAUF-
L'autre 28,75 F
FEURS
NOVICES

Déclaration des droits

Je suis frappé de stupeur ; plus que ça et mieux encore, je suis marri ; horriblement marri et de la manière la plus absolue qui se puisse concevoir ; je m'explique : avant-hier soir j'exécutai sur la mandoline la *Chevauchée des Walkyries* et le délassement de Liszt *Saint François de Paule marchant sur les flots* ; entre deux mesures, pour reprendre mon souffle et détendre mon esprit, j'entrepris de relire *L'Histoire complète de la Révolution française*, de Louis Blanc, éditée sur savon noir, lorsque machinalement mes yeux tombèrent sur le chapitre traitant de la « Déclaration des Droits de l'Homme et du Citoyen ». Depuis cette lecture, je suis dans un état voisin de la frénésie alcoolique et subalterne. Je regrette vivement que messieurs La Fayette, Barnave, Monnier et Sieyès, rédacteurs de cette fameuse déclaration, ne soient pas nos contemporains ; je leur aurais dit deux mots, et vertement encore ! Dans les dix-sept paragraphes de la Déclaration, il n'est question – en termes nobles et judicieux, il convient de le reconnaître – que de l'homme et du citoyen ; et pas un mot sur la femme et la citoyenne !

Et ça dure comme ça depuis le mois d'août 1789 ! Et personne ne dit rien. Et on trouve ça tout naturel ! Eh bien non, en voilà assez ! J'ai résolu personnellement de mettre un terme à un pareil état de choses et de réparer à bref délai une injustice flagrante qui nous déshonore.

À dater de ce jour, j'ai décidé de consacrer mon activité au service des droits de la femme. La femme a des droits qu'elle ignore ; je les lui révélerai ; je me fais le champion du droit féminin : et ce sera l'honneur de ce journal d'accueillir en son sein les requêtes, les doléances et les suggestions des femmes qui me feront confiance. FEMMES, de toutes classes et de toutes conditions, écoutez-moi ! sans crainte, sans retenue, ma plume est à la disposition exclusive de votre cause ; une ère nouvelle s'ouvre pour vous ; profitez-en, le moment est favorable ; j'appuierai vos revendications, je ferai triompher vos desiderata et fais, d'ores et déjà, mienne votre idéologie.

Je vous attends ; l'étendard est prêt ; les cuivres des trompettes du bon combat sont astiqués ! En avant !

Vive la femme libre ! Vive la femme autochtone ! Et vive la citoyenne indéfectible !

de la femme et de la citoyenne

Si 2 fois 2 ne faisaient plus 4

À notre époque de progrès et de modernisme, il nous semble quelque peu désuet de continuer à utiliser le système antique de numération : 1, 2, 3, 4, 5... Pourquoi ne pas modifier cet ordre, en l'inversant tout simplement : 9, 8, 7, 6, 5..., et en donnant ainsi à chaque chiffre la correspondance décimale de son prédécesseur. Ainsi, l'on ne dirait plus 1 mais 9, 2 mais 8 et ainsi de suite. Il n'y aurait que le zéro qui conserverait sa neutralité séculaire, et 5 qui resterait, comme à l'Assemblée nationale, le centre régulateur. Enfin, en théorie. Ainsi on ne dirait plus 2 fois 2 font 4, mais 8 fois 8 font 6. Ce serait, au fond, la même chose, mais cela changerait un peu, y compris sur le plan financier. Prenons, par exemple, un ouvrier faisant la journée de huit heures et gagnant 10 francs de l'heure. Son gain mensuel est de quelque 1600 francs, soit approximativement 20000 francs par an. Avec notre système, ce même ouvrier ne travaillerait plus que deux heures par jour, puisque 8 correspondrait à 2, à 90 francs de l'heure. Son gain mensuel serait alors de 9400 francs, soit environ 92120 francs par an, l'année étant désormais de 98 mois. L'avantage est aussi immense qu'évident ! Il est vrai qu'on le paierait avec des billets de 1000 qui seraient marqués 9000. La joie serait simplement morale, et cette dernière serait sauve.

Venant d'Amérique, une violente tempête a traversé la France à 86 kilomètres à l'heure, sans même ralentir dans les agglomérations. Entrée à Paris par la porte de Saint-Cloud, elle a emprunté l'avenue de Versailles, les quais de la Seine, a fait un crochet par le pont des Arts, au mépris de tous les règlements, pour éviter l'encombrement des Halles, et a suivi la rive gauche jusqu'à la porte de Charenton. Il semble qu'elle s'est arrêtée dans une petite bourgade de Seine-et-Marne où elle serait descendue, incognito, dans une discrète hostellerie.

Le Gorafi

Le ministre de l'Intérieur veut renforcer les contrôles aux frontières pour les tempêtes étrangères

« La France ne peut pas accueillir tous les coups de vent du monde », a affirmé le ministre.

DIVERS

Injures courtes pour automobilistes pressés, **la douzaine 6,25 F**. Plus courtes encore, pour automobilistes très pressés, **les 6 : 18 F**. Un seul mot pour automobilistes n'ayant pas une seconde à perdre, **la lettre : 1 F** (minimum 5 F).

TRIEZ VOS AMIS SUR LE VOLET

La meilleure façon de reconnaître ses amis, c'est de les trier sur le volet. Faites-vous donc construire un volet assez large ayant la forme d'une persienne, mais en plus long et muni de traverses à bascule. Posez-le au centre de votre appartement et invitez ceux que vous croyez pouvoir choisir comme amis à prendre le thé ou d'autres boissons alcoolisées. Sans avoir l'air de rien, faites passer tout votre monde sur le volet et faites brusquement basculer vos traverses. Il serait bien étonnant qu'il en reste un debout... Vous pourrez alors opérer une sélection suivant le degré d'injures que tous vos invités proféreront à votre adresse en se relevant.

Offres d'emploi

Fabricant de bouteilles porte-messages pour naufragés demande représentant ayant clientèle dans îles désertes.

En toute sécurité

Des passages portatifs permettront aux piétons de traverser les rues en toute sécurité, en dehors des passages officiels.

Réalisés en velours de laine ou en Albuplast, ils peuvent être facilement pliés. C'est ainsi que toute personne désirant gagner le trottoir d'en face n'aura qu'à placer son passage portatif sur la chaussée, avant de traverser. Ceci fait, il ne lui restera plus qu'à le rouler et à se le mettre sous le bras pour reprendre tranquillement le cours de ses occupations.

OCCASIONS

Le Gorafi

Vends planète A,
état moyen,
léger réchauffement
climatique en cours,
8 à 10 milliards
de locataires, jolies plages.
Possibilité bières
et chocolats.

Le Gorafi

Lancement de la première application permettant de traverser une route sans danger

Une application qui va révolutionner la sécurité routière. En effet, elle vous indiquera si vous pouvez traverser la rue en toute sécurité (par exemple, pour trouver un travail) et ce sans avoir à regarder de chaque côté pour vérifier qu'aucun véhicule n'arrive. « Les gens avaient des torticolis à force de regarder des deux côtés. Avec cette appli, fini les problèmes de cou », explique son créateur qui annonce travailler sur une appli indiquant aux conducteurs s'ils peuvent oui ou non s'arrêter au feu rouge.

À VENDRE

Vente directe au consommateur. Essence pour briquets. Prix spéciaux par 100 litres et au-dessus.

Baignoire à bascule se vidant instantanément, 800,10 F.

DIVERS

FAUX RASOIRS POUR PERSONNES PORTANT FAUSSES BARBES : 13,25 F.

PANOPLIE DE BRICOLEUR COMPRENANT : 300 CLOUS, UN MARTEAU ET UNE PAIRE DE GANTS MÉTALLIQUES, AVEC DOIGTS BLINDÉS : 17 F.

PERDU-TROUVÉ

Ayant perdu dimanche trois parties de belote, j'offre bonne récompense à qui me les rapportera.

La température s'adoucit. Ne jetez pas vos radiateurs sous prétexte que l'hiver est fini. Mettez votre chauffage central de côté. Vous serez bien contents de le retrouver quand le froid reviendra.

Le Gorafi

Après les sacs à sapin, le gouvernement lance les sacs à radiateur

L'hiver est terminé et, pour lutter contre les abandons honteux de radiateurs et de chauffage central, le gouvernement a présenté son opération Sac à radiateur. Avec votre sac à radiateur vous pouvez déposer votre radiateur en fonte ou votre chauffage central dans le centre de collecte de votre choix qui les enverra dans les pays de l'hémisphère Sud qui connaissent actuellement des records de froid.

ANNONCES MYTHOLOGIQUES

Trois dieux Pan, désœuvrés, accepteraient engagement dans théâtre pour frapper les trois coups.

DEMANDES D'EMPLOI

MONSIEUR AYANT DÉJÀ EU DES HAUTS ET DES BAS DEMANDE PLACE GARÇON D'ASCENSEUR.

Avis et correspondances

Danois féroce cherche mollet gras pour calmer ses maux de dents.

Le Gorafi

Milliardaire cherche parc d'attractions pour dépenser sans compter.

ÉCHANGES

Récent adepte du naturisme échangerait garde-robe bon état contre pâtes épilatoires et lotions anti-moustiques.

DEMANDES D'EMPLOI

Lécheur de bottes se met à la disposition de personnalités ou, à défaut, de va-nu-pieds. Discrétion absolue. Ne répondre que par lettres anonymes qui ne seront pas ouvertes.

LE TABAC A ENCORE AUGMENTÉ.

Alors… FUMEZ DU SAUMON. Non seulement vous réaliserez une belle économie, mais encore vous ménagerez vos efforts, puisque vous trouverez du saumon déjà fumé !

Le Gorafi

Prix du tabac : Ces Français qui ont choisi de fumer du saumon

Avec les hausses du prix du tabac, certains consommateurs ont changé leurs habitudes, se rabattant ainsi sur le saumon. Achetés à des vendeurs à la sauvette dans les rues de Barbès, par cartouches entières, les saumons sont fumés avec la peau et les arêtes. Le gouvernement s'inquiète des dérives et rappelle que les accidents sont possibles, témoin de ce dramatique incident lors duquel un jeune homme s'est blessé en voulant fumer un jambon entier de 5 kilos.

De l'utilisation du leitmotiv

Les originales trouvailles dont les décorateurs officiels font bénéficier les principales voies de la capitale à l'occasion de la moindre visite officielle ou de célébrations diverses provoquent presque unanimement et à juste titre les plus sévères critiques. Jusque-là, ça va bien ; mais là où ça ne va plus, ah ! mais là plus du tout, c'est qu'on veut nous rendre responsables de cet état de choses. Le brave Français moyen, qui contemple notamment les œuvres insolites du rond-point des Champs-Élysées ou les panneaux divers et variés autour de l'Arc de Triomphe, murmure en toute bonne foi : « C'est certainement les loufoques qui ont fait ça ! »

Nous ne pouvons, sans protester énergiquement, laisser s'établir pareille légende : certes, nous sommes loufoques, c'est là même notre unique raison d'exister, mais ne confondons pas la loufoquerie avec la chienlit ; la loufoquerie n'est nullement incompatible avec le bon goût, à la condition expresse qu'elle ne dépasse jamais les limites de la saine et honnête plaisanterie. Or, en ce qui concerne la décoration actuelle de Paris, on conviendra que ces limites ont été largement dépassées, ce qui démontre péremptoirement que nous ne sommes absolument pour rien dans toute cette histoire.

Cette mise au point opérée, qu'il me soit permis de porter à la connaissance du public que mes collaborateurs et moi avons, il y a quelque temps, soumis à l'Administration des Beaux-Arts un projet de décoration par le leitmotiv. Ce projet a été, naturellement, immédiatement enterré, mais nous n'en demeurons pas moins fermement convaincus que s'il avait vu le jour, nous n'assisterions pas à l'éclosion de tant de laideurs qui sont à l'art ce que la canne à pêche est au court-bouillon. Le leitmotiv, que les Égyptiens et les Grecs employaient fréquemment pour orner leurs temples et leurs monuments, est le motif décoratif par excellence ; il peut se plier à toutes les exigences et s'adapter à n'importe quelle circonstance.

D'un prix de revient modique, il permet les réalisations les plus somptueuses comme les fantaisies les plus délicates. Lumineux, le leitmotiv offre aux yeux éblouis de l'amateur de spectacle de l'irréel et de la beauté synchronisés. Peint en vert, il a des reflets rouges ; peint en rouge, il a des reflets blancs et peint en bleu, il n'a plus de reflets du tout. Vous voyez d'ici ce que ça peut donner. Voilà, nous avons accompli notre devoir ; il est encore temps de faire appel à notre compétence ; mais qu'on se hâte, car ce n'est pas en nous avertissant le lendemain que nous pourrons être prêts pour la veille au soir.

dans la décoration des rues

Si je me mets en grève, je mécontenterai ceux qui ne la font pas. Si je ne la fais pas, cela déplaira à ceux qui la font. Alors, voilà, pour ne contrarier personne, je ferai semblant d'être en grève le matin et ferai semblant de travailler l'après-midi.

Le Gorafi

Incapable de se rappeler pourquoi il fait grève, il se met en grève

Un salarié a annoncé ce jour qu'il se mettait en grève illimitée le temps de savoir pourquoi il était déjà en grève. « Je vais consulter avec moi-même et les militants pour découvrir pourquoi on fait grève et si on prolonge ou non le mouvement. »

COURRIER OSFICIEL DES LECTEURS

Si je me suis enfin décidée à vous écrire, c'est parce que papa est un grand blond. Vous seule, j'en suis sûre, pouvez par vos conseils me donner la clé de l'énigme qui me torture, me rend folle, à tel point que la nuit je m'en ronge les ongles, ce qui n'est pas beau pour une jeune fille, surtout quand on a de jolis pieds. Un courage de lionne rend mon front serein, en apparence, et mes parents ne se doutent de rien. Je vous écris de la soupente. Au loin, je vois le village qui se reflète dans l'eau, mais ça n'est qu'un mirage, car l'eau est trop petite pour contenir un aussi grand village dont le maire est encore très hautain pour son âge. Au-dessus de ma tête blonde se balancent des andouilles. Si je tourne un tant soit peu mes magnifiques yeux turquoise, je vois ma mère qui fait la cuisine dans le jardin, suspendue à un arbre. Ma mère, quelle femme divine ! elle a installé le fourneau de cuisine dans le hamac, elle trouve cela plus commode pour dormir pendant que des oiseaux sifflent des airs et le potage. Pendant ce temps, mon père se tait. Mon père ne parle jamais, il préfère sucer des bonbons. Mais comme il est quand même indispensable d'avoir son avis dans certains cas, il a fait enregistrer d'avance toutes ses réponses sur des disques. Lorsque maman et moi nous posons une question à papa, nous n'avons qu'à mettre le disque pour connaître la décision à prendre. Vous voyez bien que je suis une jeune fille modèle. J'en avais toutes les caractéristiques jusqu'au jour où l'événement capital de ma vie est arrivé. Et voici comment : j'étais toute seule, dans ma cuisine, à faire frire des œufs, lorsque la poêle a commencé à jouer un air de clarinette. Je n'en croyais pas mes yeux, et, dans mon effarement, j'ai laissé s'échapper mes moutons. Et, en me retournant brusquement, j'aperçus un capitaine qui me saluait. Pour cacher mon trouble, je lui dis simplement : « Quelle heure est-il ? » et il me répondit : « Je suis ventriloque. » En effet, il savait imiter les rumeurs de la chambrée pour amuser ses hommes. Que dois-je faire ? Faut-il en parler à mes parents ou attendre que le beau capitaine soit général ? Et ce qui est angoissant, c'est qu'il n'est que lieutenant.

À QUESTION LOUFOQUE, RÉPONSE EN RAPPORT

Je devine vos angoisses, chère petite. Mais il faut être moins nerveuse, et, sans attendre, prendre une douche, mais pas à l'eau : c'est trop calcaire et ça rend méchant. Je vous conseille tout simplement une douche au gruyère râpé, en ayant soin de ne pas râper les trous du gruyère, car c'est ce qu'il y a de plus fortifiant. Et puis, si ça ne réussit pas, dites à monsieur votre père de se teindre les moustaches. Cela devrait vous aider à régler le problème.

Le Gorafi

La Suisse en colère après un article blasphémateur contre le gruyère

La Suisse a décidé de porter plainte contre les éditeurs du présent livre, les ayants droit de Pierre Dac et le Gorafi après des propos qui selon elle « portent atteinte » au gruyère et le « dénigrent ». « C'est scandaleux, on peut rire de tout, mais le gruyère, cela va trop loin, nous demandons le retrait de ce paragraphe », a affirmé l'ambassadeur helvète.

À VENDRE Un lot de litres. Le litre : **1 F.**

ARTICLES POUR ÉVASION

Petits pains, contenant : une scie, un vilebrequin, une échelle de corde et l'horaire des rondes des gardiens : **2791,15 F.**

Avis et correspondances

Chirurgien, ayant égaré une bague de grande valeur, offre une radiographie gratuite à tous les clients qu'il a opérés entre le 1er et le 25 février.

OCCASIONS

Céderais à n'importe quel prix bon gros chien de garde ; **EN PARLER À M. DUPITON,** actuellement sur l'armoire de la cuisine.

DIVERS

- **ARTICLES EN PORCELAINE POUR PASSER SA COLÈRE, EXCELLENT POUR LES NERFS. LA CAISSE DE 100 : 65 F.**
- **EAU MINÉRALE TRUQUÉE AU RHUM, LE LITRE : 8 F. À LA MIRABELLE : 9,70 F. AUX QUETSCHES : 10,25 F. ARMAGNAC : 10,50 F. FINE NAPOLÉON : 16 F.**
- **CHAUSSE-PIED DOUBLE, TRÈS PRATIQUE, POUR PERSONNES PRESSÉES.**

VIVE LA PENTECÔTE !

LUNDI 6 JUIN (16 HEURES). D'un commun accord, nous décidons, ma femme, belle-maman et moi, de rentrer maintenant à Paris pour éviter l'encombrement de ce soir. Nous quittons l'Eure à l'heure.

17 HEURES. J'ai réussi – grâce à un mauvais conducteur qui a calé son moteur – à m'incruster dans la file des voitures. Nous sommes déjà à Mantes. Les vingt plus durs kilomètres sont faits.

17 H 30. Je crois que je vais pouvoir sortir de Mantes, si la chance me favorise.

18 HEURES. Mantes est loin derrière nous. Au moins deux bornes.

19 HEURES. À l'horizon, voici Saint-Cyr. Nous approchons.

20 HEURES. Si tout va bien, dans une petite heure nous serons à Versailles.

21 H 30. Je me demandais pourquoi nous n'allions pas plus vite. J'ai compris : avant Versailles, il y a un gendarme qui règle la circulation.

22 H 30. Les bois de Fausses-Repose. Enfin un peu de fraîcheur

23 H 15. Saint-Cloud. Nous touchons au but. Ma femme meurt de faim, mais si je m'arrête, je ne trouverai plus de place dans la file. Elle dînera à la maison, tout à l'heure.

24 HEURES. Suresnes. Une fermeture pour travaux : c'est ça qui retarde.

MARDI 7 JUIN (1 H 05). La Seine. Ça fait tout de même plaisir de retrouver un décor familier. J'ai une crampe dans le pied gauche.

2 H 10. Que c'est beau le bois de Boulogne, la nuit. Qui donc a dit que c'était mal fréquenté ?

3 H 15. Pourvu que j'aie assez d'essence !...

4 HEURES. Porte Maillot. Hourra !

5 H 09. Le garage... Quelles bonnes vacances ! Quand je pense qu'il y a de pauvres bougres qui n'ont pas de voiture et qui ont dû prendre le train... La vie est mal faite, tout de même.

DIVERS

Montre à retardement pour personnes pas pressées, 51 F.

Marteau à manche souple, pour planter des clous dans les endroits peu accessibles, **4,20 F.**

Avis et correspondances

Jules.

On t'attend sans faute pour l'apéritif.

Le garçon commence à nous regarder de travers.

À VENDRE Mon chiffre d'affaires diminuant, je demande clients susceptibles acheter ce que j'ai à vendre.

LA LÉGENDE ASSURE QUE NOUS FAISONS TOUS PLUS DE CADEAUX QUE NOUS N'EN RECEVONS. ALORS, OÙ PASSE LA DIFFÉRENCE ?

On nous communique d'intéressantes précisions sur la vague de chaleur qui déambule sur notre pays. D'une hauteur de 194 mètres, elle présente deux versants à pente douce, avec un sommet arrondi à la façon du Ballon d'Alsace. Elle contient de véritables nuages de petits poissons à queue d'écureuil. Plus vifs que les poissons d'avril, et plus transparents, ces poissons d'août, que les minéralogistes appellent « calories », font en se déplaçant un curieux bruit de friture. On les capture aisément à l'aide d'un ventilateur ordinaire.

CAVAUSAVERAVIE JAVANAVAISE

(Causerie javanaise)

L'Os à Moelle est heureux (havaraveux) d'offrir à ses lecteurs cette rubrique en javanais, cette nouvelle langue millénaire dont l'origine se perd dans la nuit des temps. Pour cela nous nous sommes assuré la collaboration du célèbre professeur Navavavet, bien connu dans les milieux linguistiques et oléagineux.

Voici le texte lyrique que le professeur Navavavet a bien voulu nous adresser :

« Bavonjavour avà tavous

« L'Avos avà Moevallave avest avun bavon javournaval quavi favait ravirave saves lavectaveurs.

« Çaveux quavi nave cavompravennavent pavas lave javanavais n'avont qu'avà l'avapravendrave.

« Mavercavi !

« Gavoodbavye ! »

Pravofavassaveur Navavavet

L'économie politique de l'avenir dépend en partie

Quand on a compris ça, on a tout compris : et quand on ne l'a pas compris, on ne comprendra jamais rien ; voilà, c'est simple, net et définitif.

J'ai souvent parlé de l'économie politique ; non pas parce que j'y connais quelque chose, mais s'il fallait ne parler que des choses que l'on connaît, on ne parlerait pas souvent. J'estime donc qu'il est actuellement de mon devoir – quitte à me répéter – de dire ce que je pense de l'économie politique. Et tout d'abord, qu'est-ce que l'économie politique ? Cette question a déjà fait noircir des tonnes de papier blanc et blanchir des quintaux de papier noir. Au vrai, l'économie politique n'a jamais été nettement définie ; on a dit que c'était la science de la richesse, des échanges, de l'utile, etc., mais tout cela vaguement et de manière évasive ; or, nous vivons en des temps où nul n'a plus le droit de se payer de mots ; si l'on veut que l'économie politique future soit rationnelle et productive, il importe de savoir exactement ce qu'elle représente ; étymologiquement, économie vient du latin *econo* qui veut dire « lance-pierres » et du grec *mie* qui signifie « englobe dans la croûte » ; politique vient du grec *poli* qui veut dire « courtois », et du russe *tique* qui veut dire « mal dégrossi » ; en conséquence, et à condition qu'on veuille s'en donner la peine, la définition étymologique de l'économie politique est largement suffisante pour qu'on se fasse une idée exacte de ce qu'elle représente.

Les principes dont le législateur devra s'inspirer pour l'évolution rationnelle de l'économie politique devront être basés sur l'étude des phénomènes de production, des facteurs et de l'organisation de la production, circulation, transports, commerce et surtout de la répartition des richesses.

Pour l'instant et pour parer au plus pressé, il convient de se consacrer presque exclusivement à l'étude des facteurs, ce qui est chose facile, puisqu'on peut en trouver dans tous les bons bureaux de poste.

Il va de soi que l'étude des phénomènes de circulation, transports, etc., s'avère également du plus haut intérêt, la meilleure manière de s'en tirer est encore d'apprendre par cœur l'indicateur des chemins de fer.

Cependant, il ne faut jamais perdre de vue que l'économie politique c'est, en définitive, l'art de faire circuler l'argent tout en le gardant pour le dépenser ; et je le prouve : il y a un an environ, l'État ne nous a-t-il pas dit : « Économisez pour que la France soit riche » ? C'est ce qu'on a fait. Il y a six mois l'État nous a parlé à peu près en ces termes : « Si vous gardez vos sous, comment voulez-vous que le pays vive ? Lâchez-les, faut que ça circule. » On a obtempéré : et maintenant, on nous relance ainsi : « Si vous aviez gardé ce qu'on vous a dit de dépenser et si vous dépensiez ce qu'on ne vous a pas dit de garder, ça irait beaucoup mieux. » Ces paroles, mieux que tout autre exemple, viennent appuyer mon théorème.

En conséquence et pour conclure cette trop brève analyse, le futur équilibre européen ne sera stable que si l'on s'inspire profondément des principes ci-dessus exposés. Si l'on ne s'en inspire pas, l'équilibre européen n'en sera pas moins stable, mais ça me vexera de façon fort désobligeante, car ça prouvera qu'on aura négligé mes judicieux conseils dont la valeur objective ne pourra échapper qu'à ceux qui ne s'en rendront pas compte.

Appel aux hommes

Au lendemain du début de la seconde quinzaine du mois d'août, j'ai pensé que le moment était venu de lancer cet appel aux hommes de bonne volonté, qui, leur bonne volonté aidant, comprendront immédiatement de quoi il s'agit avant même que je l'explique.

Cet appel, je ne le lance pas à la légère ; je l'ai médité longuement et minutieusement dans le silence de l'armoire à linge où j'aime à m'isoler pour mettre au point les grandes idées qui doivent faire leur chemin sur la route nationale de l'avenir de l'humanité.

Entendons-nous bien : il ne s'agit point, en l'occurrence, d'un appel banal et moyen ; d'un de ces petits appels de confection comme il en existe malheureusement trop et qui sont à la portée de n'importe quel démagogue en rupture de lymphatisme glandulaire.

Non, le présent appel est un appel classique, de large envolée et d'atterrissage impeccable, comparable en tous points aux appels antiques dont il existe encore quelques rares exemplaires dans nos musées nationaux et dans les bonnes maisons d'instruments aratoires.

Les sentiments qui ont milité en faveur de l'élaboration dudit appel appartiennent à la catégorie des sentiments généraux dont la profondeur n'a d'égale que la surface qui en est l'aboutissement légal et naturel.

Car, ne nous y trompons pas : un appel n'atteint son but que s'il est bien parti : en avons-nous connu de ces appels mort-nés, brisés à la base ; tout est affaire d'élaboration, d'intuition, d'improvisation raisonnée en quelque sorte.

Certains esprits insincères et malsains ne vont pas manquer de s'étonner du flou de mon appel. « Hé quoi ! vont-ils s'écrier, à quoi tend-il, cet appel, et quelle est sa destination ? » À ces critiques venimeuses, je me contenterai de répondre en ne disant rien, me bornant à hausser les narines à la hauteur des circonstances.

Je n'adresse cet appel qu'à tous ceux dont la subtilité cérébrale est suffisante pour que leurs antennes saisissent les atomes à leur sortie même du cocon évasif de la spiritualité relative. Ceux-là se lèveront comme un seul homme en lisant ces lignes et me suivront aveuglément là où ils savent que je les mènerai dans l'intérêt de leurs aspirations. Le salut de ce qui ne va pas exige une discipline joyeusement et honorablement consentie dans le cadre élargi des libertés constructives et bénévolement résolutoires.

Que ceux qui ne veulent pas entendre la parole de la sagesse se ligaturent les orteils en signe de protestation, je n'y vois pas le moindre inconvénient ; cet appel aura la répercussion qu'il mérite, je n'en ai pas le moindre doute, et le résultat qui en sera la conséquence sera à l'échelle des vœux de tous ceux qui ont conservé, au fond d'eux-mêmes, l'espoir noble et généreux de voir un jour triompher une cause qui, pour ne pas être la leur, ne s'en rapproche pas moins par plus d'un côté arbitraire.

Jeune homme atteint de la danse de Saint-Guy cherche place stable.

Le Gorafi

Ancien Premier ministre adoré des Français recherche poste prestigieux pour revenir en politique car il manque aux Français et ils veulent absolument son avis. Possibilité éditorialiste TV ou consultant ou n'importe quoi, s'il vous plaît.

Auteur dramatique cherche place d'académicien. Fournirait fauteuil si nécessaire.

Chaise longue cherche passagère confortable pour croisière en commun dans la mer Baltique.

Girafe aventureuse ayant bonne vue acepterait emploi périscope à bord sous-marin partant en mission.

Chaise longue cherche passagère confortable pour croisière en commun dans la mer Baltique.

À vendre

Paire de jumelles bon état pour cause double emploi.

Échanges

Me moquant du ⅓ et du ¼, les échangerais contre un bon ½.

Apprenez à dresser des moustiques

C'est un sport passionnant, mais qui demande infiniment de tact, de patience et de désintéressement. Choisissez, autant que possible, des moustiques aux yeux verts : ce sont les plus aptes à être apprivoisés. Lorsque vous serez parvenu à faire faire le beau à un ou plusieurs de ces insectes, vous pourrez être fier de vous.

CHAQUE JOUR VOUS DÉPLOREZ LA SALETÉ DE VOS SEMELLES.

Avez-vous déjà songé qu'il suffirait de ne pas marcher dessus pour avoir des semelles impeccables ? Apprenez donc à marcher un jour sur deux sur les pieds de vos voisins : vous salirez et userez deux fois moins vos semelles ! Si, malgré ces conseils, vous usez quand même vos chaussures, n'hésitez pas à les retourner !

OFFRES D'EMPLOI

■ **POMMES FRITES** ambitionnant rôle de pommes chips demandent professeur d'anglais.

■ **VIEILLE COQUETTE** demande jolie jeune fille, pour remplacer son miroir trop fidèle.

■ **BANQUE** ayant perdu son caissier et sa caisse dans des circonstances indépendantes de sa bonne volonté et de son bon fonctionnement recherche caissier ne jouant pas aux courses ni dans les casinos.

■ **RECHERCHONS** personnes confiantes, susceptibles de nous prêter importants capitaux, sans poser de questions oiseuses.

Le Gorafi

Pour faire des économies de chaussures, le gouvernement recommande désormais de marcher sur les mains

« Marcher sur les mains fait baisser de 99 % le taux d'usure des semelles de chaussures », explique le porte-parole du gouvernement, soulignant toutes les économies que feront les Français avec des chaussures qui auront moins besoin d'être remplacées. De leur côté, les fabricants de chaussures ont annoncé réfléchir à des chaussettes épaisses en cuir pour équiper les mains.

ÉCHANGES

Avare désirant connaître sensations neuves échangerait promesses généreuses contre remerciements anticipés.

LOCATIONS

À louer appartement comportant trois cuisines, petite salle à manger, pas de salle de bains. Conviendrait à célibataire goinfre et peu soigné.

Le Gorafi

Dernière minute : ah, oh, rien

Oubliez, on pensait qu'il s'était passé quelque chose et puis en fait non. « C'est une regrettable erreur, vous pouvez passer au paragraphe suivant », a souligné l'auteur de ces lignes en se confondant en excuses.

DE TRÈS LOIN

L'hôtel du Pôle Nord ouvre ses portes l'été prochain. Tarif des chambres au mois : 2 000. À la nuit : un forfait de 12 000, pour une nuit polaire qui dure six mois.

Le Gorafi

Réchauffement climatique : l'hôtel du Pôle Nord démoli pour laisser place à l'Oasis du Désert.

Ne faites plus blanchir votre linge : faites-le noircir ; il ne se salira plus !

OFFRES D'EMPLOI

DIRECTEUR
DE THÉÂTRE
CHERCHE TAILLEUR
AYANT LOISIRS
POUR DOUBLER
PLUSIEURS RÔLES.

ON DEMANDE
HOMME-TRONC POUR
FONDATION ARBRE
GÉNÉALOGIQUE.

Éloge de la neurasthénie

Le lecteur pourra peut-être témoigner quelque surprise en voyant traiter pareil sujet dans les colonnes de ce journal. Je comprends cette surprise et, mieux encore, je la partage ; vous me direz peut-être que je pouvais facilement m'éviter de partager cette surprise en m'abstenant purement et simplement d'écrire le présent article ; évidemment, mais que voulez-vous, j'adore les surprises et quand on ne m'en fait pas, je les provoque pour me les faire moi-même. Indépendamment de cette raison, j'en ai une autre : en dehors de *L'Os à Moelle*, où voulez-vous que j'écrive l'éloge de la neurasthénie ? Dans l'annuaire des chemins de fer ou dans le *Petit Talmud illustré* ? Allons, soyons sérieux ; l'éloge de la neurasthénie devait être fait, et il y a longtemps que j'avais envie de le faire, estimant que si je ne le faisais pas, personne ne le ferait.

On connaît fort mal la neurasthénie ; on la considère comme une calamité, comme un élément de désagrégation morale, et ce n'est certes pas moi qui irai m'inscrire en faux contre de pareilles assertions. D'ailleurs, si je fais l'éloge de la neurasthénie, ce n'est pas pour vanter ses vérités ; je reconnais parfaitement son action néfaste, d'accord en ceci avec les neurologues et autres entrepreneurs en psittacose... Mais j'estime justement que la neurasthénie est indispensable à l'équilibre mental du pays et à sa santé morale. A priori, cela paraît paradoxal ; mais si l'on veut se donner tant soit peu la peine d'y réfléchir, ça continue à le demeurer autant que si l'on n'y avait pas pensé.

L'utilité de la neurasthénie n'existe que par effet d'opposition : s'il faisait toujours beau, apprécierions-nous comme il convient le ciel immuablement beau ? S'il pleuvait sans discontinuer, serions-nous sensibles aux bienfaits de la pluie ? Non, n'est-ce pas, puisque toute accoutumance supprime les points de comparaison et de relativité.

Alors, partant de ce principe, si nous ne voyions autour de nous que des gens joyeux, la gaieté finirait par devenir d'une tristesse désespérante, tandis que le spectacle de gens neurasthéniques nous fait apprécier comme il convient la joie de vivre et le bonheur d'être heureux.

Donc, la neurasthénie est indispensable, la neurasthénie doit être protégée, défendue et reconnue d'utilité publique. On doit créer des écoles de neurasthénie d'où sortiraient après de judicieuses études des neurasthéniques diplômés, capables à leur tour d'enseigner une neurasthénie saine et de bon aloi. Car il est évident que je ne m'érige pas en rhapsode d'une neurasthénie excessive et sombre à l'excès ; non, ce que je réclame des pouvoirs responsables, c'est une neurasthénie aimable, souriante, en un mot, une neurasthénie amusante, rabelaisienne et bien de chez nous.

J'espère que cet éloge sera compris et apprécié à sa juste valeur par tous ceux qui estiment qu'on ne fera jamais assez pour le développement de la grandeur de notre pays, et qu'ils m'aideront dans la mesure de leurs moyens pour mener à bien la tâche salvatrice que j'ai entreprise en pleine conscience de mes responsabilités.

Halte aux points noirs !

Mesdames, voici une recette infaillible pour vous débarrasser à tout jamais des points noirs qui polluent votre jolie peau.

Préparez la composition suivante : soufre précipité, 10 grammes ; liqueur d'orange, 10 grammes ; eau de Cologne à 60°, 50 grammes ; nitroglycérine, 250 grammes ; fulmi-coton, 150 grammes ; mélinite, environ 1 kilo 500 ; dynamite, 750 grammes. Mélangez le tout en touillant consciencieusement. Faites une bonne application sur le visage et mettez-vous au-dessus du réchaud allumé. En général, une seule application suffit.

Le Gorafi

Retrait d'une lotion anti-points noirs à base de nitroglycérine

Le ministère de la Santé a annoncé ce matin le retrait immédiat d'un produit cosmétique qui affirmait être capable de rendre une peau propre et sans aucun point noir. La lotion, réalisée à base de nitroglycérine, s'est révélée particulièrement efficace, non seulement pour supprimer boutons et points noirs, mais aussi tout ou partie du visage de l'individu qui appliquait ce produit sur sa peau. Dans certains cas, il a été signalé la disparition brutale de la salle de bains, ou de l'appartement. Il est recommandé de rapporter le produit en magasin le plus vite possible mais en courant le moins possible.

Avis et correspondances

À toute personne m'envoyant 15 F en timbres-poste, j'envoie une superbe lettre de remerciements.

Pourquoi le bœuf, qui ne donne pas de lait, rumine-t-il ?

La question ne se pose pas. Car si le bœuf donnait du lait, sans doute ne ruminerait-il pas.

La prune aux tartes

Voilà un dessert qui fera les délices des grands et des petits, mais qui nécessite de la personne qui le confectionne un tour de main spécial et expert en même temps qu'un coup d'œil exercé.

LA RECETTE vous prenez une prune, ni trop mûre, ni trop verte. Puis, vous l'étendez sur un lit de farine, l'aplatissez et la travaillez à l'aide d'un rouleau à pâtisserie, jusqu'à ce qu'elle n'ait plus que l'épaisseur d'une feuille de papier. Vous garnissez ensuite, avec un nombre de tartes suffisamment important pour occuper la surface plane de votre prune, sans laisser le moindre vide. Vous faites cuire sur le gril et servez autant que possible quand vos invités seront partis. Ce qui est préférable à tous points de vue.

D'ANGOULÊME

La Ligue des Poissons désespérés rappelle que la pêche est ouverte depuis trois semaines.

Le Gorafi

Les rejets des antidépresseurs dans l'eau de mer rendraient les poissons trop joyeux pour se jeter dans les filets des pêcheurs.

OCCASIONS

LOT D'ÉCHOS POUR STATIONS TOURISTIQUES

- Écho ordinaire : **75 F.**
- Écho polyglotte : **325 F.**
- Le même, mais avec prononciation garantie, supplément **3 F PAR LANGUE.**
- Écho bègue : **2,75 F.**
- Écho injurieux (répondant grossièrement) : **VARIABLE** selon répertoire.
- Sirop pour éclaircir la voix des échos : **175 F LE BARIL.**

OFFRES D'EMPLOI

JEUNE HOMME PAS TRÈS BIEN, DEVANT ÊTRE PRÉSENTÉ À JEUNE FILLE À MARIER, DEMANDE JEUNE HOMME PLUS LAID ENCORE POUR SERVIR DE REPOUSSOIR.

DEMANDES D'EMPLOI

NURSE DIPLÔMÉE, GRANDE EXPÉRIENCE, 40 ANS RÉFÉRENCES AUPRÈS DU MÊME ENFANT, DEMANDE PLACE.

On monte à des milliers de mètres au-dessus de la terre. On descend à des centaines de mètres sous la terre. Mais personne n'a jamais fait seulement 1 m 75 à gauche ou à droite de la terre. Si c'est ça que l'on appelle le progrès, qu'on nous laisse rigoler tout à notre aise, jusqu'à ce que ça ne nous amuse plus!

Pourquoi les chats blancs ne sont-ils pas noirs et pourquoi les chats noirs ne sont-ils pas blancs?

Comme tous les êtres vivants, vous avez été touché par l'inquiétude humaine. Je vous en féliciterais, car c'est là la preuve d'une cervelle sensible, éprise de connaissance, si cela ne me montrait votre véritable caractère, spécifiquement français, c'est-à-dire curieux à l'extrême et un tantinet râleur. Je suis absolument certain que si les chats noirs étaient blancs et si les blancs étaient noirs, vous n'auriez pas manqué de m'en faire la remarque. Aussi, je vous le dis sincèrement mais fermement : doivent être considérés, une fois pour toutes, noirs les chats noirs et blancs les blancs, sauf la nuit, bien entendu, où tous les chats sont... À moins qu'une loi soit votée pour abolir le non-sens évident de ce qui précédé.

LE GORAFI

La marque de couleurs Pantone décrète que, désormais, la nuit, tous les chats sont Pantone 17-5104

On sait à présent de quelle couleur sont les chats la nuit. Depuis des années, les scientifiques et artistes débattaient de la question, ils pensaient qu'il s'agissait de Pantone 417C et on réalise qu'il s'agissait de Pantone 17-5104. « C'est une révélation pour beaucoup, explique ce chercheur. C'est une théorie que j'ai longuement défendue mais certains de mes collègues affirmaient qu'il s'agissait de Pantone 425C ou même Pantone 440C. » De son côté, Didier Raoult annonce qu'il a découvert une nouvelle nuance Pantone : « Je suis en mesure d'affirmer qu'il s'agit de Pantone RA40U7. »

De Courbevoie

Un général en retraite a étranglé un garcçon coiffeur qui lui avait proposé de lui couper les cheveux en dégradé. On le recherche activement.

Notre concours de l'été

Par suite d'une heureuse coïncidence, cette année, les vacances ont lieu pendant la belle saison. Profitez-en. Choisissez un beau coucher de soleil entre 10 heures et midi. Emballez-le soigneusement, et adressez-le-nous. Le plus beau sera primé.

ATTENTION ! Les vrais couchers de soleil sont seuls recevables. Ceux sur papier photographique ne seront admis que s'ils sont établis sur papier couché. 1er prix, un mois à la mer, 2e prix, un jour à la ville, du 3e au 100e prix, un soir au cinéma.

Blasés, sceptiques, revenus de tout. Vous qui recherchez des émotions nouvelles et des sensations fortes, téléphonez-nous. Nous vous enverrons nos spécialistes de la peur, qui, par des moyens inédits et des procédés nouveaux, vous donneront le grand frisson. Exigez, en particulier, qu'on vous fasse les « ouh ! ouh ! ah ! ah ! » qui glacent le sang dans les veines. Vous n'avez rien à payer d'avance : nos équipes se font régler sur place et par leurs propres moyens.

Pourquoi les lames de rasoir sont-elles coupantes ?

Vous avez bien de la veine, vous, d'avoir un rasoir qui coupe ! La vraie question que l'on se doit de poser, c'est pourquoi les lames de parquet ne le sont pas ?

DEMANDES D'EMPLOI

Vieux réveille-matin en retraite cherche dormeur se réveillant tard. Repos assuré.

Bonne à tout faire, sauf ménage, cuisine, courses et corvées, cherche place dans bonne maison. Références, aime bien les comédies au cinéma, rien à verser d'avance, mais fixe sérieux demandé.

AVIS ET CORRESPONDANCES

Marcel, cours acheter un kilo de papier buvard, le petit vient d'avaler la bouteille d'encre.

OCCASIONS

Seaux percés pouvant servir d'arrosoirs. Prix selon le nombre et la grandeur des trous.

Pendules sans aiguilles pour ceux qui redoutent la vieillesse. Prix suivant l'âge de l'acquéreur.

Essai

Errare humanum est, est-il écrit à la page de garde du manuel de la graineterie comparée. À quoi je me permettrai d'ajouter de mon propre chef : *Errare humanum ouest*, estimant qu'il n'y a aucune raison de favoriser un point cardinal plutôt qu'un autre.

Si je place cette citation en tête du présent essai, c'est qu'il fait ressortir de manière fulgurante l'état de non-sens évident dans lequel se trouvent placés nos soi-disant éléments de liberté individuelle dont la relativité ne peut laisser subsister le moindre doute dans l'esprit de tous ceux qui savent que l'objectivité des choses ne prend sa valeur propre qu'en raison de l'altération des phénomènes constitutifs qui trouvent leur aboutissement logique dans l'origine même du concept platonicien.

En principe, nous jouissons, en France, d'une liberté absolue ; c'est écrit sur tous les bas-reliefs qui ornent le frontispice des édifices publics : c'est donc définitif et immobilier, et cette inscription gravée dans la pierre et le linoléum officiels suffit pour donner aux citoyens jaloux de leurs prérogatives civiques l'impression réconfortante qu'ils sont les seuls maîtres de leur destin, comme il est chanté au sixième acte de *Marion Delorme*, le célèbre opéra d'Henri Bernstein.

L'esprit critique aurait-il déserté les rives de nos chemins vicinaux ? Je ne suis pas éloigné de le croire : car, en somme, qu'est-ce que la liberté considérée sur le plan social ? C'est le droit de faire ce qu'on veut sans que ça gêne le voisin. Or, au nom de cette même liberté, les lois nous interdisent de faire une quantité de choses sous le fallacieux prétexte qu'elles sont susceptibles de gêner les autres. Et sur quoi se base-t-on pour produire pareille affirmation ? Sur des probabilités rigoureusement gratuites. Et je le prouve.

Si, demain, usant de mon droit de liberté, je me rends au palais de l'Élysée et que j'aborde le président en lui disant : « Bonjour, mademoiselle », j'encourrai immédiatement la rigueur du législateur. Et pourquoi ? En quoi le fait de l'appeler mademoiselle peut-il gêner notre président de la République ?

De même si, dans un restaurant, je commande au maître d'hôtel dix litres d'essence en carafe et un siphon de sauce béchamel, la police viendra sans coup férir me mettre dans l'impossibilité de contenter cet innocent désir dont la réalisation ne pouvait en rien gêner mes plus proches voisins.

Je pourrais, à l'infini, multiplier ces exemples de mesures vexatoires et de brimades ; je préfère en rester là, mais qu'on ne nous rebatte plus les oreilles à tout bout de champ avec ce mot de « liberté » qui, en définitive, n'est profond que dans le sens de creux.

sur la liberté

Le style des tables de multiplication

Sous l'énergique impulsion de notre sympathique ministre de l'Éducation nationale, un gros effort est actuellement tenté en vue de donner enfin un style aux tables de multiplication qui, jusqu'à ce jour, demeuraient désespérément sans caractère et d'une décourageante banalité. De nombreux projets ont d'ores et déjà été établis par de talentueux décorateurs. Bientôt nous pourrons ainsi admirer dans les vitrines d'ameublement de luxe des tables de multiplication Henri II ou Renaissance, rustiques ou modernes, avec ou sans pieds. Nous ne pouvons qu'applaudir à cette intelligente innovation : ainsi, dans un cadre approprié et intime, les chiffres se sentiront beaucoup plus à leur aise pour se multiplier, ce qui, dans les temps difficiles que nous vivons, offre un indiscutable intérêt économique et financier.

Le Gorafi

IKEA et l'Éducation nationale s'associent pour créer un nouveau design des tables de multiplication

La prochaine rentrée sera pleine de nouveautés : le ministère de l'Éducation nationale a annoncé qu'il allait demander au géant suédois de l'ameublement de redessiner les fameuses tables de multiplication.

« Ce sont de très vieilles tables, elles ont fait leur temps, elles ont besoin d'un coup de neuf »,

a expliqué le ministre.

Les élèves de primaire recevront donc en début d'année un kit de tables de multiplication, qu'ils devront monter eux-mêmes.

« Cela leur donnera à la fois le goût du bricolage, du design et des mathématiques »,

a souligné le ministre.

Le ministre des PTT nous fait parvenir le communiqué suivant :

« La personne qui
par inadvertance
a glissé dans
la boîte aux lettres
du bureau de tabac
du coin de l'avenue
d'Orléans et de
la rue des Pyrénées
une 2 CV est priée de
la réclamer au bureau
central, guichet
des échantillons. »

Le Gorafi

Il met 80 ans pour envoyer par la poste une 2CV en kit

Un homme a réussi à envoyer une deux-chevaux en kit par la poste. « Je voulais l'envoyer à Brest et je vis à Marseille, et je n'avais pas l'argent pour payer l'essence du trajet », a expliqué l'homme avant de mourir de vieillesse.

DE PARIS

Rue de Surène, monsieur Alexandre Alatraine a écrasé, par mégarde, la main droite d'un de ses garçons bouchers qui s'était mis à plat ventre pour chercher des bas morceaux.

DEMANDES D'EMPLOI

BONHOMME RICANANT ET MÉPRISANT DEMANDE PLACE POUR ASSISTER À PRÉSENTATIONS DE MODÈLES CHEZ COUTURIERS CONCURRENTS.

Votre potager en hiver

Combien il est agréable en été d'aller cueillir dans le jardin les beaux légumes et les fruits dont vous ne manquerez pas de vous régaler. Hélas ! en hiver le potager est désert, quelques légumes tardifs y poussent encore, mais ils sont bien tristes. Des solutions existent toutefois pour égayer votre potager et continuer à y faire une abondante récolte, en famille, voire entre amis. Les voici. À vous de les appliquer à la lettre.

Creusez dans vos plates-bandes des tranchées de 40 centimètres de large et de 50 centimètres de profondeur. Ceci fait, déposez à l'intérieur de ces tranchées des boîtes de conserve de petits pois, haricots verts, épinards, asperges, etc. Accrochez également aux branches de vos arbres fruitiers des boîtes de compote de fruits et de jolis pots de confiture : mirabelles, cerises, abricots, en alternant les couleurs afin que ce soit plus chaud à l'œil. Il ne vous restera plus qu'à inviter vos amis à cette cueillette. Vous pouvez, pour corser leur plaisir et leur surprise, cacher à côté des légumes quelques bonnes boîtes de gras-double ou de cassoulet.

DIVERS

Perche en bambou, permettant de tenir la dragée haute à ses concitoyens,

4,10 F.

FORMULES pour cartes-souvenirs de vacances, 200 solutions, très étudiées, évitant les fièvres cérébrales les jours de correspondance,

2,75 F.

Ancien garde mobile cherche emploi stable.

LOT important de vieilles cartes postales illustrées pouvant resservir après grattage de correspondance et adresse.

À CÉDER

Un lot de pendules sonnant toutes les heures, 15,15 F ; toutes les demi-heures, 16,10 F ; tous les quarts d'heure, 3,95 F ; toutes les 2 minutes, 120,15 F ;

SANS ARRÊT, 400 SOUS.

Monsieur légèrement
souffrant, ayant perdu
3 kilos en huit jours,
offre récompense
à qui les lui rapportera
en bon état.

RÉALISANT QUE LES SPECTATRICES ET SPECTATEURS ATTEINTS DE MYOPIE ÉTAIENT DÉSAVANTAGÉS S'ILS SE TROUVAIENT PLACÉS LOIN DE LA SCÈNE, UN DIRECTEUR DE THÉÂTRE A DÉCIDÉ DE FAIRE CONSTRUIRE UNE SALLE DE SPECTACLE POUR MYOPES. ELLE NE COMPORTERA QU'UN PREMIER RANG DE 2 500 PLACES RÉPARTIES DANS TOUTE LA LARGEUR. NUL DOUTE QU'IL NE SOIT BIENTÔT SUIVI DANS CET ORDRE D'IDÉES PAR UN AUTRE DIRECTEUR QUI FERA CONSTRUIRE UNE SALLE NE COMPORTANT QU'UN DERNIER RANG DESTINÉ À LA CLIENTÈLE PRESBYTE.

Une vague de chaleur déferle sur la France. À Paris, on a enregistré plus de 30 degrés au-dessus de zéro. Et même 38 degrés au thermomètre de *L'Os à Moelle*. Il est vrai qu'il avance un peu.

Le Gorafi

Protestation contre la nouvelle réglementation de passer les thermomètres à l'heure de Greenwich

Plusieurs dizaines de personnes ont manifesté devant l'Institut de Physique du Globe contre le réglage des thermomètres français sur l'heure du méridien de Greenwich. « On va devoir avancer nos thermomètres de deux heures », se lamentent certains qui préfèrent l'heure de Paris. En outre, durant l'hiver, le thermomètre devra être retardé de plusieurs mois pour refléter la température saisonnière.

DIVERS

Vient de paraître en supplément au Bottin mondain l'annuaire complet des pique-assiettes et tapeurs.

AVIS ET CORRESPONDANCES

Plafond neurasthénique demande araignée sociable et de bon caractère pour lui tenir compagnie, bonne place de coin et mouches à discrétion.

Le Gorafi

Anarchiste de droite cherche fondamentaliste de gauche.

Avis

NOUS CONSEILLONS VIVEMENT À NOS LECTEURS DE NE PAS LIRE CET AVIS QUI NE SE RAPPORTE À RIEN ET N'OFFRE ABSOLUMENT AUCUN INTÉRÊT.

Perdus et trouvés

PERDU PANTALON NOIR, À 2 JAMBES, dans les parages de la place St-Michel. Le rapporter toute urgence à monsieur Gonzague de la Tranche, 16, rue de la Pelle-à-Tarte.

Le Gorafi

Perdu espoir de la gauche, quelque part entre 2012 et 2017.

AI PERDU 100 000 F l'année dernière dans industrie en faillite. Bonne récompense à qui les rapportera, complets ou en partie. Il ne sera pas posé de question.

Le Gorafi

Perdu 650 000 euros en bitcoins. Si trouvés, attendre que ça remonte pour tout revendre.

Nous déclenchons contre un abus

La France a eu, de tout temps et à juste titre, la glorieuse réputation d'être la nation la plus accueillante du monde. Ce n'est, certes, pas nous qui ferons quoi que ce soit pour amoindrir cette réputation : mais, cependant, mes collaborateurs et moi estimons que, dans les heures graves que nous vivons, il est de notre devoir de jeter l'alarme, pour qu'il soit procédé dans le plus bref délai à l'élimination de certains éléments troubles dont la présence et l'activité ténébreuse constituent pour notre pays un danger permanent.

Qu'on le veuille ou non, les « et caetera » sont en fâcheuse recrudescence ; jamais on n'en vit autant qu'à l'heure actuelle : on les retrouve partout et à tout bout de champ mêlés à notre vie nationale et dans tous les domaines : spirituel, industriel, politique, littéraire et… j'allais dire et caetera !

une campagne

Les « et caetera » nous empoisonnent, nous suggestionnent et nous obsèdent : on ne peut faire aucune énumération de choses ou de gens sans les voir subrepticement apparaître, cachant je ne sais quoi d'équivoque, d'imprécis, de vague et de flottant, créant ainsi une atmosphère trouble et méphitique propre à anémier les forces de notre race. Devant la carence des pouvoirs publics, nous déclarons, à dater de ce jour, une guerre sans merci aux « et caetera » quels qu'ils soient et d'où qu'ils viennent. Nous voulons vivre en paix chez nous et entre nous et sans nous dissimuler les difficultés de la tâche que nous entreprenons, nous avons heureusement un potentiel d'énergie suffisant pour la mener jusqu'à la victoire finale.

Unissons-nous !
Tous debout contre les « et caetera ».

intolérable

Pendant la canicule, habillez-vous le plus chaudement possible. Vous aurez ainsi en vous déshabillant une impression de fraîcheur et de bien-être incomparables.

QUAND IL FAIT TRÈS CHAUD, MANGEZ DES SANDWICHES À L'ALPAGA.

C'est frais, léger et parfaitement toléré par les estomacs complaisants. Refusez toutefois et obstinément l'alpaga de conserve. Dans la mesure de vos moyens, faites faire vos sandwiches sur mesure, en exigeant au moins deux essayages.

OFFRES D'EMPLOI

ON DEMANDE GÉANT PAS TROP GRAND POUR DOUBLER NAIN PAS TROP PETIT, DÉBUTANT S'ABSTENIR.

Le Gorafi

On recherche alpinistes pour mettre des gros bonnets sur les éoliennes afin de les protéger du froid l'hiver.

ON DEMANDE VACHE LAITIÈRE, INTELLIGENTE ET DÉBROUILLARDE, PRÉSENTANT BIEN, POUR FABRICATION FROMAGES À DOMICILE.

ARTICLE DE VOYAGE

Pour être tranquille en chemin de fer. Bébés baudruche poussant cris suraigus. Imitation parfaite.

Si votre savon est sale, lavez-le à grande eau ; s'il fond, recommencez l'opération avec un autre savon jusqu'à ce que vous ayez trouvé le savon idéal.

Le Gorafi

Son porte-bonheur se dérègle, il gagne 8 fois au Loto et 14 fois au tiercé

Inquiétude pour ce joueur qui a vu son porte-bonheur se dérégler brutalement, provoquant 8 gains consécutifs au Loto et 14 fois le tiercé dans l'ordre. « Je ne sais plus où mettre tout cet argent », a-t-il déclaré avant de remporter 5 supercagnottes supplémentaires. L'État s'est vu obligé de souscrire plusieurs prêts pour subvenir à ces nombreux gains.

DEMANDES D'EMPLOI

Monsieur ayant tête à claques cherche emploi chez personne irritable.

Devenez dompteur en six semaines et sans connaissances spéciales. Entraînez-vous progressivement : commencez par les mouches, continuez par les limandes, les soles, et les alouettes sans tête. Vous parviendrez ensuite, tout à fait naturellement, à dompter les tigres et les lions.

Savoir se rendre antipathique c'est bien. Savoir se rendre odieux c'est beaucoup mieux

Monsieur Dale Carnegie, président du Dale Carnegie Institute, a publié aux États-Unis un livre intitulé *Comment se faire des amis*. Toute chose appelant irrésistiblement son contraire, un autre Américain, Irving D. Tressler, s'est empressé d'écrire, en guise de réplique : *Comment perdre ses amis et se rendre antipathique*. Pourquoi pas ? Cela nous a donné l'idée de rédiger, à notre tour, quelques conseils que l'on pourrait réunir sous le titre *Comment se faire casser la figure*.

- Si un ami vous invite à dîner, refusez mais présentez-vous quand même chez lui à l'heure dite. Au lieu de manger, chantez intégralement le troisième acte de *Faust* en vous drapant dans la nappe. Si l'on vous fait observer que vous feriez mieux de sortir, asseyez-vous et demandez innocemment quand commencera la représentation.

- À bord d'un train, si votre voisin de compartiment essaye d'engager la conversation, ligotez-le et jetez-le par la portière. Tirez la sonnette d'alarme, tirez la langue au contrôleur. Effet garanti.

- Lorsqu'un raseur croisé dans la rue vous importune, étendez-vous tranquillement sur le trottoir et endormez-vous. Si vous n'avez pas sommeil, expliquez que vous souffrez d'une insomnie chronique.

- Si la conversation se déroule dans un salon mondain, efforcez-vous de couvrir la voix de votre interlocuteur en brisant quelques potiches. S'il insiste, faites exploser plusieurs pétards ou, au besoin, une cartouche de dynamite.

- Vous êtes candidat aux élections et vous êtes allergique à la foule venue assister à vos meetings : faites écrire vos discours par un bègue. Si l'on vous applaudit malgré tout, sifflez et criez : « À la porte ! » Après avoir soigneusement verrouillé celle de la salle, bien entendu.

- Lorsqu'un représentant de commerce s'introduit chez vous pour vous proposer un aspirateur ou n'importe quel autre objet inutile, essayez aussitôt de lui vendre votre baignoire ou votre four.

- Arrêtez votre voiture place de l'Opéra, couchez-la sur le côté, asseyez-vous dessus et souriez. Si l'on prétend que vous êtes loufoque, ne protestez pas, mais tâchez de tenir des propos sensés. Ce qui, dans votre cas, semble mission impossible.

LES GENS SUPER-STITIEUX VOUS RECOMMANDENT ***INSTAMMENT*** DE NE JAMAIS PASSER SOUS UNE ECHELLE. MAIS ILS NE VOUS EMPECHENT PAS DE PASSER SOUS UN TAXI.

Cette nuit, l'éclipse totale de Lune a été une réussite parfaite. Non seulement on n'a pas vu la Lune, disparue dans l'ombre de la Terre, mais on n'a pas vu l'éclipse non plus. La déception générale a provoqué une réaction unanime : « Pourquoi organiser des éclipses de Lune en pleine nuit ? Il eût été beaucoup plus simple de la faire entre midi et 2 heures. Comme cela, on aurait pu la voir comme si on y avait été ! »

OFFRES D'EMPLOI

ON DEMANDE VACHE LAITIÈRE, AYANT LE SENS DE LA MESURE, POUR REMPLISSAGE DIRECT DES BIBERONS.

RECHERCHE MONSIEUR BIEN VENTRU, POUR CALCULER LARGEUR PORTILLON AUTOMATIQUE.

ON DEMANDE JOURNALISTE DÉBUTANT POUR TENIR RUBRIQUE DES CONTRIBUABLES ÉCRASÉS AU *JOURNAL OFFICIEL*.

AVIS ET CORRESPONDANCES

J'ai le hoquet. Qui viendra me faire peur ?

Perdus et trouvés

Il a été perdu entre Rambouillet et Trappes un cycliste. Prière le rapporter à son vélo.

Donne récompense à qui me rapportera un collier de 20 000 F. Aucune préférence pour les perles.

Si votre pelouse n'est pas d'un vert assez vif, faites-la bouillir avec une cuilleréé de bicarbonate de soude, elle reprendra sa bonne couleur.

DEMANDES D'EMPLOI

N'ayant aucune imagination, cherche situation scénariste dans grande firme cinématographique.

Échangerais plusieurs mètres de toile contre autant de toiles de maîtres.

Grandeur et décadence

Sic transit! Ainsi va la vie! À quoi tient la gloire! À peu de chose et le philosophe a raison qui dit : « Quand les cent bouches de la renommée se taisent, ça fait plus de bruit que lorsqu'elles parlent! » Fragilité des choses d'ici-bas! Enfin rien ne sert d'épiloguer à perte de temps, mais il est cependant difficile de demeurer insensible devant l'étrange destinée du salsifis frit. J'entends d'ici, aussi bien que si je n'y étais pas, de graves personnages s'écrier : « Est-ce bien le moment de s'occuper de pareilles billevesées ? » Notre souci d'impartialité et d'objectivité constitue à lui seul la meilleure réponse aux insinuations malveillantes ; si, aujourd'hui, j'ai cru bon de m'occuper du salsifis frit, c'est que je sais les répercussions qu'il peut avoir sur notre économie générale.

Gambetta lui-même, qui n'était certes pas homme à jouer à la marelle au sein de l'Assemblée nationale, n'a-t-il pas écrit : « Quand le salsifis frit décroît, le peuple s'effrite. »

Je viens de passer quelques nuits à relire attentivement l'histoire du salsifis frit ; je conseille à tous mes concitoyens d'en faire autant, car elle est particulièrement édifiante. Les faits sont là, probants, irréfutables et la conclusion qui s'en dégage est la suivante : « Un gouvernement qui n'a pas de politique du salsifis frit n'a aucun espoir d'arriver à ses fins. »

Chez les Phéniciens, le salsifis frit était révéré au même titre que le bœuf Apis chez les antipodistes. Au Mexique, récemment encore, c'est lui qui remplaçait le gui porte-bonheur à l'époque des grandes marées de demi-saison, et bien rares sont ceux qui n'ont point conservé dans un repli de leur mémoire le souvenir de la charmante « Ballade du salsifis frit » de Paul Pons et Raoul le boucher ; les premières strophes chantent encore à mes oreilles ; je ne puis me retenir de les citer :

Ô salsifis !
Salsifis frit
Honneur à qui
Même sale s'y fie
Frit !

Quelle tendresse, quelle poésie bucolique en ces quelques vers emplis d'une émotion contenue ! Hélas ! le salsifis frit ne jouit plus de la grande faveur du public ; les jeunes générations si elles ne l'ignorent pas encore complètement ont une fâcheuse propension à s'en désintéresser.

Aussi, je pense que ce n'est qu'accomplir petitement mon devoir que d'attirer l'attention de nos gouvernants sur cette grave question pendant qu'il en est temps encore. Nous ne demandons pas, évidemment, la création d'un ministère du salsifis frit ; ce n'est certes pas le moment pour l'État de se mettre de nouveaux frais sur les reins ; mais, dans un pur esprit de désintéressement, animés seulement par l'amour du bien public, mes camarades et moi nous nous déclarons tout prêts à nous occuper bénévolement de l'institution d'un office du salsifis, moyennant simplement un honnête émargement budgétaire dont nous fixerons le taux d'un commun accord et suivant les circonstances.

Il nous faut une politique du salsifis frit ; les États totalitaires n'en ont pas : c'est ce qui causera leur perte ; profitons-en ; qu'on nous fasse confiance ; notre plan est à pied d'œuvre et nos responsabilités prêtes à être assumées ; nous n'attendons qu'un signe de « CES MESSIEURS » pour entrer en action. Qu'il ne tarde pas trop, sans quoi, dépassés par les événements, nous ne pourrons que déplorer les conséquences indépendantes de notre volonté, dont le résultat sera la faillite de l'esprit démocratique et l'asservissement latéral de la liberté dirigée.

Pourquoi parle-t-on de « relever les compteurs » ? Comme s'ils n'étaient pas assez hauts !...

Le problème se pose uniquement quand vous habitez une maison basse.

Le Gorafi

Londres – Un releveur de compteurs arrêté alors qu'il tentait de relever la garde de Buckingham

Tragique méprise pour ce technicien, stoppé quelques secondes avant d'avoir essayé de relever la garde du palais royal. L'homme a expliqué aux autorités qu'il avait été la victime d'un tragique, banal et assez mauvais jeu de mots laid, mais celles-ci n'ont pas immédiatement relevé l'humour du releveur. Il a été arrêté quelque temps plus tard après avoir fait irruption sur la scène d'un théâtre pour relever un conteur.

DEMANDES D'EMPLOI

Plongeur de restaurant polyglotte demande place traducteur pour assiette anglaise et salade russe.

Monsieur connaissant par cœur Petit Larousse illustré demande place au pair chez amateur de mots croisés.

DE BORDEAUX

Deux ivrognes, qui marchaient à quatre pattes, sont entrés en collision. L'accident serait dû au brouillard ambiant, mais aussi à celui de leur cerveau après une soirée arrosée, que la météo n'avait pas prévue.

Pour vous reposer des fatigues du salon de l'auto, venez visiter notre salon

La visite du Salon de l'Auto est un rite que tout citoyen digne de ce nom se garderait bien de ne pas accomplir en son temps. Mais nul ne me contredira si je prétends que le plaisir est gâché en partie par la fatigue consécutive aux longues stations devant les voitures et à la bousculade inévitable en période de cohue. Aussi, pour rétablir l'équilibre, avons-nous jugé opportun d'organiser à notre tour un Salon, mais un Salon dont la visite ne fatiguerait pas les visiteurs. Nous ne saurions trop vous engager à vous y rendre en grand nombre. Sachez qu'il est installé en plein milieu des bas-côtés de notre cabine téléphonique. Le principal et unique attrait de ce Salon réside dans l'originalité qu'il n'y a absolument rien à voir. C'est un salon, quoi, un brave salon vide, avec simplement accrochée à un mur une photo représentant ledit salon. C'est vous dire que ça ne nécessite aucun effort physique ou intellectuel de la part de celles et ceux qui s'y rendent. C'est en tout cas un exemple qui mérite d'être suivi et qui ouvre la voie à toute une ère de conceptions euphoriques du meilleur aloi.

Le Gorafi

Grand concours : gagnez trois places pour cinq personnes pour le Salon des Salons

C'est l'attraction de cette année, le fameux Salon des Salons qui présente tous les salons à venir dans le cadre d'un superbe salon où vous aurez le loisir de découvrir les différents types de salons. « C'est une super idée, ça permet de faire les salons avant les salons sans aller dans les salons », explique ce visiteur de salons. Salon de l'auto, salon de l'ameublement, salon des salles à manger, même le salon des salons a son salon dans le salon des salons. Ce qui laisse penser à certains qu'on pourrait à terme organiser le salon des salons des salons, avec la possibilité de visiter des salons de salons et, peut-être même, des salons de salons de salons de salons.

Je dois vous confier, d'abord, que je suis née dans des circonstances étranges.

Mon père était blond et mystérieux, ma mère était coléreuse et tyrolienne. L'un de mes grands-pères ne portait que des vêtements bigarrés et avait pour seule fortune trois grandes sœurs qui furent élevées au reblochon jusqu'à l'âge de 33 ans. C'est dans cette famille que je vécus, il y aura bientôt dix-sept ans. Mes premières années furent calmes. Mes parents, malgré le bruit de la rue, s'entendaient très bien, mais n'habitaient pas le même appartement. Néanmoins, ils demeuraient dans la même rue, et, de leurs fenêtres, pouvaient correspondre par gestes en imitant le chant du cheval. Quand mon père voulait m'embrasser, ma mère me prenait dans ses bras et me lançait par-dessus la rue, à mon père qui me rattrapait avec dextérité. Ensuite, pendant un quart d'heure il me donnait les premiers rudiments du jardinage en me plantant ses doigts dans les yeux. J'étais jolie comme un cœur, et ce furent des années merveilleuses. Ma mère m'envoyait faire le marché dans la rue d'Angoulême, et, une fois par semaine, nous allions passer la soirée dans un petit village du Canada, chez le vice-roi des Indes, qui, à l'époque, n'était pas encore brouillé avec mon père. C'est vous dire que cette jeunesse calme et mouvementée devait avoir une influence sur la jeune fille que je devins par la suite, malgré les progrès stupéfiants de l'industrie vélocipédique. Un jour, mon air sérieux me fit traiter d'ascète par l'épicier. Je rougis comme une crête et me mis à chercher dans le dictionnaire le sens d'ascète que je ne connaissais pas. Je lus : « acétique : aigre et acide ». Je me mis à pleurer, et c'est à ce moment que je connus Philibert, un jeune homme très correct qui me proposa d'aller sécher mes larmes chez ses parents qui possédaient un aspirateur, car ils étaient philatélistes. Nous ne tardâmes pas à nous marier, Philibert et moi, et nous ne tardâmes pas non plus à divorcer. Nous ne pouvions nous entendre, puisqu'il était contrôleur tandis que moi j'étais comme ces oiseaux de la mer qui ne chantent que pendant les orages. Dégoûtée de la vie et profitant d'un moment d'inadvertance où j'achetais un coupon de toile cirée pour me faire un abat-jour ciel-de-lit, je pris le premier bateau en partance pour les Indes. Je tombai amoureuse du commissaire du bord, un être exquis qui, pendant cette traversée, était absent et servait en qualité de maître d'hôtel au mess des officiers de Vladivostock. Lorsque j'appris qu'il n'était pas à bord, je me jetai à l'eau. À la suite de cette aventure, je ne puis me guérir d'un rhume. Je vous en prie, dites-moi ce que je dois faire. Dois-je renoncer à cet homme ou à ce rhume ?

Votre confession me touche beaucoup.

J'ai peur pour vous, et si je ne craignais pas de donner de la fièvre à mon cheval qui m'attend sur le boulevard, je vous répondrais plus longuement. Je peux simplement vous dire combien je déplore que vous ne soyez pas tombée amoureuse d'un pharmacien ! En tout cas, ayez du courage, rapprochez-vous de madame votre mère au coin du feu, et surtout ne renoncez pas !

Le Gorafi

Témoignage : Il a survécu à un rhume d'homme

Émouvant témoignage que celui de ce jeune homme qui a survécu à un rhume d'homme. « J'ai eu jusqu'à 39° de fièvre », a-t-il raconté. « À un moment, j'avais même le nez qui coulait », ajoute celui qui a dû passer plusieurs journées couché sur son canapé. Il devrait par ailleurs être décoré de la légion d'honneur.

DIVERS

VÊTEMENTS DE TRAVAIL. SPÉCIALITÉ POUR HUISSIERS. TENUE COMPLÈTE EN TÔLE EMBOUTIE, AVEC CASQUETTE FER FORGÉ : 4 395 F. MODÈLE RENFORCÉ, EN ACIER BLINDÉ, POUR CONTRÔLEURS DU FISC À DOMICILE : 39 SOUS.

POUR LA CHASSE AU BLAIREAU, UN SEUL APPÂT ! NOTRE MERVEILLEUX SAVON À BARBE EMPOISONNÉ DISSIMULANT UNE CARTOUCHE EXPLOSIVE, CONTENANT ELLE-MÊME UN SOLIDE HARPON. JAMAIS D'INSUCCÈS !

AVIS ET CORRESPONDANCES

Jeune camembert prodigue, très avancé pour son âge, ayant quitté domicile, demande pardon à propriétaire et désire réintégrer boîte.

Agence police privée donnerait récompense à celui qui lui rapporterait sa caisse et son caissier, partis sans prévenir.

La grande misère des lignes parallèles

Vous qui, le soir venu, rêvassez tranquillement au sein de votre foyer douillet, auprès d'une épouse souriante et de bambins plus ou moins en bas âge, avez-vous quelquefois pensé au sort tragique des lignes parallèles, qui, depuis des millénaires, sont condamnées à vivre côte à côte sans jamais se rencontrer ? Nous sommes prêts à entreprendre immédiatement une campagne destinée à apporter un changement salutaire à cet état de choses navrant. Hélas, une campagne, cela représente de longs efforts, qui occasionnent pas mal de frais. Pour cette raison, notre caisse est ouverte en permanence, à toute heure du jour et de la nuit. Des hommes et des femmes se feront un devoir de recueillir, de gré ou de force, les fonds que vous voudrez bien leur apporter. Nous nous en remettons à votre bon cœur et vous remercions à l'avance, d'ores et déjà, et simultanément.

Souffrant insomnie
échangerais
matelas de plume
contre
sommeil de plomb

Ça va hallebarder !

Qu'on ne nous prenne pas pour ce que nous sommes !

Nettoyons les incuries administratives et protégeons notre patrimoine national.

Heureux celui qui, comme Ulysse, a passé un bon week-end, a dit le poète. Heureux aussi le rêveur qui croit à la sagesse du législateur et à sa bonne volonté pour que règnent en ce bas monde l'ordre et l'équilibre suivant les principes de l'harmonie préétablie.

Oui, heureuse euphorie, mais dangereuse aussi, lourde de conséquences imprévues et de réveils brutaux.

Cependant, s'il est indispensable que tout citoyen digne de ce nom conserve un minimum de vigilance, il est certaines choses dont on ne peut imaginer qu'elles ne sont pas l'objet de la sollicitude constante des pouvoirs officiels.

Et pourtant ! Moi aussi, j'ai été sceptique ; moi aussi, j'ai longtemps refusé d'y croire, j'ai haussé les épaules et traité de défaitistes ceux qui venaient m'en avertir. Et puis, petit à petit, le doute s'est emparé de moi, je voulus en avoir le cœur net et me mis alors à compulser tous les documents relatifs à cette affaire, toutes les statistiques y afférentes et tous les rapports idoines ; je les consultai dans tous les sens : à l'endroit, à l'envers, par transparence, par procuration ; je les traduisis en sept langues, y compris le colibacille et le protozoaire, et force me fut d'en arriver en fin de compte, et la mort dans l'âme, à cette effarante constatation : Il n'y a pas de statut de la hallebarde.

Je sais que cette incroyable déclaration va soulever un raz-de-marée de scepticisme, un ouragan de ricanements ; c'est tout naturel, mais ce n'est pas ça qui me fera reculer devant ce que j'avance. Vous me connaissez, amis lecteurs, vous savez que si je me permets de lancer pareille affirmation, c'est que je suis aussi au courant de la chose que si je l'ignorais.

« Pas de statut de la hallebarde ». Quelle pitié ! Quelle dérision ! Mais enfin, à quoi pense-t-on dans les sphères dirigeantes ? Le commerce, l'industrie, l'agriculture, les arts ne sont-ils pas défendus, réglementés, dotés de statuts solides et judicieux ? Et la hallebarde, rien !

Lorsque, comme moi, on sait la place prépondérante qu'occupera prochainement la hallebarde dans la défense nationale, on demeure atterré et terrifié devant l'indifférence coupable et criminelle de l'Administration responsable.

Mais enfin, regardez autour de vous ; en Angleterre, notamment, la hallebarde ne bénéficie-t-elle pas d'un régime particulier qui la place au-dessus des vils agiotages et des basses compromissions ; outre-Rhin, j'ose à peine en parler, la hallebarde, étant considérée à juste titre comme devant donner la décision en cas de conflagration armée, est le centre de ralliement de toutes les énergies et de tous les efforts.

Voilà la vérité brutale, voilà ce qui se passe, pendant que nous nous vautrons sur le matelas de l'inertie. J'estime accomplir mon devoir de loyal Français en jetant ce cri d'alarme : Il nous faut le statut de la hallebarde. Et vite, et tout de suite, notre sécurité en dépend ; il est encore temps, mais il n'y a plus une minute à perdre.

Et qu'on se pénètre bien en haut lieu de cette détermination farouche : nous emploierons tous les moyens, licites ou pas, pour que la hallebarde soit dotée à bref délai d'un statut légal ; ainsi nous pourrons enfin travailler dans l'union et la paix féconde à l'ombre d'une hallebarde nationale et bien de chez nous, au-dessus des mesquines discussions intestines, d'une hallebarde, en un mot, qui réalisera la communion des cœurs et des esprits en un rassemblement intégral des volontés agissantes et dans un élan de réconciliation définitive, fraternelle, altruiste et inaltérable à l'humidité, même par les temps de brouillard.

De Paris

Deux inconnus qui jouaient avec un gros bâton ont été admis d'urgence à l'hôpital Lariboisière. La conséquence tragique d'une conversation à bâtons rompus.

Attention aux coups de soleil sur le nez. Toujours douloureux, souvent dangereux, ils engendrent en outre le ridicule. Pour les éviter, portez des faux nez, rouges ou verts avec ou sans moustaches. Vous pourrez ainsi sans crainte vous livrer à la caresse bienfaisante des infra-rouges et des infra-diabolo menthe.

ANNONCES HISTORIQUES

Découvrez l'Amérique avec Christophe Colomb. Voyagez sur Caravelle luxe et réception par les Peaux-Rouges, 22 800 pesetas. Aller et retour, 23 000 ptas. Retour seul, 30 000 ptas.

DIVERS

À solder stock important de « sentiments distingués », « salutations empressées », « meilleurs souvenirs », etc., manuscrits et dactylographiés pour fins de lettres.

ÉCHANGES

Échangerais plusieurs moulins à café contre un café à Moulins (Allier).

AVIS ET CORRESPONDANCES

Abonné au gaz cherche abonnée à l'électricité en vue mariage.

COURS ET LEÇONS

Jugez-vous vous-mêmes. Cours d'assises par correspondance.

OFFRES D'EMPLOI

Auto-école demande piétons distraits pour entraînement des élèves.

**SI VOS FLEURS SONT FANÉES,
TEIGNEZ-LES EN BLEU MARINE ET EN NOIR,
ELLES SEMBLERONT COMME NEUVES.**

COMMENT ASSÉCHER UNE MER

À la mer, même en été, il pleut parfois. Voici une méthode qui vous permettra d'éviter de vous mouiller.

1. Vous choisissez une mer qui soit très profonde et où il y ait beaucoup d'eau.
2. Vous devez attendre la marée haute, car à marée basse vous n'auriez qu'une très petite quantité d'eau, et sablonneuse, en plus !
3. Pour l'assèchement proprement dit, il y a trois méthodes : boire la mer par grandes gorgées en évitant qu'elle rentre dans les narines ; enlever l'eau avec une louche ; tapisser le fond de la mer avec du buvard et aspirer avec une paille. Chacune de ces trois manières est pratique, mais si l'on boit trop d'eau, ça donne soif, et on se trouve obligé de boire beaucoup de vin.
4. Quand tout est terminé, vous repartez, car vous n'avez plus aucune raison de rester à la mer puisqu'il n'y en a plus.

Le Gorafi

La mer Méditerranée asséchée après le naufrage d'un cargo transportant du papier buvard

Drame au large de la Corse. Un cargo chargé de buvards a fait naufrage, asséchant brutalement la Méditerranée. À certains endroits, le niveau de la mer a baissé de plus de 500 mètres, provoquant un autre drame car un navire chargé de cartouches pour stylo-plume est venu s'encastrer sur des rochers, inondant d'encre les plaines abyssales. Ce à quoi les autorités ont répondu en larguant par avion d'autres papiers buvards. « Cet accident fera tache d'encre », ont annoncé les experts.

ÉCHANGES

HABITANT TERRE DE FEU DÉSIRE CONNAÎTRE RIVERAIN MER DE GLACE, POUR ÉCHANGE RADIATEUR CONTRE RÉFRIGÉRATEUR.

Le Gorafi

Échange ambiance du moment lourde et triste contre nostalgie douce et réconfortante.

DEMANDES D'EMPLOI

Receveur autobus sur ligne peu fréquentée ferait tricot ou raccommodage.

OCCASIONS

À céder, dictionnaire complet des fautes d'orthographe en 120 volumes.

D'ARCACHON

Une trentaine d'ostréiculteurs du bassin d'Arcachon viennent d'être condamnés à 25 F d'amende pour avoir introduit des huîtres portugaises dans leurs établissements de pêche. On se décide enfin à prendre des mesures contre les étrangers indésirables.

Le Gorafi

Le ministre de l'Intérieur affirme que l'immigration de mollusques et de crustacés n'est pas une chance pour la France.

PASSAGES OUBLIÉS

Par décision du ministre de la Gomme à claquer, les passages piétons seront désormais réservés exclusivement aux piétons, non seulement dans le sens de la longueur mais aussi dans celui de la largeur. Toutefois, pour permettre aux automobilistes et assimilés de les traverser quand même, un passage supplémentaire, réservé aux véhicules, sera établi au milieu de chaque passage. Si le besoin s'en fait sentir, on tracera un troisième passage, permettant aux piétons de traverser sans risques le passage pour voitures des passages pour piétons, et un quatrième passage pour les voitures. Et ainsi de suite, jusqu'à ce que la chaussée soit totalement pleine de passages. Pour les grilles d'égout, rien de changé.

L'art de ne rien

La compréhension est la base de toute intelligence, a dit Platon, qui, quoi qu'en disent certains contempteurs vinaigrés, était tout de même un homme capable de digérer tout seul.

Loin de moi l'idée de battre en brèche cette lumineuse affirmation, mais cependant je dois avouer qu'elle ne me satisfait que très imparfaitement. Il me revient d'ailleurs, heureusement à temps, que ce n'est pas Platon qui a prononcé ces paroles, mais Louis-Philippe, ce qui ne change rien à la chose, mais me permet simplement de rendre à un autre ce qui ne lui appartenait que par ricochet.

Revenons à la compréhension, dont Louis Blanc a dit qu'elle était la base de toute intelligence. Bien. Mais, en définitive, à quoi doit tendre l'intelligence ? À l'amélioration de la condition humaine et à son perfectionnement progressif, qui doit logiquement aboutir à son bonheur sinon absolu, du moins acceptable. Or, il faut reconnaître que le coefficient général du bonheur humain en prend, depuis quelques années, un bon coup dans le porte-bagages ; et cependant, jamais le désir de compréhension n'a été aussi vif à tous les échelons de la société. Alors ? Alors ! la conclusion arrive toute seule : plus on comprend et moins on est heureux. En conséquence, j'estime qu'il serait utile de créer dans tous les lycées et collèges une chaire d'incompréhension où l'éducateur s'ingénierait, par des moyens appropriés, à apprendre à ses élèves l'art difficile de ne rien comprendre.

Ainsi, au bout de deux ou trois générations, nous arriverions je crois à un stade de douce béatitude où, toutes réactions abolies, nous voguerions sur la calme mer de l'euphorie négative. Tous les actes alors, quels qu'ils soient, pourraient être accomplis sans douleur et sans regrets ; les événements les plus graves pourraient survenir, ils nous laisseraient dans un aimable état d'indifférence puisque nous ne les comprendrions pas. Ainsi nous ne réagirions plus lorsque l'État nous demanderait de contribuer lourdement à ses dépenses ; nous prendrions allègrement part à de lointains conflits armés auxquels nous nous ferions un plaisir d'accorder notre précieuse et effective collaboration et… Mais je m'aperçois que je me suis embarqué dans un domaine d'où je ne sais trop comment j'arriverai à sortir ; je préfère en rester là, estimant en avoir suffisamment dit pour étayer la thèse de la non-compréhension qui, je m'en rends compte à l'instant même, rallie déjà suffisamment d'adeptes pour que nous puissions espérer la voir se développer à bref délai et à toutes fins utiles.

comprendre

À VENDRE

À VENDRE DANS DE TRÈS MAUVAISES CONDITIONS PETIT COMMERCE INSIGNIFIANT.
LE VENDEUR SE RETIRE APRÈS 30 ANS D'EFFORTS INUTILES. SATISFACTIONS MORALES CONSIDÉRABLES.

Le Gorafi

VENDS PETITE COLONIE MINIÈRE TERRAFORMÉE SUR PLANÈTE LV-246, PETITS TRAVAUX À PRÉVOIR, LÉGÈRE INFESTATION.

AUTOMOBILE DERNIER MODÈLE, AYANT TRÈS PEU ROULÉ. À PRENDRE DANS FOSSÉ À 500 M DE L'USINE.

À VENDRE JOLIE COLLECTION POTS DE VIN. S'ADRESSER À N'IMPORTE QUI, HÔTEL DE VILLE, PARIS.

PIÈCES DE RECHANGE POUR ANIMAUX DIVERS : ŒIL DE BŒUF, 7 F ; QUEUE DE RAT, 8 F ; PIED DE BICHE, 9 F ; TÊTE DE LOUP, 10 F ; BEC DE CANE, 11 F.

L'État propose un plan de redressement.

D'accord.

Mais, pour que ce plan redresse ce que l'on mettra dessus, il ne faut pas qu'il soit horizontal ou vertical. Il faut que ce soit un plan incliné. Mais comment gravir ce plan sans aspérités où l'on puisse s'accrocher sans risquer de glisser ? Nos gouvernants ne semblent pas capables de répondre à la question. Comme toujours.

DE BOURG-EN-BRESSE

On a volé la Joconde ! Pas au Louvre, mais au musée de Bourg-en-Bresse, où Mona Lisa devait probablement passer ses vacances incognito. Son signalement a été communiqué à toutes les gendarmeries.

Le Gorafi

Droit du travail :
Les syndicats obtiennent enfin des congés payés pour Mona Lisa.

DIVERS

■ **PEIGNE** sans dents pour messieurs chauves 3 F ; dents de rechange pour peigne sans dents **0,15 F.**

■ **BROSSE À DENTS** en pilules, évitant les lavages qui font perdre du temps. Très curieux, **3,65 F.**

■ **TAPIS** en peaux de banane permettant de réaliser des chutes très amusantes. Le tapis, **15 F.**

■ **MANUEL** *L'Art de vendre*, **12 F**. Manuel : *L'Art de vendre les manuels*, **29,90 F.**

■ **CHAPEAU** pour mettre sur la tête, **45 F** ; tenir à la main, **32 F ;** accrocher au mur, **30 F** ; mendier, **60 F** ; s'asseoir dessus, **15 F** ; dilatable pour forte tête, **40 F.**

■ **CHAPEAU** surbaissé pour passer sous les petites portes, 32,95 F ; le même permettant de passer sous les porches, **40,95 F.**

COURS ET LEÇONS

Professeur de chant, spécialiste exclusif des chœurs, donne leçons parti-culières.

Je done lesson d'ortau-graffe part quorais-pondance.

Pourquoi essayer de faire semblant d'avoir l'air de travailler ? C'est de la fatigue inutile !

Le Gorafi

Selon une étude, faire semblant de travailler fatigue plus que travailler

Une étude affirme que feindre de travailler fatigue plus que de travailler. « J'ai fait semblant de réaliser cette étude , c'était pour faire croire que je travaillais », a expliqué en bâillant le chercheur du CNRS avant de prendre la fuite de la conférence de presse.

OFFRES D'EMPLOI

VIEILLE SCIE CHERCHE BON DENTISTE, PAS TROP CHER, SUSCEPTIBLE DE LUI REMETTRE 32 DENTS D'ACIER.

LES NOUVEAUTÉS DU SALON DES ARTS MÉNAGERS

LE RÉVEILLE-SOIR : un réveil à l'usage des travailleurs de la nuit qui dorment pendant le jour. Basé sur le principe du réveille-matin, il ne se déclenche qu'après le coucher du soleil. Existe en deux modèles, actionnés, suivant les goûts, par un cœur de hibou ou le cri de la chouette.

LA BAIGNOIRE-BUVARD : dès qu'elle est remplie, elle boit instantanément toute l'eau qu'elle contient. Celles et ceux qui craignent l'eau peuvent, ainsi, prendre des bains sans être mouillés. On peut, si on le désire, la remplir d'encre, mais le nettoyage devient plus délicat. Se plie facilement et peut se placer sur un bureau.

LE TROUSSEAU DE VRAIES CLEFS : la dernière nouveautépour cambrioleurs en appartement. Elle remplace la fausse clef qui endommageait les serrures et devenait une pièce à conviction par trop convaincante. La vraie clef ne présente pas ces inconvénients, mais est évidemment plus chère. Deux modèles sont disponibles, en velours damasquiné avec incrustations de taffetas armé, ou avec une housse en foie gras.

LA PENDULE À RÉSERVOIR : sert à remplir les heures creuses. La même avec bain de pieds, la même sans bain de pieds, mais avec faux nez.

LE COUTEAU À CONFÉRENCES : permet de couper court à toute conversation. Le manche est fourni.

SURTOUT DE TABLE : une jolie couche de terreau très décorative que vous étendez sur votre nappe. Cela vous permet de faire pousser des fleurs qui feront la joie de vos invités. Si vous avez une vache, vous pouvez la faire coucher sur ce surtout. À la fois champêtre et parisien.

BARRE FIXE-LUNCH : pour faire sauter les steaks des gens pressés, hommes d'affaires, boursiers, etc.

L'eau, c'est de l'eau

Je vois d'ici, comme si je les entendais, les réflexions malveillantes que ne vont pas manquer d'émettre, en lisant le titre ci-dessus, les gens attachés à ma perte ; car il faut que je vous le dise, amis lecteurs, j'ai des gens attachés à ma perte ; remarquez que je n'ai nullement l'intention d'en dire du mal ; ce sont des gens très bien, d'excellente éducation et avec lesquels j'entretiens les meilleures relations du monde ; ça ne les empêche pas d'être attachés à ma perte.

En conséquence, ils ne vont pas se priver de m'abreuver de sarcasmes ; et, voyez-vous, je n'aime pas m'abreuver de sarcasmes ; non point qu'il y ait mauvaise volonté de ma part ou l'ombre même de la moindre manifestation de snobisme, mais le sarcasme ne me désaltère pas ; il est donc assez naturel que je désire m'abreuver d'autre chose.

Ceci posé, revenons au titre en question : l'eau c'est de l'eau. Évidemment, l'eau, c'est de l'eau, et, a priori, je comprends que la banalité même de ce titre fasse naître le sourire de l'ironie sur les lèvres des moins sceptiques ; mais, quand on se donne la peine d'y réfléchir, on réalise très vite que ça va beaucoup plus loin qu'une simple constatation à la manière de La Palice.

Je dois aussi vous dire, pour justifier l'apparente abracadabrance de mes propos, que j'écris ces lignes à Biarritz, devant l'océan. Et que dire devant l'immensité mouvante de l'Atlantique, sinon : l'eau, c'est de l'eau ; car, en effet, c'est de l'eau, rien que de l'eau ; là, au moins, il n'y a pas de tromperie sur la marchandise, on sait à quoi s'en tenir, sans qu'il puisse subsister la plus petite équivoque ; or, je pense que cette netteté, cette précision devraient être exaltées et montées en épingle de sûreté au fronton des institutions et des œuvres sociales, car elles constituent une exception qu'on aimerait voir se multiplier en progression géométrique.

Oui, l'eau, c'est de l'eau ; mais peut-on employer le même impératif catégorique vis-à-vis des autres choses ?

Pour le vin, par exemple : peut-on affirmer : le vin, c'est du vin ? Quelquefois oui, bien sûr, mais combien de fois le vin n'est-il pas du vin, mais un composé hybride destiné à tromper le consommateur ? On pourrait multiplier les exemples à l'infini : quand on vous vend un tissu pur laine pour du tissu pur laine et que ce tissu pur laine n'est qu'un composé de coton mercerisé et de raphia cardé !

Quand un diplomate signe un accord ou un traité avec la ferme intention de n'en tenir aucun compte ! Quand un maquignon d'automobiles vous vend un abominable tacot maquillé pour un racer de course et vous dit en désignant la prétendue voiture : « Hein ! elle est propre !... »

Partout tromperie, partout mensonges, partout idées de derrière la tête ! Tandis que l'eau ! l'eau de la mer ou de l'océan ! C'est de l'eau, de la simple eau, de la belle eau, de la bonne eau !

Voilà pourquoi j'aimerais qu'un jour, que je voudrais proche, cette franchise de l'eau fût étendue à tous les autres domaines ; je sais que c'est beaucoup demander, mais le seul fait d'y penser prouve que tout espoir de possibilités dans l'irréalisable n'est pas absolument perdu.

Mais j'arrête là ces spéculations un peu trop spécieuses, d'autant plus que j'aperçois devant moi l'océan se retirer et que là où tout à l'heure il y avait de l'eau, il n'y a plus maintenant que du sable et des rochers. Alors voilà qu'une horrible angoisse m'étreint ! L'eau serait-elle aussi de la terre ? Affreux dilemme ! Abominable conjecture ! Où est la vérité ?

DU PARC DES PRINCES

Des voleurs se sont introduits, cette nuit, dans la maison du gardien de but. On n'a pu encore évaluer, en l'absence de celui-ci, le nombre des bois dérobés. Il est probable qu'à son retour, ce gardien, qui, en réalité, ne gardait pas, fera une drôle de goal.

Vous qui avez l'épiderme délicat, rasez-vous sans savon, sans eau, sans crème, sans blaireau et surtout sans rasoir. Comment ? Ça, nous n'en avons pas la moindre idée, mais nous sommes persuadés qu'on doit pouvoir y arriver avec un peu de sens pratique et d'imagination.

DIVERS

Doigts supplémentaires en caoutchouc permettant de compter au-delà de 10. La douzaine : 30 F.

Le Gorafi

Grand Ancien cherche architecte d'intérieur pour rénovation forteresse de solitude et de désespoir située dans montagnes maudites.

Existe-t-il un moyen d'empêcher les limaces de manger les salades la nuit ?

Bien sûr ! En les chassant à courre ou à l'affût selon la saison. Mais le plus ingénieux moyen consiste à arracher les salades le soir et à les repiquer dès l'aube.

Le Gorafi

Plusieurs blessés après une battue aux limaces organisée par des chasseurs

Pour lutter contre un phénomène d'invasion de limaces, un village a proposé aux chasseurs de venir en aide aux agriculteurs. Les chasseurs locaux ont alors tenté d'organiser une battue. Mais au bout d'une heure, de plusieurs centaines de coups de fusil tirés et autant de blessés, il a été entendu que le calibre 12 n'était pas l'arme la plus judicieuse pour procéder à pareille opération.

Pourquoi fait-il froid en hiver et chaud en été, alors que s'il faisait chaud en hiver, on n'aurait plus besoin de se réchauffer et que s'il faisait froid en été on n'aurait plus besoin de se rafraîchir ?

S'il faisait chaud en hiver, chacun se découvrirait et s'enrhumerait, de même que s'il faisait froid… etc., chacun se couvrirait et suerait à grosses gouttes. Ce qui rend votre suggestion impossible.

Le Gorafi

Météo – Le gouvernement s'engage à ce qu'il fasse plus chaud en hiver et moins froid en été

Le gouvernement s'est engagé à mieux encadrer les températures estivales et hivernales. « Il y a eu trop de laisser-aller, les gens veulent des mesures concrètes », a souligné le Premier ministre. Il n'exclut pas une saisie conservatoire des thermomètres qui ne respecteraient pas les températures exigées par la loi.

Pour égayer vos vacances.

Pour vous distraire honnêtement.

Pour faire œuvre d'assainissement.

Pour faire du sport.

Pour améliorer vos réflexes.

Pour cultiver votre adresse.

Prenez les mouches au lasso.

Le procédé est exactement le même que pour les chevaux ou les taureaux, mais il exige infiniment plus de circonspection et de sang-froid.

CHRONIQUE NÉCROLOGIQUE

Nous apprenons avec le plus vif regret le décès de monsieur Victor Hugo, le tribun bien connu, survenu, paraît-il, il y a déjà quelque temps, et dont, par suite d'une incompréhensible négligence, nous n'avons pu être avisés à temps. Nous nous excusons auprès de la famille et lui présentons tardivement, mais sincèrement, nos condoléances émues.

Le Gorafi

Dernière minute : Victor Hugo est mort en 1882

On apprend à l'instant la mort de Victor Hugo en 1882. L'immense écrivain serait brutalement mort depuis plus de 140 années. « Je suis sous le choc, rien ne sera plus pareil », a commenté la ministre de la Culture. Dans le même temps, on apprenait la disparition de Balzac en 1850, sans que les deux morts puissent être reliées.

DEMANDES D'EMPLOI

- **Dessus de cheminée frileux** cherche place chaude pendant morte-saison.
- **Apprenti maçon** désirant s'élever construirait building pendant heures de loisirs. Prix intéressants.

UN PEU D'HISTOIRE

IL Y A 107 ANS, jour pour jour, à 17 h 28 précises, Pierre Dac n'était pas encore né. Les années suivantes non plus, d'ailleurs. Le même jour, mais beaucoup plus tard, donc presque le lendemain en quelque sorte, quelques averses tombèrent sur place et le fond de l'air étant plutôt frais, certains promeneurs prudents relevèrent le col de leur pardessus. Enfin, c'est également à cette date que Jéroboam Laquenouf, rougisseur de tomates, a inventé le dé à coudre mécanique. Les livres d'histoire ne sont pas nombreux, hélas, à le rappeler.

DE SAINT-MAUR

Par suite du dérèglement des sismographes du Parc Saint-Maur, le tremblement de terre qui devait avoir lieu aujourd'hui est reporté à une secousse ultérieure.

À quand remonte l'invention de l'eau chaude ?

Je n'ai pas mon agenda sur moi pour vous répondre avec précision, mais vous trouverez vous-même lorsque vous saurez que l'eau froide n'est, en somme, que de l'eau chaude refroidie. L'invention de l'eau chaude est donc forcément antérieure à celle de l'eau froide.

Le Gorafi

Sciences – Le Français qui avait inventé l'eau tiède enfin honoré

Augustus Brudin, né en 1867, aurait découvert l'eau tiède au tout début du XXe siècle. Mais, injustement méprisé par ses pairs, il était jusqu'à présent demeuré un parfait inconnu. Justice lui est désormais rendue puisqu'il sera décoré prochainement en même temps que l'homme qui a inventé le beurre à couper le fil.

OFFRES D'EMPLOI

Grosse puce demande petit chien bien gentil et pas propre.

On demande centenaire encore alerte pour jouer rôle octogénaire fatigué dans film comique.

L'esclavage n'est pas mort

Je croyais jusqu'à ces temps derniers, et sur la foi des conquêtes sociales issues de la Révolution française, que l'esclavage était aboli.

Naïve était ma candeur et saugrenue ma puérile confiance. Il n'en est rien : l'esclavage subsiste toujours, d'une manière particulière, certes, mais néanmoins agissante et positive.

Ce qu'il y a d'effrayant, c'est que cette forme d'esclavage s'étale cyniquement, publiquement, au grand jour, sans même se donner la peine de se dissimuler.

Je pensais sincèrement n'avoir jamais à reprendre la plume pour protester contre de pareilles pratiques que j'étais en droit d'estimer définitivement révolues. La dernière croisade que j'entrepris dans cet ordre d'idées remonte à un virulent article intitulé : « Libérez les ballons captifs ». Tous les hommes de cœur, y compris ceux de trèfle et de carreau, m'encouragèrent dans cette campagne, car, comme moi, ils avaient compris la honte qui rougissait le front de la société, responsable du maintien dans un honteux servage de malheureux ballons auxquels il manquait la parole pour se défendre et faire prévaloir leurs droits à l'égalité de traitement avec les autres ballons.

Satisfaction me fut donnée ; il n'y a plus de ballons captifs ; seules subsistent des saucisses reliées au sol par des cordes. Mais il y a aussi loin d'une saucisse ficelée à un ballon captif que d'un harmonium à un chapeau mou.

Et voilà que ça continue ! Et voilà qu'il me faut repartir en guerre contre d'abominables abus ! Car, citoyens, il y a encore des taxis qui ne sont pas libres ! En pleine démocratie ! En plein épanouissement de la civilisation ! C'est comme j'ai la douleur de vous le dire ; je me suis livré à une enquête très serrée ; à diverses reprises, j'ai hélé un taxi, et non pas une fois, mais dix, le chauffeur m'a répondu en baissant la tête et son drapeau : « Pas libre ! » Le malheureux, en proférant ces mots, semblait accablé par le poids d'un immense chagrin et ses yeux me faisaient comprendre à mi-voix l'injuste arbitraire d'une pareille situation.

Eh bien, non, ça ne continuera pas ! Il faut que ce scandale cesse ! Qu'au temps du Moyen Âge, il y ait eu des taxis pas libres, ça s'explique ; mais pas maintenant. Il faut que les Chambres se réunissent au plus tôt en séance publiquement secrète ou secrètement publique, à leur choix ; il faut qu'elles votent de toute urgence une loi accordant la liberté totale, pleine et entière aux taxis. Nous voulons, nous exigeons que cette réforme soit effectuée dans les quarante-huit heures ; nous voulons que, lorsque nous appellerons un taxi et que nous demanderons au chauffeur : « Êtes-vous libre ? », celui-ci puisse nous répondre fièrement : « Oui, je le suis ! » Et ce « Oui, je le suis » sonnera comme une clameur de triomphe et comme une revanche inéluctable sur un passé périmé qui ne doit plus renaître.

Alors, quand à nos oreilles ne résonnera plus ce lamentable « Pas libre », quand les compteurs ne compteront plus que sur eux-mêmes, alors, mais alors seulement, nous pourrons être fiers d'être les fils d'une démocratie qui, à ce moment, pourra hautement se vanter d'être la belle-sœur par alliance de la République et de son indéfectible destin.

Libérez les taxis ! À bas l'esclavage !

Tout le monde doivent être égaux !

LA CHARLOTTE AUX POMMES

Prendre environ deux kilos de pommes, les ranger dans un plat, ajouter un peu d'eau et faire cuire à four moyen. Quand elles sont dorées et molles à souhait, retirez-les du four et placez-les dans un endroit où elles seront parfaitement conservées. Ensuite, attendez que l'on donne dans le théâtre de votre localité une représentation de *Werther*, de Jules Massenet. Ce soir-là, installez-vous, avec vos pommes, dans un fauteuil d'orchestre. À la première apparition en scène de la chanteuse qui interprète le rôle de Charlotte, saisissez-vous de vos pommes et jetez-les-lui en visant la tête. Vous aurez ainsi une magnifique « Charlotte aux pommes », qui régalera les plus difficiles.

L'ÉTOUFFÉ AUX MORILLES

Vous prenez un homme, autant que possible entre deux âges et entre deux étages. Vous l'attachez solidement sur une chaise et lui maintenez la bouche largement ouverte. Vous lui faites alors avaler de force la quantitéde morilles suffisante pour que l'étouffement s'ensuive à bref délai.

LES GRANDS PLATS DANS LES PETITS

De l'air pour nos arbres !

« Les arbres de Paris souffrent du manque d'air ! » Tel est le cri d'alarme que lancent des amis de la nature. Hélas ! C'est la pure vérité. Aussi, pourquoi n'enverrait-on pas les marronniers et les platanes de la capitale passer, chaque année, quelques semaines à la campagne ? Cela les retaperait pour plusieurs mois. Et pourquoi ne pas créer des colonies de vacances pour nos bons vieux arbres parisiens ? Lançons une campagne en ce sens, ce sera déjà un premier pas.

Le Gorafi

Les arbres parisiens seront envoyés désormais passer l'été à la campagne

Pour permettre aux arbres de respirer un peu, la mairie de Paris va présenter un plan qui prévoit l'envoi de plusieurs millions d'arbres parisiens à la campagne. L'objectif est que les malheureux arbres, soumis à une pollution constante, se refassent une santé durant trois mois avant de revenir dans la capitale. Plus de 400 000 camions ont été réquisitionnés pour leur transport. Les arbres en villégiature seront remplacés par des arbres de la campagne qui seront ravis de découvrir les joies de la vie en ville.

DIVERS

CURRICULUM VITÆ. MODÈLE ORDINAIRE 12 F. CURRICULUM À 4 VITÆ, 20 F, À CHANGEMENT DE VITÆ, 25,90 F.

SEMAINE À RALLONGE POUR PERSONNES SUBMERGÉES DE TRAVAIL.

Elles sont souvent mal tolérées par certaines personnes à qui elles donnent de l'urticaire. N'hésitez donc pas à employer le petit truc suivant pour éviter de semblables accidents. Au lieu de fraises, mangez des prunes, c'est aussi bon au goût et ça ne nuit pas à la santé du corps.

Ayant les oreilles croisées je ne m'entends pas lire…

Décroisez-les, madame, comme les jambes, et tout s'arrangera très vite et vous pourrez lire *L'Os* et *L'Officiel* à la fois. Les premiers jours, vous aurez toutefois l'impression de lire le même journal. N'ayez pas peur, cela s'arrangera très vite.

ARTICLES DE FARCES

■ **Porte-monnaie farceur :** crache au visage chaque fois que l'on prend de l'argent dedans.

30 F.

■ **Dessous de plat** à mouvement d'horlogerie se chargeant avec de la poudre ordinaire, livré avec 2 détonateurs.

32,95 F.

OFFRES D'EMPLOI

N'ayant qu'un cheveu et désirant me faire la raie au milieu, recherche coupeur de cheveux en quatre.

DIVERS

CHERCHE COMMANDITAIRE, NAÏF ET SIGNANT BIEN. AUCUNE CONNAISSANCE EXIGÉE.

DEMANDES D'EMPLOI

Monsieur, forte voix, répertoire varié, accompagnerait automobiliste débutant et timide.

OFFRES D'EMPLOI

On demande chauffeurs de taxi connaissant mal Paris pour augmenter recettes en allongeant parcours.

CYCLISTES. FORTIFIEZ VOS JAMBES EN MANGEANT DES ŒUFS MOLLETS.

L'inutilité

Les nombres sont inutiles ! C'est tout au moins mon absolue conviction, laquelle est basée sur une certitude solidement étayée sur le terre-plein de ma longue expérience. Remarquez que je n'insinue pas, j'affirme ; et j'affirme parce que je suis certain de ce que j'avance, comme disait le caissier qui donnait un acompte à un employé désireux de ne pas attendre la fin du mois pour toucher quelque chose.

J'entends d'ici les ricanements sceptiques qui vont accueillir cette déclaration. Ça ne me trouble pas ! Les théories d'Einstein, de Galilée, de Copernic, de Ladoumègue ont connu le même destin ; ça ne les a pas empêchés de faire leur chemin dans le monde et de révolutionner l'industrie des brise-bise et du caoutchouc manufacturé.

Donc, j'affirme que les nombres sont inutiles : oui, c'est entendu, je ne sais pas ce que je dis, je raconte n'importe quoi sans réfléchir aux conséquences ; n'empêche que s'il n'y avait pas de nombres, l'existence serait considérablement simplifiée et ramenée à l'état édénique du paradis terrestre.

Supprimez les nombres et, du même coup, vous supprimez tous les éléments de rapport, de comparaison, de relativité et d'appréciation. De ce fait, l'évaluation de ce qui est grand, petit, riche, pauvre, long ou large devient positivement impossible et l'humanité se fond en un bloc compact et égal d'où l'envie et la jalousie se trouvent automatiquement bannies.

J'espère, chers lecteurs, que vous saisissez mon raisonnement, ou alors c'est que vous y mettez une évidente mauvaise volonté.

Mais, ne vont pas manquer de me dire les scientifiques, les nombres sont indispensables. À quoi ? leur répondrai-je. Mais, me répondront-ils, par exemple, à préciser la distance qui sépare la Terre de la Lune... Et qu'est-ce que vous voulez que ça me fasse, à moi, la distance qui sépare la Terre de la Lune ? D'autant plus que cette distance varie suivant le point de départ du calcul : de Villeneuve-Saint-Georges à la Lune, la distance n'est évidemment pas la même que de Singapour. Alors, qu'on me laisse tranquille avec la soi-disant infaillibilité des mathématiques.

On me dira aussi qu'en supprimant les nombres, on détruit par la même occasion la faculté de compter et de chiffrer l'argent. Quelle importance ça peut-il bien avoir étant donné l'appauvrissement progressif et constant des individus ? Tout le monde se plaint de ne plus avoir le sou ; alors, s'il n'y a plus de sous, ce n'est pas parce qu'il n'y aura plus de nombres que ça les fera revenir. C'est clair.

Croyez-moi, du jour où les nombres auront disparu de la circulation, nous vivrons heureux : nous ne saurons plus si nous sommes jeunes ou vieux, près ou loin, présents ou absents, et nous considérerons alors les événements suivant notre angle personnel dans une atmosphère régénérée sans plus nous soucier des choses que le cow-boy qui prend des mouches au lasso se soucie de l'harmonie préétablie et de la pluralité des mondes.

des nombres

LE PASSAGE DU BAC

L'instruction est à l'homme ce que l'alpaga est aux rotules, disait si justement Juvénal des Ursins, célèbre magistrat français. Quoique n'étant pas contemporain de ce digne prévôt, nous ne pouvons nous empêcher de penser comme lui. C'est pourquoi, en pleine période d'examens, nous avons pensé qu'il était indispensable d'en faire passer un à nos lecteurs. Il ne s'agit pas, bien entendu, des questions que posent traditionnellement les examinateurs le jour du bac, ce qui serait vraiment trop facile, mais d'autres qui, malheureusement ou heureusement, ont peu de chances d'être posées :

LANGUES VIVANTES

Traduisez la version suivante :
Lonjourbe loité. Lejé loudrévem langermem un logré lorceaumic de larbacbé lomké lacé. Ligeoguem lagobenduch. Paulo la lachvé.

CHIMIE

Composez une boisson chaude et reconstituante avec les différentes formules suivantes : S 0 4 H 2, 53-19 R-B 7, TRU 63-53, Phénylméthylamino-propopanoldiéthylmanonylure - sulfogaiacoltéalctylsalicylique.

GÉOGRAPHIE

Quels sont les chefs-lieux des départements dont les noms suivent : Pyrénées-Verticales, Deux-Chèvres, Fausse-Yonne ?

HISTOIRE

Raconter en quelques lignes l'entrevue du roi Henri IV avec le syndicat des marchands de volailles lorsqu'il a décidé de démocratiser la poule au pot, afin qu'elle soit chaque dimanche au menu de tous les foyers.

PHILOSOPHIE

Expliquer comment le philosophe anglais François Bacon a donné son nom au lard de poitrine fumé, alors qu'il écrivait son *Novum Organum.*

CULTURE PHYSIQUE

Étant donné que le sterno-cléidomastoïdien est en prise directe avec le rond pronateur dans l'attitude de mains aux hanches, quelle position devra-t-on prendre pour que le sous-scapulaire soit à la hauteur de sa tâche et du coraco-brachial ?

Nos astuces pour réussir le bac au bout de la 41e tentative tout en conservant sa dignité

Le bac, grand et immense examen que le reste du monde nous envie et dont les Russes tentèrent de s'emparer du secret de fabrication durant la guerre froide afin de créer ce qui deviendra le Bakaloreav et qui, comme tout le monde s'en souvient, explosa en vol lors de sa présentation au Salon du Baccalauréat, la faute à des plans mal recopiés par les espions russes.

Français

Traduisez en français les communiqués des ministères publiés en langue de bois tout en continuant de dire du bien de notre président en exercice, qui est, comme de bien entendu, un formidable président en exercice.

Chimie

Mettez au point la formule d'un produit révolutionnaire qui permette à un coureur du Tour de France de finir le Tour avec un minimum de 45 km/h de moyenne et qui ne soit pas détectable.

Géographie

Y a-t-il une vie au-delà du périphérique ? Si oui, quels sont les prix des résidences secondaires ?

Histoire

Racontez-en une drôle. Ou bien improvisez et mélangez toute l'Histoire de France (ça a bien marché pour le Puy du Fou).

Philosophie

Commentez cette phrase du penseur Cyril Hanouna (fin du XXe, début du XXIe siècle) : « C'est la tanasse les fanzouzes, j'ai plus de flageolets à mettre dans le slip de Delormeau, j'suis en rassrah. » Soulignez comment l'auteur remet en cause l'existentialisme dans le conceptualisme et son impact sur la pensée matérialiste selon un système de pensée en quatorze points.

Culture physique

Remportez un minimum de 4 médailles d'or dans la discipline de votre choix pour apporter un peu d'espoir et de rêve à votre pays.

L'homme du jour de la semaine

Étant actuellement en période de service de nuit, nous n'avons pu nous procurer sur lui aucun renseignement digne d'être communiqué. Pour tous autres détails concernant ce qui précède, nous vous prions de vous reporter à votre indicateur des Chemins de fer habituel.

DIVERS

ARTICLES POUR ÉCOLIERS

Règle pour tirer des traits droits,

10 SOUS.

Règle pour tirer des traits pas droits,

15 SOUS.

Règle de professeur pour taper sur les doigts,

2 F.

Sonnette pour accrocher à la chaise du professeur,

1,10 F.

Papier mâché en boules, les 125 gr,

12 SOUS.

Billes caoutchoutées pour jouer durant le cours, le sac,

2,75 F.

Boules puantes pour classe de 15 à 39 élèves,

0,25 F.

Les mêmes pour classes de 40 à 500 personnes,

27,55 F.

Encre pour écrire, le ¼,

3,30 F.

Encre pour écrire des menaces, le ½ pot,

12,20 F.

Encre pour faire des taches, le litron,

3,25 F.

FARCES-ATTRAPES

Thermomètres réglables à la température que l'on voudrait avoir en tournant simplement un bouton. Insensible à toutes les fluctuations.

Trou de serrure s'adaptant à toutes les clés. Représentants demandés.

On demande rez-de-chaussée pour terminer immeuble 6 étages inachevé.

Pauvre mais honnête, demande méthode rapide pour devenir riche, même malhonnête.

Collectionneur d'autographes achète cher lettres anonymes d'hommes célèbres.

Gangsters, vous n'effraierez plus vos victimes avec notre nouveau pistolet, imitation parfaite des pistolets imitation.

Bactériologiste atteint folie des grandeurs échangerait microscope contre télescope.

Gants avec index percé permettant de se gratter le nez sans se déganter : 25 F.

Cheval à queue courte demande faire attelage avec cheval queue longue, pour chasser les mouches.

La houille

Credo quia absurdum, a écrit Lope de Vega en son traité sur la pluralité des barres d'appui. Ce n'est certes pas moi qui dirai le contraire, étant pleinement et entièrement de l'avis de cet illustre gastronome.

Il n'en est pas moins vrai que le devoir immédiat et actuel de tout citoyen est de collaborer à l'œuvre urgente de redressement par l'économie nationale rationnelle. Or, qui dit économie dit utilisation de toutes les forces naturelles au bénéfice de l'intérêt général.

Or, j'estime que chaque jour, nous laissons inutilisée une quantité d'énergie telle qu'il est presque criminel de laisser perpétuer un pareil état de choses. Et c'est pourquoi je veux vous parler ici de la houille dormante.

La houille dormante ! C'est probablement la première fois que vous en entendez parler ; moi aussi d'ailleurs, puisque avant d'y avoir pensé personnellement, nul ne m'en avait soufflé mot.

Voilà de quoi il s'agit : on connaît, sous le nom de houille blanche, la force des chutes d'eau mise au service de l'énergie électrique ; d'où économie massive et indiscutable de combustible. On connaît aussi la houille beige, la houille bleue et la houille verte d'utilité moins glorieuse mais honorable cependant. Il s'agit maintenant d'utiliser la houille dormante. Qu'est-ce que la houille dormante ? C'est la captation de l'énergie du sommeil, énergie négative qui peut être rendue positive par le truchement de moyens qu'il appartient aux ingénieurs de réaliser.

Tout être humain, à l'état de veille, manifeste une certaine activité variable suivant sa complexion physique et morale ; or, en période de sommeil, cette activité disparaît-elle ? Non pas, elle tourne à vide, sans utilité aucune ; n'avez-vous point remarqué que certaines personnes dorment plus ou moins rapidement ? Preuve irréfutable d'une énergie contenue qui ne demande qu'un procédé adéquat pour être canalisée et utilisée à des fins industrielles.

L'énergie produite en une nuit par la respiration de 40 millions de Français endormis serait amplement suffisante pour faire fonctionner pendant deux mois toutes les usines du pays, y compris celles-là et les autres.

Je sais qu'en lisant cette affirmation, les compétences autorisées vont hausser les gencives en claquant des épaules. Peu importe. L'idée est un blé dont le grain semé finit toujours par produire un jour ou l'autre un pain de quatre livres.

La houille dormante est dans l'air ; elle fera son chemin et ce sera l'honneur de ma vie d'avoir été le précurseur d'une chose qui, demain, redonnera à notre nation la prospérité et le bonheur dans l'idoine et la fécondité.

dormante

ANNONCES FÉERIQUES

Belle au bois dormant désire être réveillée par Prince charmant, le 7 avril, à 9 heures, avec café au lait complet.

Mère-grand remplacerait bobinette et chevillette par solide verrou dernier cri. Faire offres.

UN INGÉNIEUR AMÉRICAIN VIENT DE METTRE AU POINT LA PREMIÈRE MACHINE À ÉCRIRE PARLANTE. IL NE RESTE PLUS, MAINTENANT, QU'À INVENTER LA MACHINE À SE TAIRE QUE L'ON POURRAIT OFFRIR, NOTAMMENT, À CERTAINS POLITICIENS SOUVENT TROP BAVARDS.

Les réformes? Il faut les réformer!

Ce n'est pas uniquement parce que j'ai été réformé que je suis partisan des réformes, ce serait mal connaître mon caractère indépendant que de le prétendre et négliger cette belle nature libérale qui m'incite à traverser la chaussée en dehors des passages réservés aux piétons. Les réformes militaires ne me concernent donc pas. En revanche, celles résolument sociales me paraissent urgentes à mener. En voici quelques exemples me semblant particulièrement prioritaires.

Au cours d'un meeting politique, j'ai entendu proclamer avec indignation : il faut mettre un frein aux injustices que l'on découvre à chaque coin de rue ! On ne peut être plus précis ! J'ajouterai simplement que si freins il y a, ceux-ci doivent être sur les quatre roues, car sinon la justice est boiteuse.

Je ne suis pas d'avis d'ouvrir les grands magasins la nuit seulement, afin d'éviter aux marchandises exposées dans les vitrines et aux étalages d'être défraîchies par le soleil. Cette réforme me semble trop brutale et peut attendre.

On dit trop communément que les hommes passent leur temps au café et les femmes dans les magasins. C'est vrai, du moins pour nombre d'entre eux et d'entre elles. Tous les barmen, les garçons, les patrons de bistrot passent leur temps au café, comme les vendeuses, qui sont toujours dans les magasins, souriantes, à attendre le client. Pourquoi ne pas instituer un roulement où chacun changera de métier tous les mois ou toutes les semaines ou tous les jours ? À la longue, nous serons tous capables de tout faire. Par conséquent, en décongestionnant les professions congestionnées au bénéfice d'autres moins congestionnées, on mettra un terme au chômage.

Est-il équitable, enfin, que certains roulent continuellement en voiture, tels les chauffeurs de taxi, alors que d'autres sont voués à aller à pied ? Non, n'est-ce pas ?... Alors, au plus vite, adoptons la réforme que je préconise. Pour ma part j'attends avec impatience le moment de permuter avec mon gardien dans la maison de repos où je suis en congé payé, et d'où je vous écris. Ce que l'un de nous deux va rigoler ce jour-là !

Le Gorafi

Réforme : La réforme de la réforme va profondément réformer les réformes

La réforme tant attendue est enfin là. Selon les experts politiques, la réforme va enfin réformer plusieurs vieilles réformes et réformer toutes les réformes antérieures. « Le vent de la réforme souffle sur notre politique », a expliqué un réformiste qui n'a pas souhaité rentrer dans le détail des réformes, mais a laissé entendre que ces réformes allaient profondément réformer les réformes et que les réformes postérieures ne seraient pas aussi réformistes que lesdites réformes.

OFFRES D'EMPLOI

On demande jardinier compétent pour piétiner les plates-bandes.

OFFRES D'EMPLOI

ON DEMANDE DÉBUTANT EXPÉRIMENTÉ. DÉBUTANTS DÉBUTANT S'ABSTENIR.

DE PARIS

La Société des Transports en Commun de la Région Parisienne, dont un autobus a été récemment arrêté, rue Réaumur, par un couple revolver au poing, a demandé qu'un car de gardes mobiles escorte désormais chacun de ses autobus et que l'on s'assure, à chaque arrêt, de l'identité de chacun des voyageurs avant de les laisser monter.

Le Gorafi

Insécurité : Les gardes mobiles qui escortaient les autobus escortés à leur tour par des gardes mobiles.

FUMEURS :

PENDANT LES GRANDES CHALEURS, FUMEZ DE LA GLACE SÉCHÉE. C'EST RAFRAÎCHISSANT ET ÇA N'IRRITE PAS LA GORGE.

Une révolution dans la restauration :

Le beurre sec est, comme son nom l'indique, un beurre que l'on a fait sécher à l'aide des procédés en usage dans les usines de pommes au four cambodgiennes. Il se présente sous l'aspect d'un crayon anti-migraine évasé à la base et tronqué dans le milieu. Il est inodore et sans saveur. Soumis aux plus hautes températures, il ne fond jamais, ne réduit pas et peut ainsi servir indéfiniment. Il convient à tous les usages, sauf à celui de la cuisine. Il est recommandé de ne jamais l'exposer à la lumière des aurores boréales ni aux morsures des maniaques.

Nous venons de créer un réseau complet de dépannage. Si vous êtes en panne, adressez-vous de notre part au garage le plus proche. Vous ne paierez pas plus cher que les autres et, en tout cas, certainement pas moins. Nous sommes heureux de vous faire profiter de ces quelques modestes avantages qui sont la preuve de notre sollicitude et de notre activité constantes.

Pourquoi n'y a-t-il pas d'ombre par temps couvert...

Lorsqu'il y a du soleil, on peut se réfugier à l'ombre. C'est connu, normal, honnête et régulier.

Mais dès qu'il n'y a plus de soleil, il n'y a plus d'ombre. Ne trouvez-vous pas cela complètement ridicule ?

Qu'est-ce que cela signifie ? Est-ce là le fait d'un État démocratique où l'égalité et la liberté éclatent en lettres majuscules sur toutes les devantures ? Passe encore pour les régimes totalitaires, mais pas chez nous ! Comment se peut-il que nul, jusqu'à ce jour, n'ait eu l'idée de s'en préoccuper ? C'est proprement inadmissible.

Nous voulons pouvoir bénéficier de l'ombre, à toute heure du jour ou de la nuit, par n'importe quel temps. Qu'on fasse le nécessaire et rapidement, faute de quoi nous nous verrons dans l'obligation de prendre nous-mêmes toutes dispositions pour obtenir par nos propres moyens ce à quoi nous avons droit.

Renvoyez le descenseur !

Face au danger que peuvent présenter les ascenseurs lorsqu'ils se décrochent et retombent brutalement, les Établissements Du-haut-Tambas ont mis au point un dispositif ingénieux et de grande sécurité, permettant de transformer les ascenseurs en descenseurs. En cas de décrochage – ce qui, hélas, peut se produire –, le descenseur, livré à lui-même, remonte automatiquement. Le seul petit inconvénient est de contraindre les usagers à monter jusqu'au dernier étage de l'immeuble par l'escalier de service pour pouvoir ensuite rejoindre leur étage.

OFFRES D'EMPLOI

Recherche pour vengeance délicieux bambin pouvant jouer clairon ou tambour. J'offre 50 F à la journée ; 70 F à la nuit.

Vacanciers, amateurs de bains, si vous ne trouvez pas une chambre donnant sur la mer, vous trouverez certainement un coin de mer donnant sur une chambre. Ça revient exactement au même, à la différence près que ça coûte moins cher.

Le Gorafi

Fashion Week – L'Au-Delà présente sa nouvelle collection de draps blancs pour fantômes

Le célèbre drap qui habille les défunts qui hantent nos demeures depuis des siècles va subir un lifting. Disponible en plusieurs tailles, les défunts pourront profiter d'une nouvelle gamme dans un blanc plus crémeux, qui met en valeur leur forme, couplée à une qualité de tissu irréprochable. « Cela fait deux cents ans que je hante les couloirs de mon manoir dans un drap hors d'âge, je suis ravi de pouvoir bientôt terrifier mes contemporains avec style. »

COURRIER OSFICIEL DES LECTEURS

Pourquoi les fantômes sont-ils toujours habillés en blanc ?

Les fantômes sont en blanc, afin de passer inaperçus pendant les nuits noires.

La méthode

Je viens de relire le *Discours de la méthode* de Descartes ; il convient de préciser que je l'ai relu à l'envers ; c'est un excellent exercice qui affine l'attention et renouvelle l'intelligence.

Car, l'avez-vous remarqué, jamais autant qu'à présent on ne vit une telle floraison de discours. C'est une avalanche de périodes oratoires à rendre bègue un sourd que son astigmatisme rendrait aérophagique.

C'est pourquoi, m'inspirant de Descartes, je me suis cru autorisé à intituler le présent article : « La méthode du discours ». Car s'il y a eu un *Discours de la méthode*, il y a maintenant une méthode du discours ; le discours est devenu une telle monnaie courante, un tel exutoire aux passions bellicistes et aux revendications sonores, que j'ai pensé qu'il serait intéressant de donner les directives et les principes immuables qui forment la base même de l'édification d'un discours.

Un bon discours ne doit être basé sur rien, tout en donnant l'impression d'être basé sur tout. Voici un exemple de péroraison d'un discours susceptible d'être prononcé n'importe où, n'importe quand et par n'importe qui :

« Messieurs,

« Les circonstances qui nous réunissent aujourd'hui sont de celles dont la gravité ne peut échapper qu'à ceux dont la légèreté et l'incompréhension constituent un conglomérat d'ignorance que nous voulons croire indépendant de leurs justes sentiments.

« L'exemple glorieux de ceux qui nous ont précédés dans le passé doit être unanimement suivi par ceux qui continueront dans un proche et lumineux avenir un présent chargé de promesses que glaneront les générations futures délivrées à jamais des nuées obscures qu'auront en pure perte essayé de semer sous leurs pas les mauvais bergers que la constance et la foi du peuple en ses destinées rendront vaines et illusoires.

« C'est pourquoi, Messieurs, je lève mon verre en formant le vœu sincère et légitime de voir bientôt se lever le froment de la bonne graine sur les champs arrosés de la promesse formelle enfouie au plus profond de la terre nourricière, reflet intégral d'un idéal et d'une mystique dont la liberté et l'égalité sont les quatre points cardinaux en face d'une fraternité massive, indéfectible, imputrescible et légendaire. »

Vous pouvez prononcer ces paroles dans n'importe quelle circonstance, en étant assuré d'un succès certain ; à vous d'y ajouter le ton sentimental, dramatique ou badin que vous jugerez opportun ; mais, en tout état de cause, ces paroles représentent, en son essence, la synthèse même de tout discours, en un mot sa méthode.

Je me tiens à la disposition de toute personnalité politique, littéraire, académique ou artistique pour l'établissement à des prix défiant toute concurrence de toute allocution et discours conçus et réalisés d'après les principes ci-dessus exposés, avec les gestes, inflexions, ports de voix et silences en rapport avec le lieu, l'atmosphère et le climat de la chose en question.

du discours

L’envers vaut l’endroit. Donc l’endroit vaut l’envers, et aucun des deux ne vaut plus que l’autre.

L’envers vaut l’endroit. Donc l’endroit vaut l’envers, et aucun des deux ne vaut plus que l’autre.

Pour protester contre la compression des services routiers dans la région du Nord, les usagers se sont couchés sur la chaussée, devant les autocars, et ont ainsi retardé d’une heure le départ de ces véhicules. On dit que nos astronomes, pour protester contre la récente éclipse d’éclipse, auraient l’intention de se coucher sur la Voie lactée afin d’empêcher les étoiles filantes de filer.

ENFIN ! UN INSTITUT DE L'OPINION PUBLIQUE

Le gouvernement, toujours attentif, nous le savons, aux interrogations du peuple, a donné son feu vert à la création d'un Institut de l'Opinion Publique. Bientôt, n'importe qui pourra interroger l'opinion publique à propos de n'importe quoi, y compris le reste, à commencer par se demander ce que l'on pense de vous dans votre immeuble, dans votre rue, voire dans votre quartier. Et cela, grâce à des fiches tenues à jour sur quiconque et tout un chacun, par les équipes de cet organisme. L'un de ses hauts responsables a accepté de nous préciser la méthode de travail :

- Supposons un monsieur Dupont, locataire... Notre Institut prendra des renseignements sur lui chez sa concierge, chez son propriétaire, chez le locataire du dessus, chez celui du dessous, chez la crémière du coin, au café d'en face et chez son coiffeur. On calculera la moyenne du tout et l'on aura, de cette façon, l'opinion publique exacte.

- Très ingénieux. Mais, dites-moi, à quoi cela servira-t-il ?

- À rien, monsieur, à rien... Avez-vous déjà vu l'opinion publique servir à quelque chose ?

Le Gorafi

Un institut de sondage provoque un trou noir après avoir fait un sondage sur les sondages des instituts de sondage

La Terre a été brutalement détruite hier dans la matinée après l'apparition brutale d'un trou noir dans un institut de sondage. Selon les scientifiques survivants, la cause serait le lancement d'un sondage sur les sondages des instituts de sondage, créé par ce même institut de sondage, qui, après avoir sondé ses équipes, a estimé légitime de sonder l'opinion publique pour savoir si elle souhaitait être sondée sur les sondages par le biais d'un sondage. Le trou noir devrait rapidement atteindre la limite du système solaire et empêcher tout sondage dans cette zone de la galaxie.

OFFRES D'EMPLOI

Couturière novice cherche mannequins tailles 32 et 64 pour présenter robes ratées.

Le Gorafi

Ancienne mascotte des jeux Olympiques, adorée de tous, cherche reconversion.

DE DEUX LIEUX

Deux jumeaux ont vu le jour à huit kilomètres l'un de l'autre, le premier à Bourron-Marlotte, le second à Fontainebleau. Et puis après ? J'ai un ami qui est né à Paris et son frère au Kamtchatka... Il est vrai qu'ils ne sont jumeaux ni l'un ni l'autre.

COURRIER OSFICIEL DES LECTEURS

Pourquoi les murs des maisons sont-ils de chaque côté de la chaussée au lieu d'être au milieu ? Ce changement permettrait de ne plus traverser la rue au risque de nous faire écraser...

Votre projet gênerait la circulation. La meilleure solution serait de ne construire des maisons que d'un seul côté.

Si vous recevez un importun, ne lui conseillez pas de prendre la porte. Qu'en ferait-il ? Il ne faut jamais donner aux gens l'habitude d'emporter des choses qui ne leur appartiennent pas.

Le Gorafi

Pour mettre fin aux embouteillages, la France va être prochainement remplacée par un gros rond-point

Le gouvernement a décidé de taper du poing sur la table. Dès la semaine prochaine, un immense rond-point sera installé en France, avec des extrémités à Brest, Lille, Strasbourg, Marseille et Bayonne. Ce giratoire englobera la plupart des régions françaises. Ceci dans le but de fluidifier le trafic routier en remplaçant ainsi toutes les petites routes sinueuses ou les périphériques engorgés par un très gros rond-point facile d'accès. La plupart des Français sont invités à consulter où se trouvera leur nouveau domicile au centre du rond-point.

Occasions

À vendre extincteurs pour volcans en activité et allumeurs automatiques pour volcans éteints : 12 F la paire.

Chaise longue : 132 F; chaise moins longue : 143 F.

OFFRES D'EMPLOI

On demande personnes ayant des vapeurs, pour faire marcher locomotives.

Romancier spécialiste romans policiers demande detective pour trouver coupable dans récit en cours.

NOUS OFFRONS DES VACANCES

À toute personne disposant de quinze jours à trois semaines de liberté, d'un endroit où elle désire se rendre et d'une somme suffisante pour couvrir tous les frais. Se faire inscrire à nos bureaux ; le premier mois est exigible à l'avance.

Le Gorafi

Le gouvernement veut remplacer les congés payés par des congés gagnés au Loto

Un système de loterie distribuera désormais les semaines de congé. Pour les heureux gagnants, le jackpot sera de 4 semaines de congé. « Tout le monde pourra gagner, le prix minimum sera la possibilité de prendre son après-midi en partant à 17 heures », a commenté le ministre de l'Économie.

La politique du tournevis

J'ai un excellent ami qui est fabricant de tournevis ; c'est un charmant garçon, quoiqu'un peu bizarre par instants : je n'ai jamais pu savoir exactement comment il s'appelait ; il faut dire qu'il change de nom tous les ans, prétextant qu'un patronyme ayant servi douze mois est usé et n'offre plus aucun intérêt pour celui qui le porte : « De ce fait, déclare-t-il, je me refais chaque année une personnalité nouvelle et le temps n'a pas de prise sur moi. » Raisonnement un peu spécieux, mais qui ne manque pas d'une incontestable originalité.

Donc cet ami est fabricant de tournevis, et en dehors de sa manie de changer de nom, il n'a qu'un but dans la vie : le tournevis. Ça peut faire sourire, a priori, mais à la réflexion, c'est tout naturel. L'artiste digne de ce nom ne vit-il pas exclusivement pour son art, le médecin pour son apostolat, le juge pour l'équité, etc., alors pourquoi un fabricant de tournevis ne vivrait-il pas dans l'amour du tournevis ? Bref, mon ami considère le tournevis non seulement sous son angle positif, mais lui donne également une valeur spirituelle totale ; pour lui, le tournevis est le commencement et la fin de toute chose ; il a créé, en quelque sorte, une philosophie du tournevis. Il est vrai que dans sa famille, on est fabricant de tournevis de père en fils ; ça remonte à des générations et des générations ; les ancêtres lointains de mon ami fabriquaient déjà des tournevis avant même l'invention de la vis qu'ils pressentaient toutefois, sans quoi ils auraient aussi bien fabriqué des tournebrides ou des tournedos. Et j'aime à discuter avec mon ami le fabricant de tournevis ; sa conversation est pleine d'enseignements précieux et de considérations qui en valent d'autres. Récemment encore, il me déclarait : « Ne croyez pas que c'est par déformation professionnelle que je considère le tournevis comme élément vital de la civilisation ; mais veuillez observer objectivement les choses : la vis, proprement dite, n'est-elle pas en quelque sorte la clé de voûte de l'équilibre humain ? Serrée ou desserrée, n'est-elle pas le reflet exact des fluctuations totalitaires ou démocratiques auxquelles sont soumis les différents peuples de la terre ? La vis, comme la langue d'Ésope, contient le meilleur et le pire : trop tournée à droite, elle symbolise la servitude et l'oppression ; trop desserrée à gauche, elle synthétise l'abus des libertés individuelles au détriment de la liberté tout court. Or, que serait la vis sans tournevis ? Moins que rien ; le tournevis est à la vis ce que le rond de serviette est au carré de l'hypoténuse ; il en est le bras séculier et le cerveau tout à la fois ; la vis est le corps sans âme et le tournevis l'esprit ; c'est pourquoi j'estime que tout gouvernement animé de la sagesse des lois doit apporter des soins tout particuliers à une politique du tournevis ; mais il ne doit la pratiquer qu'avec une circonspection et un doigté spéciaux, tout excès dans un sens ou dans un autre pouvant être fatal ; un État qui se servirait inconsidérément du tournevis s'exposerait aux mécomptes les plus graves et aux perturbations les plus profondes ; une politique du tournevis, soit, mais mesurée, équitable et de toute façon au pas de vis international ; voilà, j'ai dit. »

Ainsi parla mon ami le fabricant de tournevis ; je vous avoue que je ne suis pas loin de partager son avis et que je considère comme proches les temps qui verront le tournevis élevé à la hauteur d'une institution publique et du troisième étage.

Les âges de pierre et de fer sont révolus ; l'âge du tournevis commence ; puisse-t-il nous être favorable ; c'est la grâce que je nous souhaite à tous ; renouvelé du levier d'Archimède, le tournevis fera pénétrer profondément dans nos mœurs les principes fondamentaux d'une existence digne, équilibrée, séculaire et stéréotypée.

DEMANDES D'EMPLOI

POÈTE PAUVRE
DEMANDE
RIMES RICHES.

CHARBONNIER
AYANT
IDÉES NOIRES
DEMANDE PLACE
BLANCHISSEUR.

MODÈLE DE LETTRE ANONYME

Nous avons pensé être agréable à nos lecteurs en leur soumettant ce modèle standard de lettre anonyme pouvant être utilisé dans n'importe quelle circonstance :

Monsieur,
(ou) Madame,
(ou) Pauvre imbécile,

Tu ne vois donc pas qu'on se paie honteusement ta tête. Pendant que tu es occupé à te tuer à la tâche, on profite de ton absence pour te bafouer, alors qu'on te prodigue des marques d'affection que tu prends pour de l'argent comptant. Tu es la risée du quartier. Rentre donc un jour chez toi deux heures plus tôt que d'habitude et tu seras édifié. Essaie de regarder autour de toi et tu verras. À bon entendeur, salut ; signé : quelqu'un qui aime la paix et la famille.

AVIS ET CORRESPONDANCES

Porc ayant découvert important gisement de truffes en révélerait emplacement contre garantie mort naturelle.

PERDUS-TROUVÉS

Trouvé portefeuille contenant 60 000 F et pas de pièces d'identité. Le rendrai au plus offrant.

PENSIONS ET VILLÉGIATURES

Je cherche pour mon thermomètre fatigué par 8 jours de chaleur pension dans réfrigérateur ou glacière.

OFFRES D'EMPLOI

Trou de serrure sans emploi cherche valet de chambre curieux.

On demande gardien de garage n'ayant pas son permis de conduire.

MONDANITÉS

La 13e Chambre recevra messieurs les inculpés de 14 à 18 heures, tous les jours, sauf les dimanches. On est prié d'apporter ses gendarmes.

COURRIER OSFICIEL DES LECTEURS

Je suis dans l'angoisse. Nous faisons un voyage en Bretagne, et mon mari vient d'être cruellement mordu par un dolmen. Le pauvre est bien abattu. Il prend sa température toute la journée. Il a des 45°-46° à l'ombre. Comme on dit : Rosa rosa rosam et Quo vadis, mais cela n'arrange rien, d'autant plus que nous n'avons pas de thermomètre. Je lui fais des compresses de vin chaud sur le tympan. Dois-je continuer ? Aidez-moi.

Hélas ! chère madame, la morsure du dolmen est très grave. Têtu comme un Breton, cet animal ne démord jamais. 46° à l'ombre ! Et au soleil ? Procurez-vous d'urgence un thermomètre. On en trouve un peu partout et même dans la lande bretonne sous forme de panneaux publicitaires, épinglés à la devanture des marchands de glaces ambulants. Empruntez-en un et placez-le-lui dans le dos, mais pas trop longtemps ! Ses oreilles vont rapidement chauffer, ce qui risque de fausser la température.

Le nettoyage des carreaux de vos fenêtres est une corvée. Au fait, pourquoi les nettoyez-vous ?
Pour obtenir le maximum de transparence.
Ne pensez-vous pas qu'il serait infiniment plus logique de les supprimer purement et simplement ? Vous éviterez ainsi toute fatigue et assurerez à vos fenêtres une transparence intégrale et définitive.

Le Gorafi

Le gouvernement alerte sur le risque de morsure de dolmen

« Avec l'été, les dolmens sont de sortie et se montrent très agressifs », a expliqué le ministère de la Santé. Celui-ci présente les différents types de dolmens, qui sont venimeux ou non en fonction de leur couleur. On rappelle que le pouvoir curatif de la galette bretonne en application sur la morsure est une légende urbaine.

Un scandale : qui s'occupe du mouvement des marées ?

Ce n'est nullement poussés par une trouble et malsaine curiosité que nous posons cette question, en apparence saugrenue, mais combien profonde dans le sens latéral. Nous le demandons, poliment, mais fermement : qui s'occupe des marées ? Car enfin, il y a bien quelqu'un qui s'en occupe ! Le flux et le soi-disant reflux ne se font pas tout seuls ! Alors qui ? Où est le responsable ? Nous serions particulièrement heureux de le connaître pour lui dire deux mots, gentiment, courtoisement, mais énergiquement. Car, tout de même, depuis le temps que la mer va et vient dans une perpétuelle indécision, il serait grandement temps que cette situation instable prît fin. Pareil état de choses ne peut se prolonger plus longtemps : ou la mer s'en ira, et on n'en parlera plus, ou elle restera, et nous prendrons alors vis-à-vis d'elle les responsabilités qui nous incombent. Qu'on nous réponde vite, sans quoi nous-même ne pourrons plus répondre de ce qui pourra s'ensuivre.

Le Gorafi

Pour répondre à la demande des stations balnéaires, le gouvernement veut créer trois nouvelles marées quotidiennes

« Deux marées par jour, ce n'est pas assez », a expliqué le responsable du syndicat des stations balnéaires qui affirme qu'avec cinq marées par jour, les touristes pourraient profiter davantage de leurs congés. « Il y a de longs moments où il n'y a pas d'eau, cela représente un manque à gagner pour nos stations », affirme-t-il. En outre, le gouvernement pourrait accéder à la requête des lobbys astrologiques qui réclament cinq super Lunes de plus par mois.

FARCES-ATTRAPES

Assiettes en papier ramollissant à la chaleur de la soupe (tordant). La douzaine : 3,50 F.

Le Gorafi

De Paris

Un agent de joueur de foot aurait fait engager son chien Didier comme joueur au PSG.

Monsieur Léopold Lavolaille, l'expert en cerises à l'eau-de-vie bien connu, nous prie d'aviser les populations qu'il n'a absolument rien de commun avec son homonyme monsieur Koussiévanof, ministre de Bulgarie.

PERDUS ET TROUVÉS

TROUVÉ PORTEFEUILLE CONTENANT 2 450 F. LE RENDRAIS AVEC LES 450 F RESTANT CONTRE 50 F DE RÉCOMPENSE.

À VENDRE

MAGNIFIQUE PEAU D'OURS LIVRABLE LE JOUR DE L'OUVERTURE DE LA CHASSE. ON EST PRIÉ DE VERSER DES ARRHES.

Le Gorafi

Vends emplacement pour petite annonce.

AVIS ET CORRESPONDANCES

AU MONSIEUR QUI ÉTAIT SUR LA PLATE-FORME DE L'AUTOBUS 30, LE MARDI 25 VERS 17 H. ATTENTION VOTRE LACET DE CHAUSSURE EST DÉFAIT.

Ayant fait poser une lampe électrique dans ma chambre à coucher, commandée par un commutateur fixé au mur, j'ai remarqué qu'en tournant le bouton d'un côté la lumière apparaît et en le tournant dans le sens opposé, la lumière s'éteint. Or, je ne sais jamais si c'est à gauche ou à droite qu'il faut tourner le bouton. Vous imaginez les pires ennuis que cela peut produire pour donner la lumière ou l'éteindre. Un exemple entre mille, désirant avoir de la lumière, si je tourne du mauvais côté, crac! c'est l'obscurité. Et si je veux de l'obscurité, c'est une lumière éblouissante qui m'aveugle, parce que j'ai encore tourné du mauvais côté. Voulez-vous avoir l'amabilité de me dire comment je dois faire pour être exactement fixé, afin de m'éviter ce souci ?

Qu'attendez-vous pour poser deux écriteaux : lumière-obscurité ? Mais, attention ! Les meilleurs observateurs ont remarqué que c'est surtout la nuit que l'on a besoin de lumière, et que c'est à ce moment-là qu'on ne peut pas lire un écriteau. Qu'à cela ne tienne : ayez toujours une boîte d'allumettes à portée de la main. Et le tour sera joué.

Le Gorafi

Lancement d'une application pour savoir s'il fait jour ou s'il fait nuit dans une pièce de votre maison

Fruit du travail de près de cinquante ans du commissariat à l'énergie atomique et de l'EPR de Flamanville, les scientifiques ont enfin mis au point une application pour savoir exactement si vous devez allumer la lumière, ou l'éteindre, dans quelle pièce de votre maison et dans quel sens il faut tourner le bouton, ou pas, ou si c'est juste les volets qui sont fermés ou s'il fait nuit dehors ou si vous êtes juste totalement idiot.

DEMANDES D'EMPLOI

Chat gourmand cherche place dans maison où buffet de cuisine ferme mal.

À quand la création de « the rhapsod's

Qu'est-ce que « The rhapsod's fiscal legion » ? Je vais vous le dire : ce n'est, pour l'instant, qu'un projet, ou plus exactement une idée de projet ou un projet d'idée ; je m'excuse de concrétiser ce projet par un titre anglais, mais, à l'heure présente, n'est-il pas du devoir de tout bon Français d'apporter sa poignée de ciment pour la consolidation du mur de l'amitié franco-britannique ?

« The rhapsod's fiscal legion », ça veut dire – à peu de chose près et en y mettant de la bonne volonté – « La légion des rhapsodes fiscaux ». Ce n'est pas une plaisanterie ; nous vivons en des heures trop graves pour que nul ne songe à se livrer à des facéties d'un goût douteux. Mais la création rapide de « The rhapsod's fiscal legion » me paraît d'une urgence que nécessitent les événements. Je m'explique.

Les rhapsodes, du temps de la Grèce antique, étaient des espèces de fins diseurs que les impresarii de l'époque engageaient pour faire des tournées, et qui allaient de ville en ville, de bourg en bourg, et même, si mes renseignements sont exacts, de bourg en bresse, pour ranimer l'héroïsme sommeillant de leurs contemporains en leur chantant les œuvres complètes d'Homère, et, ce faisant (je ne parle pas des impresarii), leur insufflaient un esprit de sacrifice et d'abnégation indispensable au salut de la nation.

Or, les dernières dispositions de notre gouvernement justifient pleinement mon projet de création d'une légion de rhapsodes fiscaux. Ces rhapsodes, choisis parmi les plus capables et les plus susceptibles de réchauffer les enthousiasmes défaillants, seraient postés devant tous les bureaux de perception de France ; ils exalteraient, en termes lyriques, la beauté du sacrifice fiscal et vanteraient les vertus du contribuable qu'ils compareraient, suivant le cas, à Ulysse, à Thésée, au bouillant Achille ou au baron Haussmann.

Ainsi, le contribuable, galvanisé par les mâles accents des rhapsodes fiscaux, se sentant l'égal des héros antiques et prenant ainsi conscience de sa mission sacrée, verserait avec joie et fierté non seulement son dû, mais supplierait encore les agents du fisc d'accepter sa contribution bénévole en sus des sommes perçues.

Il va de soi que, eu égard à la tâche grandiose qui leur incomberait, les rhapsodes fiscaux seraient non seulement dégagés de toute obligation fiscale, mais recevraient, en outre, un honnête dédommagement, en simple hommage de la nation reconnaissante.

À l'instar de ces vaillants aînés, nous nous sentons prêts, mes camarades de *L'Os* et moi, à entreprendre cette croisade d'encouragement et d'exaltation morale au bénéfice des caisses de l'État. Nous accepterons, s'il le faut, et la mort dans l'âme, de ne rien payer pendant tout le temps qu'il faudra, mais, en revanche, notre verbe sera à la disposition des autorités pour entraîner les foules à faire tout leur devoir civique.

Nous sommes bien prêts ! Au premier appel, « The rhapsod's fiscal legion » mettra tout en œuvre pour que les autres fassent ce que nous consentons à ne pas faire, pour le salut de la nation démocratique, une et plus que jamais indéfectible.

fiscal legion »

OCCASIONS

À céder lunette astronomique retournée, permettant aux Martiens de vous examiner.

Pourquoi et comment se fait-il que la rampe de mon escalier soit à droite en montant et à gauche en descendant ?

Descendez à reculons et elle sera à droite.

Le Gorafi

Le gouvernement veut imposer une rampe centrale dans les escaliers pour les ambidextres

Pour répondre aux besoins des ambidextres qui sont lassés des rampes à gauche ou à droite, le gouvernement souhaite la généralisation des rampes pour ambidextres. Celles-ci seront placées au centre des escaliers, tout en conservant les deux autres rampes pour gauchers et droitiers. Une rampe dite « descendante » pourrait aussi être ajoutée pour les personnes souhaitant descendre la rampe en glissant dessus. Enfin, dans le cas des rampes montantes, il est précisé que les escaliers devront subir des travaux pour les rendre descendants, afin de faciliter la descente de la rampe et rendre moins douloureuse la montée des escaliers, qui seront, dès lors, uniquement descendants.

DEMANDES D'EMPLOI

ÉQUIPE DE PORTEURS EN TRIOMPHE CHERCHE CÉLÉBRITÉ SPORTIVE, ARTISTIQUE OU AUTRE.

Le Gorafi

Président russe cherche rideau de fer.

OFFRES D'EMPLOI Lycéen cherche blanchisseuse habile pour l'aider à repasser ses leçons.

DE LYON

On vient d'arrêter un dangereux maniaque dont l'unique passion était de voler des portes. Une perquisition à son domicile a permis de retrouver un grand nombre de portes dérobées. Les enquêteurs ne savent plus comment en sortir.

Le Gorafi

Un ministre qui tentait d'enfoncer une porte ouverte s'est grièvement blessé.

« Erreur de débutant, il a foncé tête baissée dans l'évidence », ont commenté les médecins. L'évidence quant à elle n'a pas été affectée. C'est le 67e accident de ce genre dans le gouvernement.

DE CALCUTTA

Les crocodiles du Gange ont déposé un cahier de revendications à l'Inspection des Eaux et Forêts. Ils demandent une augmentation de trois hommes, quatre femmes et sept nouveau-nés par semaine, sous menace de taper dans le tas sur la grève.

Le Gorafi

Microplastiques : Les crocodiles du Gange protestent contre des cadavres contaminés

Les crocodiles ont manifesté contre les taux de microplastiques qu'ils découvrent dans les cadavres portés par les eaux du Gange. « Si c'est dangereux pour nous, alors imaginez pour vous... » a commenté l'un d'eux. « On est charognards mais on fait attention à notre santé », a ajouté un autre.

Le Gorafi

Le pays tout entier décide que ça suffit comme ça

Tôt ce matin, entre 10 heures et midi, le pays tout entier a décidé de débrayer et de rentrer chez lui en disant que « ça suffisait comme ça ». « Trop c'est trop », a commenté un jeune homme interrogé. « C'est scandaleux », a précisé une jeune fille, très énervée. « Évidemment, le gouvernement ne fait rien », a ajouté un passant. De son côté, le gouvernement affirmait faire du mieux possible et demandait à chacun de garder son calme, d'arrêter de bouder et de retourner au travail dès 14 heures.

DEMANDES D'EMPLOI

Funiculaire fatigué demande place station sports d'hiver pour effectuer descente seulement.

J'ai gagné deux superbes chiens du dernier Concours d'élégance de Trou-Bombon (Haïti). J'adore ces jolies bêtes, mais elles dépérissent chez moi. En effet, elles sont prises d'éternuements affreux, car mon mari est fabricant de moutarde. Connaissez-vous un remède ?

Plutôt que d'avoir deux chiens, pourquoi n'adopteriez-vous pas deux harengs ?

LE JEU DES MORILLES À LA CRÈME

Le jeu des morilles à la crème n'est pas seulement un amusant divertissement destiné à faire paraître plus courtes les longues heures des soirées d'hiver. C'est également un remarquable exercice de self-contrôle et un puissant générateur de sang-froid. Jugez plutôt… Ce jeu se joue entre cinq partenaires et un meneur de jeu. Les cinq partenaires sont rangés côte à côte le long d'un mur. Devant eux et à 3,66 mètres, se tient le meneur de jeu. Il a, à sa droite, un guéridon sur lequel est posé un récipient contenant une honorable quantité de morilles à la crème. À un signal donné, il plonge une louche dans le récipient, et projette une bonne portion de morilles dans la direction de ses partenaires, en prenant soin de viser la tête. C'est à ce moment qu'intervient le facteur sang-froid. En effet, la première fois que vous participerez à une partie de morilles, votre réflexe normal sera d'esquiver la potée qui vous est destinée. Le jeu consiste, au contraire, à éviter ce réflexe : en conséquence, est proclamé gagnant celui qui, en fin de partie, aura reçu le plus de morilles à la crème. Il est hors de doute que ce jeu va exercer une influence salutaire sur la santé psychique de la nation en un moment où s'affirme chaque jour davantage la ferme volonté de juguler les passions partisanes et les forces mauvaises de désagrégation.

La réalité est-elle un rêve ?

Voilà exposé un des plus cruels dilemmes qui aient été proposés à la sagacité humaine depuis l'avènement de la pierre ponce qui est, comme chacun le sait, la pierre angulaire de la pierre philosophale.

Évidemment ce cruel dilemme ne l'est vraiment que pour ceux qui le considèrent comme tel ; pour les autres la question ne se pose même pas ; le rêve est le rêve, la réalité est la réalité, et puis voilà, c'est comme ça !

Eh bien ! non, ce n'est pas comme ça, ou plus exactement il est possible que ce ne soit pas comme ça. Je ne m'adresse évidemment qu'aux seules personnes douées d'un esprit spéculatif, et curieuses d'élargir sans cesse le cercle de leurs connaissances ; je ne pensais pas qu'un jour je porterais un pareil sujet dans les colonnes de ce journal ; tout arrive cependant, comme disait le conducteur du train qui avait deux ans et demi de retard. Je m'explique : le saucisson chaud ne fait pas du tout partie des sciences exactes, et ne peut être, a priori, que considéré sous le..., je vous demande pardon, mes chers lecteurs, je me suis trompé de sujet ; c'est une confusion regrettable certes, mais excusable, puisque je prépare actuellement une conférence sur « le saucisson chaud dans les pays froids » ; mais il ne s'agit pas de ça, mais bien de la délimitation exacte du rêve et de la réalité. Je me suis passionné pour cette question depuis le temps où j'étais en apprentissage chez un entrepreneur de coliques hépatiques, dont le beau-frère était sertisseur de pierres meulières, ce qui facilitait grandement son entreprise. Et sans arrêt, cette question obsédante me revenait : le rêve finit-il lorsque commence la réalité ou la réalité n'est-elle pas un rêve ? Je n'ai jamais pu la résoudre ; c'est pourquoi je vous la soumets aujourd'hui ; comme vous le savez, il est admis que la vie repose sur un postulat ; mais un postulat n'est pas une preuve, sans quoi on l'appellerait une preuve et non un postulat ; donc personne ne peut me prouver que ce n'est pas quand je rêve que J'EXISTE RÉELLEMENT et vice versa. S'il en est véritablement ainsi, c'est épouvantable, car alors comment établir que j'accomplis réellement un acte ou que je ne fais que le rêver ? Quand je pilote une voiture, est-ce que je la conduis en rêve ou est-ce que je la conduis effectivement ? Et quand je rêve que je vais rendre visite au ministre des Finances, vêtu simplement d'un calendrier des postes, n'est-ce pas une réalité ? Horrible angoisse qui empoisonne mes jours et mes nuits ! Qui m'ôtera ce doute ? Qui me rendra le calme et la confiance dans l'ordre établi ?

Je serais reconnaissant à toute personne qui pourra me donner un avis sincère et désintéressé ; je lui en saurai infiniment gré et me souviendrai du service qu'elle m'aura rendu, jusqu'au jour où l'oubli étant venu je ne la considérerai plus que comme une quantité négligeable ; mais ça, c'est la vie et la loi de la nature.

ou le rêve est-il une réalité ?

UN GRAVE ACCIDENT ÉVITÉ DE JUSTESSE

Hier, sur la route de Rambouillet, à quelques kilomètres de Lyon, un taxi s'est retourné brusquement. Le chauffeur s'est relevé avec des contusions multiples. En lisant cette nouvelle, le baron de Rothschild a frémi. En effet, si au lieu de prendre le métro, comme il l'a fait ce jour-là, il avait pris le taxi en question, si au lieu d'aller porte Brancion, il était allé précisément sur la route de Rambouillet, à quelques kilomètres de Lyon, si le chauffeur avait été l'un de ses amis et s'il lui avait proposé de l'emmener, si même, plus simplement, il avait hélé ce taxi en sortant de chez lui, dans quel état serait-il aujourd'hui ? Le baron de Rothschild vient donc d'échapper à un accident dont la gravité, elle, n'a échappé à personne.

Le Gorafi

Rambouillet – Il ne se passe rien

Les habitants de la petite ville de Rambouillet sont encore sous le choc. En effet, il ne s'y est rien passé hier. « Je suis sous le choc, il aurait pu se passer quelque chose mais finalement, non », raconte une habitante. « Imaginez, s'il s'était passé quelque chose, cela aurait été quelque chose », souligne un Rambolitain. Les experts débattent encore sur ce qui aurait pu provoquer cette absence de chose et cette présence de rien. « Nous ne sommes sûrs de rien, a expliqué un des experts. Mais c'est la preuve qu'il y a bien quelque chose. »

DEMANDES D'EMPLOI

RETRAITÉ, connaissant plusieurs langues, cherche emploi de poteau indicateur dans rue tranquille.

JEUNE HOMME, sans connaissances spéciales, cherche sous-préfecture sans titulaire, de préférence dans département bien exposé.

OCCASIONS

À CÉDER COLLECTION AFFICHES ÉLECTORALES TOUTES TEINTES, REPRÉSENTANT 300 KG PAPIER. LA MÊME, MOINS LES PROMESSES TENUES : 299,750 KG. FAIRE OFFRES.

DIVERS

COMPLÈTEMENT RUINÉ, VENDS AU PLUS OFFRANT COLLECTION UNIQUE PORTE-BONHEUR.

AVIS ET CORRESPONDANCES

VIEUX FAUTEUIL DE CUIR MANQUANT DE RESSORTS DEMANDE À PRENDRE CONTACT AVEC PERSONNE BIEN REMBOURRÉE.

Lorsque vous écrivez à vos amis, vous n'hésitez pas à inscrire leur nom et leur adresse sur l'enveloppe. C'est l'indice d'un intolérable sans-gêne : cela peut les gêner de voir ainsi divulguer leurs nom et adresse ! Alors, soyez plus discrets : mettez vos enveloppes sous enveloppe.

Le Gorafi

Les postiers en grève contre la hausse des lettres anonymes

Plusieurs syndicats de postiers ont déposé un préavis de grève. En cause, l'augmentation des lettres anonymes, qui ne comportent parfois pas d'adresse. « Quand elles sont mal adressées, elles doivent retourner à l'expéditeur et nous perdons du temps à le découvrir puisqu'elles sont anonymes. » De son côté, le syndicat des corbeaux annonce qu'il va publier une tribune anonyme pour soutenir les expéditeurs masqués.

PERDUS ET TROUVÉS

Il a été trouvé un portefeuille contenant une somme de 100 000 francs et 95 centimes. Prière de ne pas le réclamer. Très urgent.

Le Gorafi

Trouvé ruissellement fiscal.

LE PRIX LITTÉRAIRE DE LA PONCTUATION

Hier, entre 14 heures cinquante-cinq et 15 heures moins cinq, à l'issue du déjeuner donné au restaurant « L'Équarrisseur Sentimental », a été dévoilé le nom du lauréat du Prix Littéraire de la Ponctuation.

Il s'agit de monsieur Childebert Chaudelaglotte, choisi à l'unanimité moins 12 voix, sur 6 votants et 14000 abstentions. Le monde littéraire tout entier ne peut que se réjouir du choix judicieux qui fait honneur à la compétence du jury. Monsieur Chaudelaglotte n'est pas un inconnu pour tous ceux qui le connaissent. L'œuvre qui lui a valu de décrocher cette récompense suprême est un magnifique roman d'aventures à base de psychologie romancée, intitulé *Points et guillemets*. Nous avons pu nous en procurer in extenso les quelques extraits suivants, que nous nous faisons un plaisir d'offrir en primeur à nos lecteurs :

,:!...()«-».-;:.
? ... !!! -, ; . : - !,
:«-:»[]§§§
!!!!! ???? .... ! .... ! ....
?:-:-:-,;.,;.,;.!

«()«»()-«»«»

Le charme et la poésie réaliste qui se dégagent de ces trop courts extraits sont cependant suffisamment éloquents pour donner plus qu'une idée du viril talent de Childebert Chaudelaglotte, à qui nous adressons l'expression de notre vive et unanime admiration.

Le Gorafi

Les généticiens grammairiens mettent au point un nouveau signe de ponctuation

Les scientifiques ont présenté le fruit de leur travail devant les journalistes : un nouveau signe de ponctuation, encore au stade de prototype.
« C'est fabuleux, c'est sans doute la plus grosse avancée dans la ponctuation depuis le point-virgule. » Croisement étrange entre le guillemet, le point d'interrogation et les points de suspension, ce signe ne porte pas encore de nom mais inquiète les grammairiens. « Si cette ponctuation s'échappe dans la Nature, elle n'aura pas de prédateur naturel », souligne un expert qui pointe du doigt que la dernière création (génétique), la parenthèse, a (très) rapidement contaminé l'écriture moderne au point de devenir (vraiment) insupportable, plusieurs ouvrages de Philippe Jaenada étant même aujourd'hui composés à 80 % de parenthèses.

DIVERS

À VENDRE : AVERTISSEURS SPÉCIAUX IMITANT SOIT LE BEUGLEMENT DES VACHES, SOIT LE CHANT DES OISEAUX, AFIN QU'AUCUNE NOTE DISCORDANTE NE VIENNE TROUBLER LA PAIX DES CAMPAGNES. ■

Le Gorafi

Créateur de posts motivationnels sur LinkedIn cherche amour-propre.

Monsieur n'ayant rien perdu récompenserait néanmoins ceux qui lui rapporteraient quelque chose. ■

« Chérie, suis un peu en retard, commence à dîner sans moi. Bon appétit. Arthur. » ■

Si ma scarlatine peut rendre service à quelqu'un, je la mets de bon cœur à votre disposition. ■

En raison de la gravité de la situation, le gouvernement a décidé qu'il n'y aurait pas de mercredi cette semaine.

Le Gorafi

Pour relancer l'économie, le gouvernement va introduire deux nouveaux lundis par mois

Le gouvernement veut remettre les Français au travail. Dès le mois prochain, il y aura deux lundis supplémentaires. En outre, il est prévu de supprimer un week-end sur deux, et d'ajouter trois jeudis chaque semaine impaire.

NE MÉGOT-ONS PAS !

Le ministère de l'Hygiène nous communique le décret suivant, dont la parution est prévue un jour prochain, dans un Journal officiel quelconque :

Attendu que depuis l'existence des cigarettes, chacun sait que la partie demeurant inconsumée s'appelle mégot.

Attendu que ce sont eux que l'on trouve partout, sur les tables, dans le potage et même dans les cendriers.

Attendu que l'on est obligé de jeter les mégots pour ne pas se brûler les doigts ou les moustaches, et surtout par habitude.

Le ministère de l'Hygiène décide de supprimer ce geste rituel par le procédé suivant : dans n'importe quel bureau de tabac, achetez un paquet de cigarettes. À l'aide d'un rasoir ou de tout autre instrument tranchant, coupez le paquet à la dimension à laquelle vous jetez habituellement vos mégots. Vos cigarettes seront ainsi débarrassées de cette extrémité gênante, et vous pourrez les fumer jusqu'au bout sans crainte de vous brûler ou de passer pour un radin.

Signé : le ministre

Le père Zénon

Connaissez-vous Zénon ? Oui, naturellement, tout le monde connaît Zénon ; enfin pour ceux qui l'auraient quelque peu oublié, je rappelle que Zénon était une espèce de philosophe qui vivait entre 340 et 260 avant notre ère, ce qui prouve bien que c'était un homme qui s'était levé de bonne heure.

Ce brave monsieur Zénon, histoire de se dégourdir les amygdales, avait fondé une école connue sous le nom d'école du Portique et d'école stoïcienne où l'on vous fabriquait des stoïciens en série comme aujourd'hui des automobiles de même tonneau.

Et, croyez-moi, c'était un drôle de bougre que ce monsieur Zénon, qui enseignait à ses élèves l'art et la manière d'encaisser les coups durs avec une égale fermeté de l'âme. Or, je ne saurais trop approuver la doctrine stoïcienne ; et pourtant, à l'époque où Zénon professait ses cours du soir, on s'en faisait un peu moins qu'à l'heure actuelle ; ça ne veut pas dire que le père Zénon avait tort d'enseigner ce qu'il racontait ni que ses disciples étaient des bonshommes sans valeur ; mais tout de même, si Zénon revenait, je me demande s'il tiendrait le coup comme il le tenait en son temps.

Car, il faut le reconnaître, jamais la doctrine stoïcienne n'a été autant suivie que de nos jours : il ne se passe de jour que nous n'ayons à enregistrer un empoisonnement nouveau ; ça ne nous empêche pas de tenir le coup ; vous me direz que du temps de Zénon chacun avait aussi ses ennuis ; c'est possible et c'est même évident, n'empêche que si notre président de la République avait vécu entre 340 et

260, il n'est pas prouvé que l'école stoïcienne aurait résisté. Nous, nous résistons ; nous sommes donc tous des disciples de Zénon ; nous pratiquons tous le stoïcisme, peut-être inconsciemment, mais effectivement ; donc Zénon avait raison ; raison dans sa forme dialectique et raison d'avoir inculqué sa philosophie qui, se transmettant d'âge en âge et s'incorporant pour ainsi dire à la pâte de l'âme humaine, en fait aujourd'hui partie tellement intégrante qu'elle nous fournit le coefficient suffisant de résistance pour faire face des quatre fers aux neiges de l'adversité qui fond sur nous.

Ah ! chère vieille chose de Zénon ! si tu nous vois du haut des Champs-Élysées, tu dois être fier de nous : y en a-t-il des stoïciens, y en a-t-il ! Quelle trempe ! Quel abattage ! On peut tout nous faire, on tient : fiscalité, magouilles politiques, scandales en tous genres, etc., etc. Et on est toujours là, souriants, aimables, à peine un peu nerveux quelquefois, mais si peu !

Cher vieux Zénon, ta doctrine avait du bon ; si tu n'avais existé, il eût fallu t'inventer ; il est vrai que j'aurais probablement pris ta place !

En tout cas, compte sur moi pour continuer ton œuvre ; quoi qu'il arrive, je garderai une bonne humeur capable de décourager les pires mauvaises volontés et de faire reculer le spectre de la neurasthénie ! Il est vrai que moi, n'est-ce pas, je suis loufoque 100 % ! Mais peut-être l'étais-tu un peu aussi, après tout ! Stoïcisme et loufoquerie ? Frère et sœur ? Peut-être pas tout à fait... mais cousins germains sûrement !

avait raison !

Le droit au travail

De nombreuses personnes, des hypernerveux sans doute, ne peuvent entendre sans être gênés, agacés, les craquements caractéristiques du bois qui travaille. Ces pauvres névrosés font ainsi l'impossible pour empêcher le bois de leurs meubles de travailler. À l'heure où le chômage sévit, hélas, comment peut-il exister des gens assez pervers pour empêcher leur bois de travailler ? C'est intolérable ! L'inspection du travail devrait se pencher sur ce sujet et en profiter pour réparer une injustice : le bois qui travaille doit être rétribué !

À VENDRE

CHÂTEAUX HISTORIQUES. ÉCHANTILLON GRATUIT SUR DEMANDE.

À VENDRE

1° TRÈS GRAND VIOLON POUVANT SERVIR DE VIOLONCELLE ;

2° PETIT VIOLONCELLE POUVANT REMPLACER VIOLON.

À VENDRE

FAUX CURE-DENTS POUR PERSONNES AYANT FAUSSES DENTS.

Être loufoque, c'est bien, mais, avec la hausse des tarifs postaux, être timbré c'est de la folie !
Être loufoque, c'est bien, mais, avec la hausse des tarifs postaux, être timbré c'est de la folie !
Être loufoque, c'est bien, mais, avec la hausse des tarifs postaux, être timbré c'est de la folie !

L'Altruisme

Ô Corse aux cheveux plats
Le printemps naît ce soir, les vents vont s'embraser
L'œil était dans la tombe et regardait Caïn

Si je cite ces magnifiques vers de Shakespeare, ce n'est pas dans le simple but de faire un vain étalage de mes connaissances classiques ; non, mais en les lisant et relisant, j'ai compris leur signification profonde et toute l'intention qu'avait certainement voulu y mettre l'immortel auteur de *Werther*. De la première à la dernière syllabe ils sont pleins de sentiments généreux, purifiés par le souffle puissant d'une inspiration puisée à la source même des origines du tremplin de l'âme humaine. Je ne regrette présentement qu'une chose, c'est de ne pas avoir la possibilité d'ordonner l'inscription de ces vers au fronton de tous les monuments publics pour servir à l'édification morale des foules, car en leur grandiose simplicité ils concrétisent en une intégrale synthèse toute la fraternité généreuse, en un mot l'altruisme pur ; car c'est à cela que je voulais en venir, à l'altruisme ; en notre époque où la lutte pour la vie s'avère de plus en plus impitoyable, peu de gens savent encore ce qu'est l'altruisme.

Le mot « altruisme » n'est d'ailleurs pas un vieux mot ; il fut inventé, je le rappelle pour mémoire, par Auguste Comte, le regretté philosophe dont la fameuse étude sur l'« Identité des mail-coachs et des chevaux-jupon » est encore présente à toutes les mémoires. Le mot altruisme donne au sentiment de la fraternité un sens plus large, plus profond, plus étendu ; l'altruisme c'est en somme le dévouement au bonheur du prochain, par une abnégation, pour le bien, simplement.

Hélas ! il n'y a plus d'altruisme, ou presque plus, et tous, autant que nous sommes, avons une large part de responsabilité en ce qui concerne sa disparition. J'ai voulu, par moi-même, me rendre compte s'il y avait quelque possibilité de redonner un lustre nouveau à ce vocable tombé en désuétude ; mon édification fut rapide et décevante : parmi des personnes très bien à qui je demandais si elles étaient altruistes, certaines m'ont évasivement répondu : « Ben, vous savez, n'est-ce pas, ça dépend, c'est une question de climat », et un mien parent, ancien ministre, m'a même dit : « Moi, j'ai déjà de l'artériosclérose et ça me suffit largement comme ça. » Certes, je sais que Sacha Guitry, dans son impromptu du chandail à col roulé, fait dire à l'un de ses personnages : « L'homme est un loup pour l'homme. » Ce n'est pourtant pas mon avis ; l'altruisme sommeille actuellement, mais je suis persuadé qu'il en faudrait peu pour le réveiller. Il est vrai que ma foi est solide, et devant l'universelle incompréhension, j'ai un mérite certain à ne pas me décourager ; je n'en veux pour preuve que ce dernier exemple significatif : à une amie tendrement et silencieusement adorée, je murmurai récemment par un beau soir de clair de nouvelle lune : « Je vous aime avec altruisme. » Étonnée, elle me regarda fixement et me répondit : « Je n'unirai jamais mon destin avec celui d'un malfrat à qui le concours d'un second individu est nécessaire pour me prouver son amour. »

Voilà où nous en sommes ; qu'importe, je ne désespère pas ; je continuerai, contre vents et marées, à mener la bonne croisade, pour que, dans un proche avenir, l'altruisme reçoive la consécration définitive à laquelle il a droit de par ses origines, son étymologie, sa carrure et sa mise en pages.

L'heure de la semaine

Il est temps de mettre vos pendules et vos calendriers à l'heure. Ce soir, à 23 h 12, il sera exactement 17 h 44. Demain matin, à 6 h 18, il sera approximativement midi moins le quart. Jeudi prochain, il sera samedi dernier.

LOCATIONS

Fantôme sujet au rhume de cerveau désire louer ou acheter maison hantée sans courant d'air.

Le Gorafi

Polémiste loue polémique, urgent, pour émission de télévision dans 10 minutes.

ÉCHANGES

VENANT DE M'ENRHUMER, ÉCHANGERAIS GLACE VANILLE CONTRE GROG BIEN CHAUD. URGENT.

Pourquoi le mercure n'est-il pas admis comme boisson de table ?

Lorsque l'on reçoit des amis, il est nécessaire de se conformer aux usages en cours. Dans l'intimité, la question ne se pose plus. Lorsque je suis seul, j'absorbe fréquemment ma chopine de mercure à chaque repas. C'est un vieux brocanteur de mes amis qui me fournit. Par une savante alchimie, il extrait le mercure des thermomètres usagés et me le livre à domicile en caisses plombées de 5 kilos. La qualité varie, naturellement, suivant l'âge et la provenance des thermomètres. C'est un tonique puissant, un peu lourd à l'estomac, mais qui se dilate en été, exactement comme dans les thermomètres.

DIVERS

Grand choix de pancartes couvertes de proverbes, ne servant absolument à rien, mais faisant très bien dans un bureau.

LES TROIS, 3 F.

Coupes sombres à coups de hache dans l'administration

On sait que des réductions ont été envisagées dans nos diverses administrations afin de réduire au minimum les frais nationaux. Le garde des Sceaux vient de décider une réforme profonde de nos tribunaux et de nos cours. Jusqu'ici, la magistrature se divisait en deux catégories bien distinctes : la magistrature debout et la magistrature assise. On sait aussi que la réduction d'un certain nombre de sièges de tribunaux avait été prévue. Pour commencer, le ministre de la Justice vient de supprimer d'abord les sièges de la magistrature assise. Quant à la magistrature debout, elle devra se tenir sur le parquet des tribunaux. Dans les cours d'assises, il n'y aura plus de sièges du tout. Toutefois, du fait de cette disparition des sièges, il n'y aura, bien entendu, plus de dossiers. Toute affaire comportant jusqu'ici un dossier, la procédure sera encore simplifiée. Du même coup, il n'y aura plus de barreaux non plus. Dans les cours d'appel, les sonnettes seront supprimées et remplacées par des clairons. Pour éviter les traditionnelles lenteurs de la Justice, les intéressés devront répondre au premier appel. Le cas de la Cour de cassation a enfin été réglé. Cette haute juridiction avait contracté la fâcheuse habitude de casser les jugements qui, ainsi mis hors d'usage, ne pouvaient plus être utilisés ensuite. Quand on pense au prix élevé des frais de justice, puis de l'obtention d'un jugement, il s'agissait d'un véritable gâchis. Toutefois, puisqu'il faut bien que la Cour de cassation justifie son nom, elle est maintenant autorisée à casser les sièges devenus inutiles, ainsi que les barreaux et les dossiers désormais sans emploi.

Le Gorafi

Prisons :
Par souci d'économie, les barreaux des prisons vont être supprimés

Innovation cette année au budget de l'État : les barreaux des prisons vont être totalement supprimés. Une économie de plusieurs millions d'euros pour l'État. « Le surcoût d'ajout de barreaux aux fenêtres était phénoménal, en plus de boucher la vue », explique un architecte. La fin des barreaux de prison signe aussi la fin des évasions, car plus de 60 % d'entre elles s'effectuaient au moyen du sciage de barreaux.

DEMANDES D'EMPLOI

MONSIEUR POSSÉDANT CASQUETTE BLANCHE ET SACHANT JOUER SIFFLET À ROULETTE DEMANDE PLACE DE CHEF DE GARE. ACCEPTERAIT PARIS OU GRANDE VILLE.

OFFRES D'EMPLOI

On demande contribuables spécialisés dans les paiements d'impôts.

Recherche danseur sachant faire des claquettes pour embêter mes voisins.

Soyez logiques et consciencieux : si vous devez tomber malade, faites-le pendant vos vacances. Votre travail n'en souffrira pas et, de la sorte, la production nationale n'en sera pas ralentie.

Le Gorafi

Le ministère du Travail n'autorisera les arrêts maladie que durant les congés

« Pour renforcer la production nationale, nous encourageons les Français à tomber malades durant leurs congés », a annoncé le ministère, soulignant que les contrevenants se verraient supprimer leurs jours de RTT.

LES ARTICHAUTS À LA GRECQUE

La préparation est simple et mérite d'être connue par celles et ceux qui considèrent l'artichaut comme la plus noble conquête de l'homme après l'arrosoir. En voici la recette : vous prenez quatre artichauts et vous en rendez deux au marchand, parce que ça vous suffit, à moins que vous n'en rachetiez trois autres si vous estimez que c'est nécessaire. Ceci fait, vous cherchez dans vos relations une femme de nationalité grecque et vous lui demandez, moyennant une honnête rétribution, de vous préparer vos artichauts à la manière de son pays. Vous ne le regretterez pas, et elle non plus.

DIVERS

MONSIEUR RICHE ET DÉSŒUVRÉ, HABITANT RUELLE DÉSERTIQUE, DEMANDE PASSANTS RÊVEURS ET POÈTES POUR LE DISTRAIRE.

OCCASIONS

■ **À CÉDER AQUARIUM-CAGE POUR POISSONS-VOLANTS POUVANT SERVIR DE CAGE-AQUARIUM POUR OISEAUX-NAGEURS.**

■ **JOLIE PROPRIÉTÉ, TOUT CONFORT, SUR RIVIÈRE TRÈS POISSONNEUSE, GRAND JARDIN BIEN ENTRETENU. JE L'AI PAYÉE 30 000. JE NE LA VENDS PAS, JE M'Y PLAIS.**

ANNONCES MYTHOLOGIQUES

■ Cyclope désirant pouvoir loucher cherche autre cyclope pour association.

■ Centaure fringant donnerait leçons équitation.

FONDS DE COMMERCE

POUR FINIR MARCHAND DE FONDS DE COMMERCE VEND FONDS DE COMMERCE DE MARCHAND DE FONDS DE COMMERCE. COMMERÇANTS SANS FONDS S'ABSTENIR.

On nous invite à nous mettre en garde contre les dangers de la pigmentation. Vous ne savez pas ce que c'est ? À vrai dire, moi non plus. Raison de plus pour s'en méfier davantage.

MARIAGES

Jeune homme bien sous tous rapports. Belle situation, grosses espérances, ne désire connaître personne en vue mariage. Ne pas écrire.

OFFRES D'EMPLOI

Recherche personne désespérée encore capable de payer des impôts, pour régler les miens.

Voyageurs, demandez notre nouvel annuaire spécial des Chemins de fer, muni d'horaires à chiffres mobiles permettant à chacun de régler ses heures de départ et d'arrivée à sa convenance.

J'ai une robe de laine rouge, entièrement percée par les mites. J'aime beaucoup cette robe. Je voudrais absolument la conserver. Connaîtriez-vous une recette de teinture pour les trous ?

Ne serait-il pas plus simple, madame, de teindre la robe de la couleur des trous ?

Dans un bureau, lorsque la moitié de l'effectif désire que la fenêtre reste ouverte et l'autre moitié, qu'elle soit fermée, que doit-on faire ?

Il faut la laisser entrouverte, mi-ouverte, mi-fermée.

DIVERS

Vous qui voulez gagner beaucoup d'argent, vous n'êtes pas le seul, moi aussi. Achetez donc mon livre, *Pour réussir* : 40 F.

Le Gorafi

Invention du premier détachant de trous dans les vêtements

Innovation avec la présentation ce matin du premier détachant de trous de vêtement, qui permet d'enlever 99 % des trous dans les vêtements. « J'en avais assez d'avoir des petits trous dans mes chemises. Avec ce produit, c'est fini, ma chemise a disparu dans un gros trou, je n'ai plus de petits trous », explique un utilisateur de ce produit. En quelques secondes d'application, le trou est remplacé par un plus gros trou, de la taille du vêtement, et passe donc complètement inaperçu. « Plus de vêtement, plus de trou, plus de trou, plus de problème », s'est félicité l'inventeur.

Le centenaire de la brosse

Il y a exactement soixante-seize ans, c'est-à-dire le 12 avril 1879, que naquit, à Hupnuf, petit village limitrophe et jurassien, Alcibiade-Ladislas Reluire, précurseur et inventeur de la brosse qui porte son nom.

Le silence qui accompagne cet auguste anniversaire est un triste témoignage de l'ingratitude humaine ; qui, à l'heure présente, se souvient d'Alcibiade Reluire qui, en son temps, connut la fortune, la gloire et la considération de ses concitoyens ?

Fils cadet et unique d'un manutentionnaire en beurre fondu, Alcibiade Reluire montra dès sa plus tendre enfance de remarquables dispositions pour l'art musical : à dix ans il composa un quatuor pour harmonium, bugle et hélicon, intitulé : « Planque ton nez, v'là l'garde », opus 281 et la suite. À douze ans il obtint son premier prix de métronome, et à quinze ans son père, désireux de le pousser, le fit entrer en qualité de quartier-maître dans une fabrique de baquets où il put donner toute la mesure de son précoce talent. Engagé aux zouaves à dix-huit ans, il fut nommé général de brigade pour avoir sauvé des flammes un adjudant-chef au cours des inondations du Massif central, en 1900.

Rentré dans ses foyers, il se lança à corps perdu dans l'étude du corned-beef et de la géométrie dans l'espace ; et c'est ainsi que de fil en aiguille et de planche à repasser en pile de pont, il en arriva à la conviction formelle qu'il se devait d'inventer une brosse capable de rendre à l'humanité décadente l'éclat d'un lustre que les taches de bougie et la turpitude avaient terni depuis des siècles.

Pénétré de l'importance de sa mission, Alcibiade Reluire se mit courageusement au travail ; ses premiers essais furent désastreux ; sa brosse offrait l'aspect d'une meringue au foie gras ou d'un cover-coat de limonadier, suivant l'angle sous lequel on la considérait ; et puis, un beau jour, ses efforts furent couronnés de succès, et le 26 mars 1853, la Brosse, la brosse majuscule, sortit de ses mains pour partir à la conquête de l'univers. Bien des choses se sont passées depuis, mais rien ne doit nous faire oublier cet homme illustre qui a doté la créature de l'élément indispensable à sa propre dignité.

Et ce sera la récompense de ma vie d'avoir été le premier à rappeler les vertus de ce grand citoyen et de les exalter en une époque où les choses n'ont de valeur que par rapport à celles qui n'en ont pas du tout.

à reluire

MODÈLE DE LETTRE

À adresser à un porteur de bagages stagiaire, pour le consoler de n'avoir pas obtenu le prix Goncourt

Cher Monsieur,

Je ne sais plus lequel, de Platon ou de Jack Dempsey, a dit : les conséquences d'un échec n'ont de valeur réelle que par leur rapport avec l'espoir qu'on avait bâti dessus. Cette noble pensée doit amplement suffire à vous consoler d'avoir été éliminé d'un palmarès, enviable certes, mais qui n'est au fond qu'une manifestation de la vanité humaine. Dans la carrière que vous avez délibérément choisie et à laquelle vous prédestinait tout un passé spirituel, vous trouverez matière à renforcer votre énergie et à augmenter encore le poids de votre bagage ne serait-ce que par celui que vos clients vous donnent à porter. Vous n'avez pas le prix Goncourt, soit. Mais n'avez-vous point, en échange, le prix de vos efforts payé par la considération dont vous jouissez auprès de vos pairs, et par l'estime générale qui vous entoure comme du grillage entoure un square ? Croyez, cher Monsieur, à toute l'estime que j'éprouve à l'égard de vos possibilités méconnues, mais qu'une juste récompense viendra tôt ou tard couronner comme il se doit.

SI VOUS NE VOUS PORTEZ PAS BIEN, CHANGEZ DE MÉTHODE, FAITES-VOUS PORTER. VOUS VOUS SENTIREZ BEAUCOUP PLUS LÉGER, ET VOUS POURREZ À LOISIR INSULTER CELUI QUI VOUS PORTE S'IL NE LE FAIT PAS CORRECTEMENT.

Demandes d'emploi

Jeune fille parlant couramment français, russe et italien, mais très fatiguée, demande place demoiselle de compagnie chez dame ne comprenant que l'espagnol ou l'anglais.

Le Gorafi

Chat recrute esclave pour livraison croquettes à toute heure. Chien s'abstenir.

Si vous désirez prendre des bains de soleil, apprenez d'abord à nager. Un malheur est si vite arrivé.

Le Gorafi

Paris – Plusieurs dizaines de blessés dans le seul bain de soleil de l'hiver

Plusieurs personnes ont été blessées lors du seul bain de soleil à Paris, cet hiver. À la faveur d'une éclaircie, des milliers de personnes se sont précipitées pour se réchauffer et se dorer, et se sont battues pour obtenir cette place au soleil pendant quelques minutes. À noter que la prochaine éclaircie parisienne aura lieu en 2028.

Comment faire bouillir un champ de pommes de terre ?

Il vous faut d'abord vous procurer le matériel, très peu coûteux, du reste. Vous entrez dans le premier bazar venu, où, pour une somme modique, on vous vend la pochette du « parfait petit bouillon de champ de pommes de terre ». Puis vous partez pour l'Argentine où, aidé d'une centaine de vos amis, vous défrichez un millier d'hectares de pampa que vous recouvrez en y plantant des pommes de terre. Quand, quelques mois après, les pommes de terre sont mûres, vous ouvrez toutes les vannes des environs et inondez votre champ. Comme, sur ce point du globe, le soleil est particulièrement chaud, il fera bouillir l'eau qui, à son tour, fera bouillir les pommes de terre. Le cas échéant, il vous est possible d'ajouter, selon votre goût et votre humeur, un peu de thym, de laurier, de persil ainsi qu'une poignée de gros sel.

Le Gorafi

Elon Musk présente sa première machine à faire pousser un champ de frites

En visite en Belgique, Elon Musk a présenté son nouvel appareil, capable de transformer un champ de pommes de terre en frites dorées. Grâce à ses 200 mètres de largeur, 300 mètres de profondeur et 40 mètres de hauteur, l'appareil permet de récolter, éplucher, couper et frire les pommes de terre en un temps record. « Personne n'avait jamais pensé à cette invention », s'est félicité l'inventeur qui a en outre présenté une machine capable de transformer en bière du blé et de l'eau.

On nous parle souvent de l'homme le plus vieux de la terre et jamais de l'homme le plus jeune. Il me semblerait opportun de signaler son existence.

Je vous avoue modestement que j'ai voulu prendre cette initiative. Mais dès que j'ai décidé de révéler son identité, celui-ci, vieillissant naturellement, n'était plus le plus jeune.

ANNONCES POUR ANIMAUX

Miaou maramiaou, molimaou, miaraou, maramiaou, mao maou brout.
Félix Miaou.

Naissance de l'homme le plus jeune de la planète

Belle nouvelle à la maternité parisienne Basile-Sangène avec la naissance de l'humain le plus jeune du monde, Alphonse-Robert, âgé de seulement quelques heures. « Nous sommes ravis d'avoir obtenu ce record d'âge pour un bébé », ont déclaré les parents. Un record qui hélas n'a pas tenu, puisqu'on a signalé la naissance d'un autre recordman, cette fois dans l'Isère, qui a été battue de nouveau environ deux mille fois avant la fin de la journée rien qu'en France. Une déception pour les parents d'Alphonse-Robert qui avaient placé tellement d'espoirs en lui et qui espéraient capitaliser sur ce record d'enfant le plus jeune du monde.

Le Gorafi

Route nationale goudronnée, longueur 7 km, avec côtes raidillons, tournant, ligne droite, carrefour point de vue, cherche voiture de bonne marque avec bons pneus, bons freins et bonne reprise pour rallye.

Passage pour piétons las et fatigué cherche mutation dans petite ville du Midi de préférence près de la mer.

Le Gorafi

Rapport du GIEC, idéal pour caler meubles, herbier ou allumer feu. Plusieurs années disponibles.

Le Gorafi

Chambre parlementaire de démocratie occidentale cherche utilité, possibilité de discuter de lois, projets de loi. Buvette. Faire offre.

Partant de ce principe que l'envers vaut l'endroit, le docteur Bluff, de l'Institut de Beauté du Pré-Saint-Gervais, parvient à retourner votre peau usagée, fanée, ridée, aussi facilement qu'un gant. Il garantit de vous rendre plus jeune, plus séduisante que jamais, en enveloppant votre corps avec l'envers de votre peau. Un vrai coup de jeune garanti !

Mesdames, voilà une chose que vous ignorez probablement et que nous nous faisons une joie de vous révéler : la femme a le droit strict et imprescriptible de s'habiller en receveuse des postes pour repasser son linge. C'est écrit en toutes lettres dans le Code Napoléon. Naturellement on ne vous en a jamais soufflé mot ; l'égoïsme masculin tient soigneusement caché tout ce qui peut porter atteinte à son omnipotence et à son esprit totalitaire. Attention toutefois, le droit est le droit, mais il est sévèrement délimité : le port du costume de receveuse des postes n'est autorisé que pour le repassage du linge et non pour la lessive. De même que ce n'est qu'à partir de 22 ans que la femme a le droit de battre des œufs en neige avec un anorak. Le Code est formel et ne transige pas. Vive la femme libre! Vive la citoyenne consciente, organisée et indivisible!

Le droit

Dans je ne sais plus au juste quel chapitre du *De cinglus illustribus*, il est écrit : « Si on ne peut pas faire ce qu'on veut chez les autres, il n'y a qu'à rester chez soi. » Rarement paroles plus profondes ont été offertes à la méditation des hommes : mais il en est de la méditation comme de toutes choses en ce bas monde : pour qu'elle atteigne son but, il ne faut pas qu'elle soit stérile : *sic vos à moelle non vobis urbi et orbi persona grata, qualis pater, talis filius quod erat demonstrandum*, comme disent les danseurs mondains.

Or, de méditation en méditation, d'interférence en coupe-circuit, j'en suis arrivé à cette conclusion : « S'il est bon de ne rien dire avant de parler, il est encore plus utile de réfléchir avant de penser. »

Oui, je sais : *intra muros in partibus*, m'objecteront les incrédules, mais ça ne changera pas mes convictions, ça ne m'empêchera nullement de dire ce que je veux dire, ni de réclamer ce que je juge indispensable à la civilisation et utile à l'esprit de l'homme, c'est-à-dire le « Droit au Rêve ».

Cela peut paraître puéril et peu en rapport avec le rythme de la vie moderne ; c'est possible ; cependant ma foi est absolue et je répondrai à ceux qui me diront que tout le monde a droit au rêve, qu'il n'est pas suffisant d'avoir ce droit, mais qu'il faut avoir la possibilité de l'exercer. Et, incontestablement, nous n'avons pas présentement cette possibilité : officiellement, du moins, et c'est là où je veux en venir.

Il est utile, il est urgent que les pouvoirs publics prennent leurs responsabilités et nous donnent, à bref délai, les moyens de rêver tranquillement à toute heure du jour et sous la protection avisée de la force armée.

En l'état actuel des choses, il est interdit à un citoyen digne de ce nom de rêver à sa convenance ; il doit, s'il veut le faire, se cacher, se terrer même ; cela n'est pas digne d'un pays libre ; ça doit changer et ça changera : nous voulons pouvoir rêver à notre guise et nous y arriverons.

Est-il donc impossible, par exemple, qu'une ordonnance de police dise que le mardi, de 18 heures à 18 h 30, on pourra rêver boulevard Haussmann ? Il n'y aurait qu'à suspendre toute circulation et les gardiens de la paix veilleraient jalousement sur ce rêve en commun. Chacun s'isolerait dans son rêve familier et particulier, et contravention serait impitoyablement dressée à tous ceux qui refuseraient de rêver.

La demi-heure écoulée, les pompiers sonneraient la fin du rêve et nous reprendrions alors avec courage, calme et sérénité le cours de nos occupations, lénifiés et ragaillardis par ces quelques instants passés au pays des chimères et des contes bleus.

J'insiste donc pour que la demi-heure de rêve quotidien soit créée, il y va de notre salut, de notre équilibre et de notre santé morale. *Ipso facto, ne varietur fluctuat in extenso.*

J'ose espérer que mon appel sera entendu et que, reconnu d'utilité publique, le rêve fera bientôt partie intégrante de nos mœurs, au même titre que le chapeau Cronstadt et le buffet Henri II à crémaillère.

Et sic transit, comme disent les entrepreneurs de transports internationaux.

COURRIER OSFICIEL DES LECTEURS

Histoire de changer, ne pourriez-vous pas imprimer *L'Os à Moelle* en travers ?

Oui... c'est-à-dire horizontalement, n'est-ce pas ? C'est une idée à retenir. De cette façon, vous pourriez le lire allongé dans l'herbe ou sur votre divan...

AVIS ET CORRESPONDANCES

Gendarme bedonnant, cherchant combine amaigrissante, cherche voleur, pour jouer au gendarme et au voleur.

Le Gorafi

Plusieurs milliers de torticolis après qu'un journal a publié tous ses articles de travers

Dramatique accident de mise en page après que *L'Os à Moelle* a publié ces articles de travers. « J'ai dû me pencher pour lire mes articles préférés et j'ai même failli choir par terre », a expliqué un lecteur. *En outre, plusieurs passages écrits en italique ont forcé les lecteurs à se pencher encore plus, accentuant leur torticolis.* Dans l'immédiat, le journal annonçait que sa prochaine édition serait publiée perpendiculaire à la précédente.

Quel est le meilleur moyen de chasser les parenthèses ?

Je me faisais un plaisir de vous répondre quand on m'a informé que la chasse venait de fermer. J'avais des choses tellement drôles à vous dire. Tant pis pour moi!

Qu'est-ce que le réveillon ? Oui, oui, je connais la réponse : le réveillon c'est le repas qu'on prend en famille ou en compagnie à l'issue de…, eh bien ! non ce n'est pas ça du tout ; certes, il faut un certain courage pour lutter contre une légende solidement enracinée, car on détruit plus facilement une vérité historique qu'une affabulation, surtout si elle est d'origine balsamique.

En tout cas, en ce qui concerne le réveillon, il est indiscutable que l'erreur est exacte et que l'exactitude de cette erreur a pour cause la fâcheuse confusion établie depuis des siècles entre Noël et le réveillon ; ça n'a absolument aucun rapport. Alors, êtes-vous en droit de me demander, qu'est-ce exactement que le réveillon ? Rassurez-vous, j'ai de quoi vous répondre, encore que ça ne veuille pas nécessairement prouver que j'ai du répondant : le réveillon, mesdames et messieurs, c'est la fête des papiers peints.

Ouvrez, je vous prie, votre dictionnaire au mot limitrophe, puis regardez plus loin parce que le mot limitrophe ne nous intéresse en aucune manière dans le cas qui nous occupe et consultez, immédiatement après la définition concernant la règle de trois des M aspirés, le mot réveillon ; vous lisez textuellement ceci : RÉVEILLON, marchand de papiers peints du faubourg Saint-Antoine, à Paris. L'abbé Roy, ennemi de Réveillon, profitant de l'effervescence populaire, l'accusa de pactiser avec la cour. Le 28 avril 1789, on brûla ses magasins de papier. Ce fut la première émeute révolutionnaire, prélude de celle du 14 juillet, partie du même

La vérité sur

quartier. Louis XVI indemnisa Réveillon parce que le duc d'Orléans fut, à tort ou à raison, accusé d'avoir fomenté l'émeute.

Alors ? hein ? est-ce que oui ou non j'ai raison d'affirmer que le repas du réveillon n'a rien de commun avec la fête de Noël ? Est-ce que nous ne possédons pas la vérité infuse, en affirmant que ce repas de réveillon est un banquet estival et que la fête du 14 juillet n'en est, en quelque sorte, que l'aboutissement normal et légal ?

Est-ce que ça ne crève pas les omoplates que le boudin et la crème de saucisses sont le plat historique synthétisant in memorandum le souvenir des papiers peints anéantis par le feu et l'incendie du grondement de la fureur de la voix du peuple ? Réveillon, mes chers concitoyens, était un rude homme ; n'était-il pas d'ailleurs recordman du monde du bœuf cuit et du salmis d'endives ? Alors, n'est-il pas juste de célébrer par de somptueux festins le civisme de cet homme de bien, plus grand peut-être encore par les papiers de sa peinture que par les peintures de son papier.

En réveillonnant, c'est l'industrie tout entière du papier peint que nous honorons et que nous exaltons en vidant le fond de nos verres ; c'est un hommage rendu à une industrie nationale qui fait le plus grand honneur à l'art français en même temps qu'il stigmatise comme il sied les excès de toutes sortes et de tous gabarits.

Vive Réveillon ! Vivent les papiers peints ! Et vive la peinture en papier.

le réveillon

Locations

On demande à louer deux fenêtres donnant sur grande chambre ensoleillée.

Le Gorafi

Loue petit appartement à Paris

20 garants demandés,

salaire 15 fois supérieur au loyer,

56 derniers avis d'imposition,

3 avis de médecins,

5 recommandations d'employeurs,

un bilan sanguin,

un arbre généalogique.

Mariée depuis sept ans et six mois à un sergent d'infanterie coloniale, ayant hérité d'une pendule ancienne, mais cassée, et teinturière moi-même en dépit d'une jeunesse studieuse, je ne m'alimente que très légèrement au déjeuner et au dîner, donc à heures fixes, sur les conseils de mon médecin, homme charmant et déjà grisonnant qui tient de son père un joli talent d'amateur de girolles. Et cependant, j'engraisse sans cesse, même aux heures creuses de la journée. Que puis-je faire pour arranger cela ?

Votre cas me paraît intactile, comme disait Confucius. Essayez simplement de ne manger qu'entre les repas. Et si vous avez mal aux dents, achetez donc un insufflateur chez votre plus proche luthier.

AVIS & CORRESPONDANCES

- Fil télégraphique solitaire, avachi, désabusé et complètement démoralisé, lance un SOS désespéré à quelque bon poteau susceptible de l'élever du terre-à-terre où il gît actuellement.
- Prière à la personne qui, ayant composé mon numéro de téléphone par erreur, m'a injurié, de rappeler. J'ai trouvé la réponse qui convient.
- Julie, apporte-moi un peignoir. Suis très embêté. Mon maillot a craqué et la mer se retire.
- Sophie, tu m'as dit que la clef était sous le paillasson. Ai trouvé la clef, mais pas le paillasson. Où est-il ?

DIVERS

Colle spéciale pour personnes ne pouvant fermer l'œil de la nuit. Le gros tube : 2000 F.

Méditation

J'aime à méditer ; c'est un droit strict que personne au monde ne peut m'empêcher d'exercer ; je dois, à la vérité, reconnaître que nul jusqu'à ce jour ne s'est placé en travers de mes méditations, et c'est tant mieux, car s'il en était autrement, je réagirais de manière terrible ; enfin, la question ne se pose pas puisqu'on me laisse méditer à ma guise. Donc, je médite, car je considère la méditation non seulement comme une excellente chose, mais aussi comme un dérivatif indispensable à l'équilibre tant physique que moral.

Remarquez que je ne médite pas à tout bout de champ, hors de propos, et n'importe comment ; la bonne méditation demande, pour être profitable, une sorte d'état de grâce et un cadre approprié à l'état méditatif. Personnellement, il faut que je médite au bord de quelque chose ; la chose importe peu ; l'essentiel est qu'il y ait un bord ; ah ! j'en ai déjà eu de charmantes méditations ; au bord de la mer, d'un ruisseau, d'un coteau, d'une fenêtre, d'un chapeau, d'une assiette creuse, etc.

Une des plus jolies méditations dont j'ai gardé souvenance est celle à laquelle je me livrai un soir de juin prématuré, c'est-à-dire vers le 22 mai, d'une année strictement de série ; c'était au bord d'un simple bord ; d'un brave et honnête bougre de bord qui ne donnait sur rien ; un bord, quoi, un bord individuel que je dénichai au hasard d'une promenade ; je m'installai là et regardai un long moment le firmament criblé d'étoiles, malheureusement voilé, ce soir-là, par d'énormes potées de gros nuages d'autant plus visibles que la nuit n'était pas encore complètement tombée étant donné que la chose se passait vers les 15 h 45 de relevée et à proximité d'une manufacture de biscottes tièdes pour personnes atteintes de consomption digitale. Je revois ce charmant tableau comme si j'y étais encore ; je m'allongeai à demi sur le sol encore humide de la dernière avalanche ; un cover-coat à poils durs, sorti subrepticement d'une proche vallée forestière, vint se coucher à mes pieds pour quémander un morceau d'ardoise que j'avais fort à propos emporté avec moi. Et petit à petit je m'enfonçai à perte de vue dans la plus profonde et la plus fertile des méditations ; je laissai errer ma pensée par-delà les méandres de la spéculation spirituelle et en arrivai bientôt à aborder le grave et universel problème du prix de revient du rouleau de papier peint ignifugé livré en cave, question non résolue, qui a passionné et passionnera probablement longtemps encore des générations d'hommes de chevaux.

Je ne saurais trop recommander à mes contemporains de pratiquer comme moi la méditation ; ils se sentiront devenir meilleurs et leur âme, au fur et à mesure de la marche du temps, s'évadera progressivement des étroites limites dans lesquelles nous tiennent enfermés les contingences quotidiennes d'une civilisation rétrograde, sinueuse et tronquée.

Pêcheurs ! Exigez notre papier-mouches grand modèle pour la capture des poissons volants.

Sports d'hiver. Faites des économies avec nos skis spéciaux transformables en béquilles.

Un faux médecin guérissait de vrais malades

On vient d'apprendre qu'un soi-disant médecin soignait, non seulement gratuitement, de vrais malades, mais poussait le cynisme jusqu'à en guérir certains. Une situation aussi anormale ne pouvait manquer d'attirer l'attention de la police, qui a mis rapidement le dangereux individu hors d'état de nuire. L'Académie de médecine s'est portée partie civile pour le tort ainsi causé à la profession, moralement mais surtout pécuniairement. Ce scandale a permis en outre de mettre la main sur un complice, soi-disant pharmacien, qui vendait aux victimes de faux médicaments qui leur faisaient le plus grand bien.

ANNONCES FÉERIQUES

À vendre, prix raisonnable, carrosse doré pouvant se transformer en citrouille. Écrire Cendrillon.

Le Gorafi

Chapelier fou cherche psychiatre. Urgent, je suis déjà en retard.

Petits Chaperons Rouges qui voulez faire du cinéma, déguisez-vous en Petits Cochons. Pour tous renseignements, s'adresser à Walt Disney, Hollywood.

Le Gorafi

Super-vilain extraterrestre cherche pierres d'infinité pour génocide planétaire organisé.

DIVERS

- Chirurgien-dentiste débutant demande clients n'ayant besoin aucuns soins. Garanti sans douleur.
- Vends feuilles supplémentaires transformant trèfles à trois feuilles en porte-bonheur.
- Communes, villages, dont le ciel est toujours bleu, profitez de notre stock de nuages à prix réduits. Actuellement en promotion, notre « cumulus maison » à 33 F.

UN ROBOT POUR CHIENS

Un ingénieur suisse présente à Londres un robot qu'il a mis dix ans à construire et qui sait donner à boire à un chien. C'est très pratique et d'une simplicité quasiment enfantine. Pour donner à boire au chien, en effet, il suffit d'appuyer sur un bouton pour actionner le démarreur du levier de commande n° 7, qui met alors en mouvement la dynamo du moteur 26, puis la courroie de transmission du compresseur 34, ce qui détermine l'accélération du cylindre 43. Après, il n'y a plus qu'à conduire le robot auprès du chien en le véhiculant dans un wagonnet qu'on pousse à la main. Ne pas oublier, naturellement, de verser de l'eau dans le récipient et d'appeler le chien en sifflant légèrement.

Il y a encore en France des sites désolés. Qu'est-ce qu'on attend pour les consoler?

Est-il possible que les pouvoirs publics laissent dans la tristesse et le désespoir ces lieux auxquels il ne faudrait peut-être qu'un mot d'encouragement pour leur rendre le goût à la vie?

Le Gorafi

L'élection du plus beau rond-point de France annulée faute de beau rond-point

Les organisateurs ont annulé l'élection du plus beau rond-point de France. « Nous avons cherché partout, tourné en rond, et finalement il faut se rendre à l'évidence », ont-ils déclaré. Ce n'est pas la première fois que ce concours est annulé puisqu'il a été annulé chaque année depuis sa création en 1967.

DIVERS

■ **À VENDRE** Charnières pour arbres fruitiers, permettant de coucher l'arbre pour la cueillette. Évite l'emploi des échelles. Pièce : 575 F.

■ **À LOUER** cabine de bain parfaitement étanche, permettant de se baigner sans se mouiller. La saison : 1800 F.

■ **À VENDRE** pour marchands de vins, litres truqués contenant 80 centilitres. Les mêmes pour acheteurs, contenant 1,20 litre.

Cours et leçons

Cours de spectateurs mécontents : cris d'animaux, sifflets variés, etc., avec lancement de tomates et de pommes cuites, supplément selon cours des Halles.

Le Gorafi

Donne leçon de langue de bois pour bien comprendre les communiqués du gouvernement.

Échanges

Musiciens gauchers, ne jetez plus vos pianos droits. Nous vous les échangerons contre des pianos gauches.

PERDUS - TROUVÉS

Ayant trouvé carnet de chèques d'un voyageur du métro à station Opéra, serais reconnaissant à celui-ci faire parvenir spécimen de sa signature.

SOUVENIRS, SOUVENIRS

Si je trouve parfaitement déplacé de déplier au grand jour l'atlas de sa vie privée, je pense tout de même qu'il convient de ne pas se montrer absolu dans le sens contraire et que rien ne s'oppose à la publication de certains souvenirs si ceux-ci n'attentent en rien à la bonne tenue et à l'honnêteté.

Aussi vais-je me permettre de vous conter une aventure qui m'advint à l'âge de dix-huit ans, âge charmant du printemps de l'amour.

Cette aventure, d'origine purement sentimentale, fut empreinte d'une telle drôlerie, d'une telle cocasserie, qu'à quelque vingt ans de distance j'en ris encore aux larmes rien que d'y penser.

J'eusse donc été ravi de vous la narrer dans le détail, persuadé qu'elle vous eût agréablement diverti, mais il me revient tout à coup que ce n'est pas à moi que cette aventure est arrivée, mais à un autre, ce qui, évidemment, n'offre plus aucun intérêt.

Je m'excuse de cet impair, totalement indépendant de ma volonté, et vous prie, néanmoins, de croire à ce qu'il reste de mon meilleur souvenir.

Tristesse

Je suis un de ceux qui pensent que les choses dites inanimées reflètent intensément le climat des événements et des époques auxquels elles sont à leur corps défendant intimement liées ; je me demande, d'ailleurs, si je ne suis pas le seul à croire cela ; ça n'a au fond aucune importance, le principal étant qu'il y ait quelqu'un qui le croie ; et autant que ce soit moi qu'un autre, car si c'était un autre ça ne m'empêcherait pas de le croire aussi et peut-être plus que l'autre.

Ceci établi, je me sens d'autant plus de force pour proclamer la tristesse de l'escalope ; car, n'en doutez pas, l'escalope est triste ; triste, non pas d'une tristesse superficielle, mais d'une tristesse profonde et raisonnée ; je sais que les amateurs de philosophie réaliste objecteront que l'escalope n'a pas à être gaie ou triste et qu'elle n'a pas à sortir de son simple rôle d'escalope passive ; c'est raisonner un peu simplement, car je suis persuadé que les veaux ont, comme les êtres humains, une âme ; une âme de veau, naturellement, mais une âme tout de même ; or, l'âme, indiscutablement, survit à la déchéance de l'enveloppe charnelle ; alors, pourquoi voulez-vous que l'escalope ne possède pas sa part d'âme de veau, proportionnée à son volume et à son poids ?

Quand on a compris ça, on sait regarder une escalope et on sait aussi la comprendre ; j'en déduis donc que l'escalope de cette année est triste ; j'ai fait des comparaisons ; j'ai un ami qui possède une collection d'escalopes d'une valeur inestimable ; j'ai pu juger et apprécier : l'escalope d'avant-guerre a un aspect reposé, badin, spirituel en diable, une allure gauloise et légèrement perverse qui dénote bien que les veaux de cette période vivaient dans une douce et tiède euphorie. L'escalope de nos jours est inquiète, nerveuse et comme aux aguets ; il n'en faudrait cependant pas déduire qu'elle manque de fermeté, bien au contraire, son aspect triste est cependant résolu et prêt à toute éventualité. Et voyez-vous, amis lecteurs, quand l'escalope est triste, c'est qu'il y a quelque chose qui ne va pas ; l'escalope, par essence, esprit et définition, est tendre et facilement assimilable ; il faut véritablement des circonstances d'une gravité exceptionnelle pour qu'elle se laisse aller à une attitude peu en rapport avec sa complexion.

L'escalope est le baromètre des passions internationales ; c'est par l'escalope que nous pouvons augurer favorablement ou non de notre proche avenir ; quand l'escalope se tend, le monde respire mal ; quand elle se détend, l'humanité respire.

Pour l'instant elle se tient sur ses gardes ; serrée, elle se replie sur elle-même et se recroqueville au coin du feu, prête, néanmoins, à se laisser aller au moindre signe d'apaisement.

Surveillons l'escalope, veillons à son salut et efforçons-nous de lui rendre le calme et l'optimisme auxquels elle aspire ; c'est notre devoir et notre intérêt, lesquels sont intimement liés l'un à l'autre en des temps où les possibilités de chacun sont en rapport direct avec leur effort quotidien.

de l'escalope

Occasions Fourchette à manche court, pour myope : **1,75 F.** La même, télescopique, pour presbyte : **3,10 F.** Assiette grand modèle pour myope, 41 cm : **7,80 F.** Petit modèle pour presbyte, 7 cm : **9,30 F.**

« Nous voulons aussi notre roi ! »

clament mille raies à la fois...

« Patientez, je vous en prie,

répond à ce peuple qui crie le bon et puissant Jupiter...

Il est encore aux sports d'hiver... »

Moralité : Le roi des raies, skieur.

Je vis dans ma famille, et je suis pour ma mère la plus tendre et la plus soumise des fillettes. En échange de mes vertus, maman ne me prodigue que critiques et reproches. Je suis pourtant à l'âge où une jeune fille peut quitter les jupons de sa mère. Je vais en effet sur mes 71 ans. Ma mère m'a eue jeune, mais je suis quand même une enfant de vieux. Je suis désespérée, et ne sais vraiment plus que faire. Merci par avance pour votre précieux conseil.

Il faut tout simplement que vous changiez. Je devine les qualités de madame votre mère, et je suis sûre que votre nature vive, généreuse, est souvent difficile. Prenez sur vous, vous serez plus heureuse, et votre maman vous laissera aller seule au cinéma.

Le Gorafi

À tout juste 40 ans, il réalise qu'il est un gros vieux réac après avoir accidentellement dit du bien de Pascal Praud

Un homme se trouve dans un état grave après avoir dit du bien de Pascal Praud. Âgé de 40 ans, il a provoqué l'horreur de sa famille en disant : « Franchement, Pascal Praud, il n'a pas tort. » L'homme a réalisé brutalement qu'il était devenu un gros vieux réac. Quelques minutes plus tard, il s'est surpris à dire que les JT de Pernaut lui manquaient quand même aussi un peu.

À VENDRE

COLLIERS DOUBLES POUR CHATS SIAMOIS : 223 F.

PANOPLIE DE NUDISTE : 10 SOUS.

Le Gorafi

À VENDRE DERNIÈRE ABEILLE AVANT EXTINCTION TOTALE, FAIRE OFFRE.

DE PARIS

On nous signale qu'un paisible passant qui regagnait son domicile rue de la Chapelle vers trois heures du matin n'a pas été attaqué par quatre malandrins. On se perd en conjectures.

À VENDRE

PORTRAITS XVIIE ET XVIIIE SIÈCLES ASSEZ LAIDS POUR REPRÉSENTER LES ANCÊTRES DE N'IMPORTE QUI.

BESOIN ARGENT, VENDRAIS TRÈS CHER OBJETS SANS GRANDE VALEUR.

Le Gorafi

Vends station spatiale, idéale destruction planète et gestion empire galactique, possible légers points faibles, voisinage rebelle un peu agité.

FARCES-ATTRAPES

Dessous-de-plat à ressort, faisant jaillir les aliments au plafond (succès assuré). Le dessous-de-plat : 6 F. Le même, avec pétard : 8,50 F.

COLLECTIONNEUR DE COLLECTIONS ACHÈTERAIT BON PRIX COLLECTION DE COLLECTIONS.

Le Gorafi

Vends Constitution française, bon état, peu servi, idéale démocratie.

D I V E R S

GANGSTERS, ne perdez pas de temps : achetez la liste complète avec horaire détaillé des trajets de tous les encaisseurs. La liste : 100 F. La même, mais comprenant Marseille : 2 000 F.

CAMEMBERTS : ordinaire : 6 F ; rapide : 9 F ; à marche arrière, rentrant seul dans sa boîte : 12 F.

O C C A S I O N S

Baignoire à deux places pour ventriloque : 700,60 F.

LOCATIONS

À louer, maison d'en face.

COURRIER OSFICIEL DES LECTEURS

Je souffre depuis quelque temps de maux croisés. Il m'est difficile, dans ces conditions, de suivre un traitement efficace, pour tous ces maux à la fois. Pensez-vous, comme j'ai tout lieu de le croire, qu'une grande grille par jour suffirait pour avoir la fin de tous mes maux ?

Vous pouvez essayer de la grille d'égout en infusion, mais faites plutôt une croisière.

Le Gorafi

Les créateurs d'applications météorologiques portent plainte contre les vendeurs de fenêtres pour concurrence déloyale

Ils accusent le lobby des vitriers de leur voler des parts de marché en permettant aux gens de regarder dehors le temps qu'il fait au lieu de consulter une application. « C'est scandaleux, on dépense des milliards pour envoyer des satellites dans l'espace et n'importe qui peut voir le temps qu'il fait à travers une fenêtre », ont-ils dénoncé.

Échanges

Poète las d'écrire en vers permuterait avec prosateur fatigué d'écrire en prose.

PERDUS ET TROUVÉS

Le Gorafi

Perdu trou noir, plusieurs millions de kilomètres de large, répondant au nom de XO-6783-b. Écrire à la NASA.

Perdu foi en l'humanité.

Peintre maudit perdu oreille, aux alentours d'Arles.

Par suite d'une erreur de composition, nous avons indiqué, dans notre précédent numéro, que le ministre des Finances avait l'intention de « ~~diminuer les impôts~~ ». Nous pensons cependant que nos lecteurs auront effectué d'eux-mêmes la rectification nécessaire, soit : « augmenter les impôts ».

Le Gorafi

Le gouvernement annonce qu'il va diminuer les augmentations de baisses d'augmentation de diminution d'impôts

Les Français étaient jusque-là ravis ou déçus d'apprendre que le gouvernement avait décidé de baisser ou d'augmenter les impôts, le temps en effet de comprendre le sens profond de la diminution des augmentations de baisses d'augmentation de diminution d'impôts et réciproquement. Le gouvernement n'a pas fermé la porte à une augmentation des diminutions des hausses de diminution de l'augmentation d'impôts.

Mon beau-frère

Je n'ai ni frère ni sœur ; je suis simplement fils unique d'une famille de quatre enfants dont trois appartenaient à des parents autres que les miens. Ce qui ne m'a nullement empêché d'avoir un beau-frère ; au contraire ; et je n'en ai que plus de mérite ; car, enfin, s'il est facile d'avoir un beau-frère quand on a une sœur, et une belle-sœur quand on a un frère, il est autrement compliqué d'avoir un de ces éléments familiaux quand on est tout seul pour se débrouiller.

D'ailleurs, la chose mérite d'être contée : c'était, il m'en souvient, un soir de mai, pendant les vendanges ; il peut vous paraître bizarre que des vendanges se fassent au mois de mai, mais, dans le pays où je me trouvais à cette époque, on vendangeait au mois de mai ; c'est comme ça. Il convient évidemment de préciser que ce n'était pas de la vigne qu'on vendangeait ; si j'ai bonne mémoire, c'était de l'osier ; enfin, de toute manière, on vendangeait, et tout l'intérêt de l'affaire réside là-dedans.

C'est alors qu'un homme d'aspect correct, et qui ne paraissait pas plus pris de boisson que d'autres qui étaient en état total d'ébriété, s'approcha de moi et, m'introduisant son index droit dans l'oreille gauche, me dit : « Vous avez un trou là. » J'en convins, mais en lui faisant remarquer judicieusement qu'il se trouvait dans une situation analogue.

Cette identité de cavités nous rapprocha immédiatement, et l'homme me dit, avec un timbre de voix que je n'oublierai jamais : « Voulez-vous être mon beau-frère ? – Oui, oui, répondis-je spontanément, à la condition expresse que vous deveniez également le mien. » De ce jour, nous ne nous quittâmes plus. S'il me fallait vous détailler les enseignements que je tirai des fruits de sa conversation, je n'en finirais pas. C'était un homme qui voyait juste. Tout ce qui arrive aujourd'hui, il l'avait prévu ; les questions financières, notamment, l'intéressaient au plus haut point.

« Les finances, m'expliqua-t-il un jour, c'est une affaire de budget ! » Comment ne pas être frappé par un exposé aussi lumineux qui, de nos jours, prend une valeur réaliste formidable ! C'est encore lui qui affirmait bénévolement : « Les chiffres n'ont de valeur réelle qu'en raison des nombres qu'ils représentent, eu égard à la parité correspondante de leur coefficient réciproque. » Or, relisez, je vous prie, les dernières déclarations de notre ministre des Finances ; il ne dit pas autre chose ; c'est-à-dire qu'il dit autrement la même chose.

Ah ! c'était un rude homme que mon beau-frère ! Combien de fois l'ai-je entendu murmurer, alors que nous cheminions de concert : « 2 et 2 font 4, bien sûr, mais à la condition expresse que 8 et 8 fassent 16 et que 2 895 moins 2 890 fassent 5 ; qu'un seul de ces éléments vienne à perdre son sang-froid, et c'est tout le système pythagoricien qui est remis en question. » Ainsi, il philosophait mon beau-frère ! Et puis, un beau matin, il me déclara : « J'en ai assez d'être votre beau-frère, voulez-vous que je devienne votre oncle putatif ? » Je refusai, il se fâcha, et je ne le revis plus ; vous savez le reste.

Maintenant, privé de sa présence effective, je n'en reste pas moins avec le souvenir constant de sa clairvoyance et de son jugement précis ; dans les heures difficiles que nous vivons, ce souvenir est pour moi un puissant réconfort ; c'est pourquoi je peux me permettre de répéter en connaissance de cause, et en sachant parfaitement de quoi il retourne : « Mon beau-frère avait raison ! » Et si ces lignes tombent sous ses yeux, ce n'est certainement pas lui qui me donnera tort ; encore qu'il soit prouvé que si l'on a quelquefois tort d'avoir raison, on a rarement raison d'avoir tort ; à tort ou à raison ; mais on n'y peut rien, et encore moins quiconque que tout autre.

POUR VOUS ÉCLAIRER EN UN ÉCLAIR

Personne n'y avait pensé plus tôt. Il est vrai qu'on aurait pu y penser plus tard, tant il est vrai que la nature se charge de remettre les choses en place en temps utile. Il est indiscutable que l'utilité de la fermeture Éclair est depuis longtemps établie et reconnue. Mais enfin, si pratique soit-elle, une fermeture n'est qu'une fermeture, c'est-à-dire une chose hybride ne pouvant servir qu'à fermer. C'est ainsi qu'un astucieux fabricant vient de lancer sur le marché le complément idéal, c'est-à-dire l'ouverture Éclair. Tous les amateurs de progrès et les artisans de la technique amalgamés devraient s'en réjouir.

DIVERS

Chauves, protégez-vous du soleil en portant nos faux crânes, imitation parfaite. Se font en toutes teintes. Prix selon grosseur.

ÉCHANGES

PETITE GLACE DE POCHE FATIGUÉE DE VOIR TOUJOURS LE MÊME VISAGE CHANGERAIT VOLONTIERS DE PROPRIÉTAIRE.

Le Gorafi

Échange disque dur contre ventre mou.

Les taches sonores

Ne perdez plus votre temps à faire disparaître les taches sur vos vêtements, faites des taches sonores. Comment ? C'est très simple : trempez vos vêtements dans la solution suivante : son, 125 grammes ; eau de tambour, 125 grammes ; piston professionnel, 125 grammes ; révélateur, 1 litre ; amidon, 125 grammes. Pour le séchage, allez-y piano, puis faites un trou au centre du costume, et appliquez celui-ci sur un tourne-disque. Le reste est tellement enfantin qu'il est inutile de s'étendre.

Pour vous distraire en vacances : le jeu du seau d'eau

Ce jeu va faire fureur cet été.
Il se pratique de la manière suivante :

A) LIEU : autant que possible, la salle de jeu doit être situé au moins au deuxième étage.

B) PRÉPARATION : emplir d'eau propre ou polluée un bon seau d'une contenance minimum de quinze litres. Une fois cette opération effectuée, ouvrir la fenêtre.

C) EXÉCUTION : jeter violemment l'eau contenue dans le seau dans la rue et se rejeter immédiatement en arrière.

D) ATTENDRE ET ÉCOUTER. Si aucune réaction ne se produit, vous avez perdu. Recommencer alors l'opération.

E) SI la chute de l'eau est suivie d'un cri, vous marquez 10 points.

F) SI plusieurs cris se font entendre, vous marquez 15 points.

G) SI ces cris se traduisent en hurlements mêlés de qualificatifs allant de saligaud à tête de lard fumé, vous marquez 50 points.

H) ET SI, enfin, la police monte chez vous, vous marquez 100 points et êtes déclaré hors concours.

Voilà de quoi rire et s'amuser simplement en développant ses facultés d'observation et son sens de la balistique.

Étant donné le temps perdu par les postiers chargés du tri des cartes postales et constamment obligés de les retourner pour consulter l'adresse du destinataire, le ministre des PTT vient de décréter que l'adresse et la correspondance devraient désormais figurer sur la face recto, le verso restant consacré à l'image, c'est-à-dire exactement à l'inverse de la formule actuelle. La Chambre syndicale des fabricants de cartes postales a cependant présenté une requête au ministre en attirant son attention sur le préjudice sensible que leur causent ces modifications.

Le Gorafi

Le syndicat des cartes postales propose la création d'une troisième face pour les adresses postales

Face au manque de place sur le verso des cartes postales et pour ne pas abîmer les jolies photos de leur recto, le syndicat des cartes postales a proposé la création d'une troisième face. « Il reste encore à décider si elle sera entre le recto et le verso ou entre le verso et le recto », a ajouté le ministre des Télécommunications.

DEMANDES D'EMPLOI

- Éponge essuie-table dans bistrot, ne supportant plus aucune boisson, demande place dans établissement de bains.

Le Gorafi

Milliardaire cherche ville malfamée pour devenir super-héros nocturne dans costume amusant avec nombreux gadgets.

- Barman devenu daltonien, incapable préparer cocktails, cherche place dans buvette ville d'eaux.
- Passage à niveau las de se déplacer en hauteur permuterait avec pont tournant.

ON ACHÈTE VIEUX BILLETS DE BANQUE AU POIDS DU PAPIER, 15 F LE KILO.

Pourquoi les portes d'entrée sont-elles à l'extérieur ? Si elles étaient à l'intérieur, toute effraction deviendrait impossible, puisqu'il faudrait d'abord pénétrer à l'intérieur pour fracturer la porte.

C'est comme pour l'œuf de Colomb, personne n'avait pensé qu'il suffisait de placer l'œuf dans un coquetier. Prenez rendez-vous avec le ministre de l'Intérieur ou celui de l'Extérieur. Ce sujet pourrait les intéresser, pour des raisons naturellement très différentes.

Le Gorafi

Pour éviter les cambriolages l'été, il remplace sa porte d'entrée par une porte de sortie

Face à la recrudescence des cambriolages l'été, un jeune inventeur a présenté sa première porte de sortie, qui vient se substituer à la porte d'entrée d'une maison. Les cambrioleurs se retrouvent donc à la sortie de la maison sans possibilité d'entrer car ils sortent systématiquement. Un phénomène qui provoque un effet de mouvement perpétuel. Lors de sa présentation, l'inventeur est resté coincé plusieurs heures à l'extérieur de l'intérieur alors qu'il tentait de pénétrer par la sortie de l'entrée.

Variations en Si

Mieux que les plus purs alexandrins, mieux que les odes les plus lyriques, un simple mot, que dis-je, une simple conjonction conditionnelle, permet d'accéder aux plus hautes sphères de la poésie transcendantale sans le secours du moindre quatrain ni du moindre sonnet.

Cette clé précieuse, c'est le mot « si ». Qu'est-ce que le mot « si » ? Un tout petit mot qui se dissimule timidement dans le maquis grammatical.

Et pourtant, quelle puissance ne représente-t-il pas ! Avec le mot « si » on peut faire tout ce qu'on ne peut pas faire ; on peut réaliser l'irréalisable et devenir ce qu'on ne pourra jamais être.

Qui de nous ne s'est souvent écrié : « Ah ! si je pouvais accomplir ceci ! Ah ! si je pouvais avoir cela ! » En même temps qu'on formule son désir, celui-ci prend corps, devient vivant et l'imagination aidant se concrétise et devient tangible. Et tout cela grâce à qui ? Au mot « si », tout simplement.

C'est pourquoi, fréquemment, je me mets à jongler avec des « si » ; alors, je passe des heures extraordinaires dans le domaine de l'inaccessible où je me rends par la route enchanteresse que bordent les arbres fleuris de la quatrième dimension, et je me dis : Voyons, si j'étais une locomotive, je me nourrirais exclusivement de charbon, et comme le charbon est bon pour l'estomac je n'aurais jamais de gastralgie ; grâce à ce « si », je me vois en locomotive et, à mon gré, toujours par le truchement de ce « si » fantastique, je me transforme en manche de pioche ou en pèlerine écossaise.

D'autres fois, plus positif, j'emploie mes « si » à des fins plus objectives ; ces « si » me font pénétrer dans des restaurants où l'on mange le caviar avec une fourche et où le café-filtre se déguste avec une lardoire pour la viande.

Hier encore, je songeais, dans le silence de ma cave à réglisse, que si je pouvais transformer mes lunettes en chaussures de chasse, il me serait loisible de marcher sur les yeux ; et, de si en si, j'en arrivais à devenir champion du monde de cross oculaire aux acclamations d'une foule mise hors d'elle-même par cet exploit sans précédent.

Je sais bien qu'on prétendra que je ne sais pas ce que je dis : c'est également mon avis et c'est aussi ce qui fait ma force ; mais on ne m'empêchera pas de rendre au mot « si » l'hommage qu'il mérite et de le remercier des espoirs qu'il nous donne en une époque où le temporel a le pas sur le spirituel et où la limonade gazeuse remplace au pied levé la force motrice des embryons moléculaires.

À VENDRE

STOCK DE BAVOIRS POUR OMELETTE BAVEUSE, 301,95 F. BAVOIR SANS BAVE, LE MÈTRE : 13 SOUS. BAVOIR AVEC OMELETTE SÉCHÉE, LE KILO : 1,95 F. BAVE D'OMELETTE, LE VERRE : 35 SOUS. POUDRE POUR FAIRE BAVER L'OMELETTE, LE QUINTAL : 112 F. PINCEAU PORTE-BONHEUR, EN POILS D'ESCARGOT, POUR ÉTALER LA BAVE, LE MILLE : 1,22 F. POILS DE RECHANGE : 0,05 F.

Le Gorafi

Stocks de parenthèses pour roman, peu servi, idéales digressions. Écrire à P. Jaenada.

BOTTES EN CAOUTCHOUC POUR CHATS DE GOUTTIÈRE : 3 F LES 5.

MACHINE À MIRER LES BOULES DE BILLARD : 2 500 F.

Le Gorafi

À vendre temps, payable en argent.

- Sifflet de chef de gare : **3 F.**
- Le même, mais avec chef de gare : **3,75 F.**
- Machine à brosser les tapis : **10 F.**
- La même, mais grimpant après les tentures : **12,25 F.**
- Un lot de passoires non percées pouvant servir de casseroles, pièce : **2 F.**
- Un lot de casseroles percées pouvant servir de passoires, pièce : **1,95 F.**

ÉCHANGES

CHIEN DE GARDE
ROMANTIQUE ÉCHANGERAIT NICHE EN BOIS CONTRE GROTTE EN FORÊT.

Le Gorafi

Échange jeux de mots laids contre jeux de jambes neufs.

CYCLISTE
ÉCHANGERAIT CHAÎNE DE VÉLO CONTRE CORDE À NŒUDS POUR GRIMPER CÔTES À LA VERTICALE.

LAS DE SOUFFRIR
TOUJOURS AU MÊME ENDROIT, ÉCHANGERAIS DENT GÂTÉE CONTRE COR AU PIED.

DE NICE

Une comète est apparue ce matin dans le ciel. Ce qui est assez normal, car ce n'est généralement pas dans les couloirs du métro que l'on en croise. À première vue, cette comète n'avait pas du tout l'air d'une comète. Elle avait plutôt la forme d'un entonnoir ayant eu quelques soucis. En fait, après une série d'observations, un groupe de savants a conclu qu'il s'agissait d'une comète voyageant incognito.

DIVERS

Appareil pour hausser les épaules. Se place sous le veston et fonctionne par simple pression d'un bouton, avec notice : 1 500 F. Appareil complémentaire pour appuyer sur le bouton. Recommandé aux personnes fatiguées : 1 300 F.

DEMANDES D'EMPLOI

- Souffleur de théâtre seconderait chef cuisinier dans la confection des pommes soufflées.
- Camion 2 tonnes, ayant horreur des responsabilités, demande place remorque.

Nous réclamons une commission

Il n'y a pas de poison sans contre-poison ni de fumée sans spirale, comme le faisait fort à propos remarquer l'ouvrier du chauffage central à son patron qui lui refusait catégoriquement une diminution de salaire. S'appuyant des mâchoires sur ce principe solidement établi, notre ministre des Finances a justement estimé que les nouveaux impôts ne pouvaient décemment être établis sans contrepartie, c'est-à-dire sans de rigoureuses et impitoyables compressions dans les dépenses. À cet effet, il a incontinent, derechef et simultanément nommé une commission qui a été non moins derechef baptisée du nom évocateur de : « Commission de la hache ». Personnellement, je trouve ça très bien ; c'est symbolique et allégorique, et avec un tout petit peu d'imagination on se représente aisément cette hache de commission ou cette commission de hache taillant à grands coups dans la forêt somptuaire et les taillis budgétivores ; d'autant plus que des renseignements personnels me permettent d'affirmer que la hache à qui est dévolue la lourde tâche d'épuration salvatrice n'est autre qu'une hache aspirée ; donc, de ce côté, nous pouvons dormir tranquilles sur nos amygdales. Mais, car, naturellement, il y a un mais, on n'a oublié qu'une seule chose et quelle chose ! Lorsque la hache aura servi pendant quelque temps, que va-t-il advenir ? Son fil va s'émousser, son tranchant s'ébrécher et les conséquences sont faciles à deviner ; alors, à ce moment, que feront les membres de la Commission ? Ils auront l'air fier avec leur hache qui ne coupera plus guère que du riz en grains ! Ils se lamenteront, ne sauront que faire et donneront aux citoyens le pénible spectacle de leur impuissance prématurée et cependant prévisible ; prévisible par ceux qui réfléchissent ; or nous avons réfléchi et le produit de nos réflexions se résume en cette constatation : on a nommé une Commission de la hache sans prendre le soin, pourtant indispensable, de lui adjoindre une sous-Commission du cuir à affûter la hache. Erreur grossière, incurie désastreuse, absence d'esprit de réalisme chez les responsables, tous éléments regrettables qui risquent de réduire à néant les louables intentions de notre grand argentier.

C'est pourquoi, pendant qu'il en est peut-être temps encore, nous réclamons avec la dernière énergie la création immédiate et sans délai de cette indispensable sous-Commission du cuir à affûter la hache. La période de redressement est commencée et ce n'est certes pas moi qui l'empêcherai de continuer, au contraire ; mais, nous ne tolérerons pas que, par suite d'une incurie, que nous nous garderons de qualifier, la moindre embûche soit placée au milieu des traverses où passent les rails du traîneau de l'État. Pour qu'une hache coupe, faut qu'elle soit affûtée, et à plus forte raison si elle est maniée par une Commission qui porte son nom.

Puissions-nous être entendus ! S'il en était autrement, nous nous verrions placés dans la douloureuse alternative de ne rien dire ou de dire quelque chose, étant entendu qu'il nous resterait la possibilité d'adopter une solution intermédiaire.

À l'occasion des fêtes, nous avons l'intention d'organiser un banquet. Nous avons déjà projeté de renverser la table au moment de servir la crème. Est-ce la bonne recette ? Nous ne mangerons pas avant d'avoir votre réponse.

Vous ne nous feriez pas un peu de chantage ? Vous semblez ignorer qu'au moment de consommer la crème renversée, il est de tradition que l'un des convives s'en empare et la renverse sur le crâne de son voisin ou de sa voisine en s'excusant jovialement : « Ah, zut ! je croyais que c'était le pot de moutarde ! »

Le Gorafi

Concours Lépine – Un Français présente la première machine à réinverser la crème

La crème renversée sera bientôt un mauvais souvenir pour la cuisine. Un jeune Français de 23 ans a présenté son invention devant les juges : la première machine à inverser le renversement de crème renversée, permettant d'obtenir sans effort une crème inversée mais toujours renversable si besoin. « C'est incroyable, cela ouvre de nouveaux horizons », a souligné le jury, renversé. Le Français a annoncé de son côté qu'il travaillait activement à une nouvelle machine pour renverser la tarte Tatin et lui rendre son aspect d'origine.

Mesdames... Messieurs... Ne perdez pas votre temps chez les manucures. Confiez vos ongles à nos services spécialisés. Vous les apportez, vous les laissez et vous venez les rechercher deux heures après, propres, polis et brillants.

Le Gorafi

Nouveauté : La première manucure par correspondance

Grâce à l'envoi rapide et sous pli sécurisé des ongles et des doigts, ce site garantit une manucure réalisée avec soin en moins d'une semaine. Le rattachement des parties manucurées à l'aide de points de suture et d'agrafes chirurgicales se fera par l'intermédiaire d'un autre site par correspondance.

Un centenaire oublié : l'inventeur du cache-pot

Une date anniversaire vient de passer totalement inaperçue, pas un journal ne lui a consacré le moindre petit article. Et pourtant, elle mériterait d'être soulignée d'un trait rouge ou bleu, suivant les goûts, sur les calendriers. La date de naissance, en 1838, d'Onésiphore Crépinet, l'inventeur du cache-pot.

La vie de ce grand homme est une merveilleuse histoire. Les parents d'Onésiphore, importants commerçants en coaltar, destinaient leur fils à la rémunératrice mais peu glorieuse carrière de tourneur en manches de pioche. Mais l'enfant ne semblait pas abonder dans leur sens. Contrarié dans ses aspirations, il fit à l'âge de 8 ans une sorte de maladie de langueur qui inquiéta vivement les siens : il suçait de la guimauve, buvait de l'eau de rose, se roulait dans les camélias et s'habillait en poète japonais, ce qui, pour l'époque, était osé, il faut bien le dire. À 10 ans, il fit part à ses parents de sa décision de devenir inventeur. Au cours d'un conseil de famille, la précocité de l'enfant fut sévèrement jugée. Mais, peut-on freiner l'essor du génie ? Et, ce qui devait arriver arriva : à 11 ans et 3 mois, il inventa le cache-pot !

Les problèmes commencèrent aussitôt. Onésiphore eut immédiatement contre lui tous les fabricants de pots de fleurs, l'un des commerces les plus florissants à l'époque. Onésiphore fut bafoué, vilipendé, insulté, traîné en justice. Des procès particulièrement onéreux ruinèrent ses parents. Mais notre inventeur tint bon et, malgré ses adversaires et ses détracteurs, il imposa son cache-pot. Ce fut la gloire pour Onésiphore. À partir de 1868, le monde entier décida de se faire tirer le portrait appuyé sur une sellette où trônait une plante verte fichée dans un cache-pot. Depuis, le cache-pot a pris une place d'honneur dans nos appartements et il n'est pas un salon, pas une salle à manger qui n'abrite ce délicat objet d'art. Justice soit rendue à cette gloire hélas oubliée.

Les enquêtes du Gorafi : L'INVENTEUR DU CACHE-POT (suite)

Il est important de rappeler l'importance et l'impact du cache-pot et à quel point cet objet pour le moins anodin a marqué l'histoire européenne du XXe siècle et plus si affinités. En effet, l'invention d'Onésiphore est reprise, copiée, volée. Les espions allemands s'emparent dès 1910 des plans secrets de fabrication des cache-pots français. Très vite, l'industrie allemande se met au travail et les usines Krupp fabriquent plus de 20 000 tonnes de cache-pots par an, supplantant la production française et inondant le marché européen de cache-pots de mauvaise qualité.

Durant la Grande Guerre, le président du Conseil envisage d'utiliser les cache-pots en surplus pour protéger les poilus dans les tranchées, mais ce projet est vite abandonné face au faible taux de protection du cache-pot contre un obus de calibre 75 (on avait pourtant tenté de modifier la couleur des cache-pots qui, au lieu d'un rouge pétant, devinrent couleur sable, ou même recouverts de motifs de camouflage – en vain).

Au sortir de la guerre, le cache-pot est adopté par les manifestations pacifiques. La toute première réunion de la Société des Nations est ainsi consacrée à une régulation mondiale du cache-pot, de ses tailles et coloris, mais elle échoue à trouver un accord. Les pays font face à une production anarchique et massive du cache-pot, ce qui entraîne le krach boursier de 1929. Des milliers de personnes se retrouvent sans abri et se réfugient sous des cache-pots de fortune. Roosevelt est élu sur la promesse « Un cache-pot américain pour chaque foyer américain ».

De son côté, l'Allemagne, cherchant la revanche, accapare les ressources nécessaires à la fabrication des cache-pots, provoquant la pénurie à travers le monde. Un pacte secret est même signé entre l'Union soviétique et l'Allemagne nazie sur le partage des stocks de cache-pots, ce qui plonge le monde dans une nouvelle guerre fratricide. Vichy s'empare du symbole du cache-pot, vantant le retour à la terre. De Gaulle à Londres estime quant à lui que le cache-pot est un symbole de la victoire. Sur les murs des grandes villes, la nuit, des cache-pots bleu-blanc-rouge sont placés sous les pots de fleurs. À Yalta, Staline lui-même exige de recevoir les usines de cache-pots sur son territoire en signe de réparation. À la Libération, sur les Champs-Élysées, on remet au général de Gaulle un cache-pot d'honneur qu'il portera fièrement toute sa vie.

Aujourd'hui, on a du mal à imaginer l'impact du cache-pot sur le quotidien de nos parents et grands-parents. Mais ne dit-on pas par exemple que dans certaines loges maçonniques, on assiste encore à des remises de grand-croix du cache-pot ? Et que le Louvre lui-même envisage une grande rétrospective du cache-pot dans quelques années ? Qui peut prouver que ces lignes n'ont pas été écrites sous l'influence du mystérieux lobby du cache-pot qui, dans l'ombre, manipule, tire les ficelles et dresse les hommes les uns contre les autres ?

Qui sait, le cache-pot n'a peut-être pas dit son dernier mot, poil au dos.

De Chaville

Rien à signaler, sauf qu'à 15 h 35 précises, il a bien failli se passer quelque chose, mais ça s'est arrangé.

DIVERS

- Thermomètre d'appartement ne descendant pas au-dessous de + 15 °C. Spécial pour personnes frileuses.
- Solde après incendie. 522 litres d'eau bien chaude : 47,50 F.
- Devenez rapidement ministre, aucune connaissance exigée. Achetez la brochure : « Je suis ministre », en vente nulle part, 12,50 F.

Comment savoir s'il fait beau !

Ne regardez pas le ciel, cela n'avance à rien. Examinez plutôt le sol : si vous faites de l'ombre, c'est qu'il y a du soleil ; si vous n'en faites pas, c'est que le temps est couvert ou que vous marchez à l'ombre. Prenez alors vos dispositions pour agir en conséquence.

Cours et leçons

Devenez presbyte en deux jours, grâce à nos cours par correspondance. Sur demande, nous vous envoyons notre brochure spécimen à caractères microscopiques.

OFFRES D'EMPLOI

On recherche bombeurs de torse pour présenter décorations.

DEMANDES D'EMPLOI

Par suite désaffectation, moulin à vent cherche place de gardien pour veiller au grain.

Comment j'ai failli

C'est comme j'ai l'avantage de vous le dire : j'ai failli acheter l'Odéon. À première vue, ça peut paraître bizarre ; à deuxième vue aussi ; à troisième, quatrième, cinquième et sixième vues également ; à perte de vue encore plus ; il n'y a guère qu'aux environs de la double vue qu'on commence à discerner les mobiles qui m'ont poussé à me lancer dans une pareille entreprise.

Pourtant, l'affaire est extrêmement simple : j'ai toujours eu l'intention d'acheter l'Odéon. Et ça remonte loin ; dès ma tendre enfance, ça me travaillait ; mes camarades de lycée n'avaient d'autre ambition que d'avoir plus tard, qui un cheval, qui une voiture, qui une rame de métro ; moi je voulais avoir l'Odéon.

Loin de me contrarier, ma famille encouragea, au contraire, ce noble et classique dessein ; un de mes oncles, notamment, qui était, à l'époque, puisatier assermenté près le Collège de France, fit tout ce qu'il put pour me faciliter la tâche ; il convient de dire, d'ailleurs, qu'il n'y pouvait absolument rien, ce qui simplifia singulièrement ses démarches ; mais enfin, l'intention y était, et, sentimentalement parlant, c'était le principal.

Plus tard, au cours de la guerre 1914-1918, alors que j'étais arrivé à me faire une situation enviable comme caporal d'infanterie, je me disais : « Quand ce sera fini, j'achèterai l'Odéon. » Et puis, vous savez ce que c'est ; une fois la paix provisoire revenue, il fallut compter avec les tutti quanti qui se greffaient sur les avatars, sans préjudice des impedimenta, des impondérables et des in petto plus ou moins crochus. L'idée d'acheter l'Odéon s'estompa un peu dans mon esprit mais n'y demeura pas moins à l'état latent ; c'était, en somme, une sorte d'odéonite chronique qui n'attendait qu'un événement propice pour passer à l'état aigu.

Cet événement s'est produit. Un matin, j'eus soudain la révélation absolue qu'il fallait en finir et que l'achat de l'Odéon s'avérait urgemment indispensable. Donc, un jour de la semaine dernière, je m'en fus trouver le commissaire de police de mon quartier et lui demandai la marche à suivre pour la conclusion rapide de l'affaire en question ; le commissaire ne se montra nullement surpris, s'étonna même que je ne fusse pas encore propriétaire dudit Odéon et me dit incontinent : « À mon avis, la meilleure marche à suivre est, sans conteste, celle de "Sambre-et-Meuse", ce qui ne vous empêche cependant pas d'aller consulter Monsieur le Directeur des Beaux-Arts. » Ce que je fis sans perdre un instant ; je fus reçu fort courtoisement par un chef de cabinet qui s'intéressa particulièrement à mon cas en me demandant des renseignements sur mes antécédents ; sur ses conseils, je me présentai au directeur actuel du Théâtre national de l'Odéon, qui voulut bien me fournir toutes explications utiles sur l'établissement dont je désirais me rendre acquéreur. « L'Odéon, me dit-il, fut construit de 1773 à 1782 ; incendié en 1799, il fut reconstruit en 1808, à nouveau incendié en 1818, reconstruit plus tard et surélevé en 1931. – Il flambait souvent, crus-je bon d'objecter. – C'est que, me confia le directeur, les artistes ont toujours eu l'habitude de brûler les planches. – C'est tout naturel, ajoutai-je finement ; alors, voilà, m'écriai-je ex abrupto, je veux acheter l'Odéon, voulez-vous me le vendre ? – Non, me répondit catégoriquement mon interlocuteur. – Alors, tant pis, fis-je, ce sera pour une autre fois. »

Et voilà. Comme vous le voyez, il s'en est fallu de peu que l'Odéon ne soit à l'heure actuelle mon intégrale propriété ; ça n'a tenu qu'à un refus et à une fin de non-recevoir. C'est pourquoi j'estime que la cause de mon échec est si minime que je la considère comme inexistante et que le résultat, pour négatif qu'il soit, est moralement positif. Tout de même, à quoi tiennent les choses !

AVIS ET CORRESPONDANCES

Bonne récompense à qui me rapportera le million que j'ai rêvé avoir gagné.

Contribuables, si vous ne voulez pas avoir de rapports avec votre percepteur, adressez-vous à notre caisse de concentration fiscale, aux bureaux du journal. Elle est à votre disposition pour recevoir le montant de vos impôts. Nous vous en accuserons réception par téléphone. Si, plus tard, le percepteur vous envoie une relance pour non-paiement, vous n'aurez qu'à lui répondre que vous nous avez réglé la totalité de la somme demandée. Vous serez surpris de sa réaction.

DE NAABECK (BAVIÈRE)

Un incendie s'étant déclaré dans une brasserie, les pompiers, faute d'eau, l'ont éteint avec 6 000 bouteilles de bière. S'inspirant de cet exemple, les pompiers de Schtrw-Wxzck, en Hrzwckxzmie orientale, ont essayé d'éteindre un incendie dans un garage, en utilisant des bidons d'essence. Ça n'a pas marché. Comme quoi, il ne faut jamais se fier aux idées géniales.

ÉCHANGES

Échangerais boîte de sardines contre clé pour l'ouvrir.

DIVERS

- On demande, pour petite plage inexplorée, baigneurs tapageurs, pouvant déambuler rapidement dans le pays, pour faire croire à la reprise des affaires.

- Moustique isolé sur plage peu fréquentée serait reconnaissant à toute personne venant y prendre un bain de soleil.

- Sifflet à roulette pour agent de la circulation :

30 F.

Le même, mais moins épuisant, livré avec petite bouteille d'air comprimé, se fixant au ceinturon :

30,75 F.

Le Gorafi

Radar flasheur cherche reconversion en photographe de mode.

Un accord inter-clubs

Vous n'avez pas été sans remarquer que, d'une part, au cours d'un match de rugby, des joueurs, sans se préoccuper ni de la finesse ni de la noblesse du jeu, pratiquaient un jeu plus proche du pugilat que d'une traditionnelle partie de ballon correct. À tel point qu'au cours d'une saison beaucoup de joueurs, et généralement les mêmes, sont expulsés du terrain pour brutalité, et passibles d'autres sanctions. Or, paradoxalement, les dirigeants du monde de la boxe doivent parfois sévir contre leurs ressortissants qui, sur le ring, font preuve d'une telle indolence qu'il n'y a pas d'autre solution que de les disqualifier pour manque de combativité. Devant ces faits, trop souvent renouvelés, les dirigeants de la Fédération française de rugby et de la Fédération française de boxe sont parvenus à l'accord suivant : « Tout joueur de rugby coupable de brutalité au cours d'une partie verra sa licence de rugbyman retirée et remplacée par une licence de boxeur. À titre de réciprocité, un boxeur disqualifié pour manque de combativité sera rayé des contrôles de la fédération pugilistique et invité à jouer désormais au rugby. » Une annonce qui, parmi les amateurs, a fait l'effet d'un coup de poing.

Tout est

La discussion peut être une très bonne ou une très mauvaise chose ; elle peut n'être également que moyennement bonne ou pas trop mauvaise ; de toute manière, elle est quelque chose qui n'est pas indifférent, et d'où il doit inévitablement sortir quelque chose, ou quelqu'un, suivant qu'un objet passe par la fenêtre ou un des interlocuteurs par la porte, ou inversement. Personnellement, j'aime la discussion ; non point la discussion passionnée et brutale, mais la discussion courtoise, aimable et de bon ton, bref la discussion telle qu'elle est décrite dans la si captivante étude psychologique intitulée *La Sciure et la Suie.*

Or, il m'arrive, aussi fréquemment que souvent, de discuter durant quelques instants avec mon meilleur ami. Par un accord tacite, nous ne discutons que de deux sujets : soit de la pluralité des mondes, soit de l'inopportunité de la discussion en période de séisme prolongé. C'est au cours d'une de ces discussions qu'il m'a confié à brûle-ton-pourpoint : « Au fond, et à tout prendre, dans la vie, tout est solution. » Noble pensée ! Et juste ! Oui, tout est solution ! Évidemment ce n'est pas le tout de le dire, il faut le démontrer. C'est ce que je vais faire : tout d'abord, il importe de prendre le mot solution sous son angle résolutif, c'est-à-dire comme élément de conclusion. L'humanité s'essouffle depuis des siècles à courir après des solutions chimériques et du domaine de l'utopie. À quoi bon ? Chaque être, chaque situation ne contiennent-ils pas en eux-mêmes leur propre solution ? Exemple : un homme se promène à dos de cheval ; ça, c'est la situation ; il tombe, c'est la solution. Vous me

solution...

direz peut-être que ce n'est pas exactement la solution rêvée, mais là n'est pas la question ; il ne s'agit pas non plus de savoir si la solution est favorable ou non, il importe simplement d'établir qu'il y a solution. Autre exemple : croyez-vous que le quidam qui se tape le derrière par terre pour faire des feux de Bengale en manière de protestation contre les lois n'a pas trouvé une forme définitive et particulière de solution ? Solution stérile ? Peut-être, mais encore une fois, aucune importance, puisqu'il y a solution. Et c'est là qu'est le point crucial de la chose, ce point qui est en quelque sorte le ver rongeur du fruit de nos efforts. L'homme se complique inutilement l'existence, en recherchant sans trêve des solutions lointaines et compliquées ; c'est seule la solution immédiate qui compte et aucune autre. Il pleut ; vous ouvrez votre parapluie : solution ! Il pleut, vous n'avez pas de parapluie, vous êtes mouillé : solution ! Vous êtes malade, vous guérissez : solution ! Vous êtes malade et vous décédez : autre solution ! Solutions opposées, certes, mais combien logiques et philosophiquement complètes. Nul n'a le droit de dire : il n'y a pas de solution ; il y a trop de solutions, il y a pléthore de solutions. Voilà ce que je voulais démontrer et je crois y être parvenu sans peine.

Il se peut que quelques sceptiques endurcis demeurent encore incrédules devant cet exposé. Je me tiens à leur disposition pour développer largement mon argumentation, où et quand ils voudront, moyennant une juste rémunération que je leur laisse le soin de fixer suivant mes indications et mes besoins.

DEMANDES D'EMPLOI

Le Gorafi

Chaîne d'info en continu recherche ancien Premier ministre pour chronique en urgence. Envoi d'un taxi n'importe où.

AVIS ET CORRESPONDANCES

■ Prière s'abstenir de continuer envoi lettres anonymes sinon répondrai.

■ Ti chien-chien peut venir-venir. N'aura un gros susuc. Sa mémère elle a oublié le pipi sur le tapis.

Le Gorafi

Shadok cherche pompe.

■ Monsieur très bien sous tous rapports, las d'héberger ses amis sans-gêne, recherche quelques couples de punaises.

■ Petit voilier demande gentille brise pour l'aider à rentrer chez lui pas trop tard dans la saison. Se trouve latitude 540 par longitude 180.

Je suis un fervent amateur de pêche, mais chaque fois que je ramène à la surface une boîte de sardines, elle est vide, ce qui m'interpelle. Je compte désormais me livrer à la chasse au cerf-volant, mais où puis-je trouver cet animal ?

De quoi vous plaignez-vous ? Vous pêchez des boîtes de sardines et vous en prenez... Si vous pêchiez des sardines en boîte, je vous comprendrais... Quant à la chasse au cerf-volant, il vous faut un avion. De chasse, bien entendu.

Le Gorafi

Pêche – Extinction Rebellion relâche dans le port de Marseille 19 tonnes de sardines à l'huile

Voulant protester contre la surpêche, l'association écologiste a frappé un grand coup en relâchant en une seule fois près de 19 tonnes de boîtes de sardines à l'huile. Un événement qui en plus de boucher pour de bon le Vieux-Port pourrait provoquer une pollution à l'huile et un amoncellement de boîtes rouillées. Sans compter que les sardines resteront coincées dans les boîtes sans possibilité de s'échapper.

Divers

■ Prière à la personne qui a trouvé la quadrature du cercle de la rapporter à l'Académie des sciences. **RÉCOMPENSE.**

■ Ne vous dérangez plus pour vous faire photographier ! Pour **25 F**, nous vous enverrons un choix complet de 227 photos dans lequel vous en trouverez certainement une qui vous ressemblera.

■ Guérissez-vous de l'envie de fumer en 3 jours grâce aux cigarettes médicales du Dr Abracadabra, à base d'acétylène et de chiffons gras. La boîte de 2 : **35 F.**

■ Boîte de conserve de petits pois : **0,25 F.** La même, mais pleine : **9,50 F.**

ANNONCES MYTHOLOGIQUES

MERCURE, SOUFFRANT ET FAISANT, CONVENABLEMENT, DE LA TEMPÉRATURE, CHERCHE EMPLOI DE THERMOMÈTRE DANS HÔPITAL.

Le Gorafi

Divinité grecque cherche animal bizarre et original en lequel se transformer en vue accouplement.

ANNONCES MYTHOLOGIQUES

Neptune, continuellement décoiffé par sous-marins, met en vente projet désarmement naval. Un volume sur algue fraîche, relié peau de méduse : 18 coquillages.

Fermez la porte.
Je crains les courants d'air.
Signé : Éole, dieu des Vents.

LE CARRÉ DE L'HYPOTÉNUSE PARLEMENTAIRE EST ÉGAL À LA SOMME DE L'IMBÉCILLITÉ CONSTRUITE SUR SES DEUX CÔTÉS EXTRÊMES.

Pouvez-vous me donner quelques informations sur la culture du bigoudi et sa greffe sur fil de fer sauvage ?

Hélas, non ! J'en attends un réassortiment.

COLLECTIONS

- Recherche pour terminer collection cendrier de locomotive. Bonne récompense.
- À vendre, calendrier des PTT état neuf, très bonne année, fêtes mobiles en relief.

Le Gorafi

Le CNRS recherche. Écrire au CNRS qui transmettra.

Divers

- Porte ayant du jeu cherche partenaire.
- Réclame à la Ville de Paris une nouvelle paire de souliers. Le zouave du pont de l'Alma.

L'ÉGALITÉ SERAIT-ELLE UN VAIN MOT ?

Nous ne le croyons pas et notre foi en la Déclaration des Droits de l'Homme et du Citoyen est aussi vivace que si elle ne l'était plus. Aussi ne pouvons-nous admettre que la base même de la langue française soit constituée par six voyelles et vingt consonnes. Qu'est-ce que cela signifie ? Que voulez-vous que ces six malheureuses voyelles fassent devant vingt consonnes solidement accrochées ? Il faut qu'à bref délai, cette monstrueuse iniquité soit réparée, et que le nombre des voyelles aille de pair avec celui des consonnes : moitié moitié, voilà qui serait équitable. Assez de favoritisme, assez de privilèges ; une voyelle vaut bien une consonne ! Monsieur le ministre de l'Éducation nationale, à vous d'agir, au nom de la parité !

À VENDRE Lits verticaux pour personnes qui dorment debout.

ON DEMANDE D'URGENCE POMPE À INCENDIE EN BON ÉTAT POUR ÉTEINDRE DETTE PUBLIQUE.

Le Gorafi

Gouvernement engage spéléologue pour explorer trou de la Sécu

Oui mais… Si on avait pris la Bastille le 15 décembre !…

À quoi tiennent les choses ? Tout dépend de la nature de ces choses, me répondrez-vous peut-être ; évidemment, je vous l'accorde, car il va de soi, par exemple, qu'un bouton de tailleur tient plus facilement et plus naturellement à un veston qu'à un siège de soupape, mais cela n'altère en rien ma pensée ni ne diminue ma force d'évocation concernant la tournure qu'auraient prise certains événements s'ils s'étaient produits à un autre moment. Ainsi pour le 14 juillet. Nul n'a le droit dans le monde de ne pas tenir pour mémorable cette date qui marque l'avènement de la liberté, sinon pour l'humanité tout entière, tout au moins pour ceux qui aiment et apprécient cette liberté ; et nous sommes de ceux-là.

Aussi n'est-ce pas sans un frisson d'angoisse rétrospective que j'envisage les conséquences que n'aurait certainement pas manqué de provoquer un ajournement de la prise de la Bastille. Car, croyez-moi, le calendrier joue un rôle prépondérant dans les événements historiques, et plus je relis l'histoire de la Révolution française, plus j'acquiers la conviction absolue que le 14 juillet était bien la seule date qui convenait à ce genre de manifestation.

Et pourtant, il s'en fallut d'un rien que tout se passât autrement ; j'ai sous les yeux l'analyse détaillée des journées des 14 et 15 juillet 1789, par James Cagney, avec eaux-fortes et gravures sur treillage de Georges Speicher ; l'impression qui s'en dégage est que la prise de la Bastille avait bel et bien été primitivement fixée au 15 décembre ; et puis le courant populaire balaya ces dispositions quelque peu arbitraires. Et ce qui s'ensuivit, j'ose espérer que vous le connaissez par le menu ; dans le cas contraire, veuillez vous reporter à votre dictionnaire habituel.

Il n'empêche que normalement c'est au mois de décembre qu'auraient dû se produire les événements de juillet ; mais, malgré son apparence de spontanéité déchaînée, le peuple sait toujours ce qu'il fait et son self-control est rarement en défaut ; celui de 1789 l'a prouvé plus que tout autre ; s'il a pris la Bastille le 14 juillet, c'est qu'il savait parfaitement ce qu'il faisait et à quoi il s'engageait et que c'était cette journée et pas une autre qu'il convenait d'illustrer ; et s'il fit ainsi, le peuple de 89, ne croyez pas que ce fut par égoïste vanité, mais simplement par pur esprit d'altruisme vis-à-vis de ceux qui, plus tard, auraient à commémorer leur geste vengeur ; car, je vous le demande un peu, de quoi aurions-nous l'air si la Fête nationale tombait un 15 décembre ! Elle tomberait d'ailleurs si bien qu'elle aurait bien du mal à s'en relever.

Est-ce que vous pouvez imaginer les bals de la rue sous la pluie et la neige, les courses en sac par le verglas et les feux d'artifice dans les brumes hivernales ? Ce serait tout simplement ridicule et grotesque. Nos aïeux l'ont fort bien compris et c'est pour nous permettre de nous ébattre joyeusement dans la célébration de leur souvenir qu'ils ont choisi librement et objectivement le 14 juillet pour prendre la Bastille. Et je vais vous dire, moi, ce qui les a surtout incités à procéder ainsi : c'est le souci de l'avenir de la limonade. La limonade, vous le savez, citoyens lecteurs, est comme qui dirait la pierre angulaire de la Fête nationale ; elle coule à flots dans les gosiers asséchés par l'émotion de la commémoration ; or, que serait devenue la limonade un 15 décembre ? Rien, vous m'entendez, moins que rien, et tous les patrons de café eussent été honteusement frustrés au bénéfice des marchands de marrons, lesquels, quelle que soit l'honorabilité de leur industrie, ne tiennent tout de même qu'une place restreinte dans la célébration des grandes journées de la Révolution.

Ainsi le peuple a bien fait ce qu'il a fait. Citoyens, sachons nous en souvenir et tenir pour capitale cette apostrophe de Collot d'Herbois : « La limonade française fera le tour du monde. »

Vive la République, vive la démocratie et vive la limonade, une et indéfectible !

Quelle histoire ?

Monsieur Joseph-Renaud, escrimeur aussi adroit que célèbre, préconise l'enseignement aux écoliers d'une histoire de France qui ne commencerait qu'à la révolution de 1789. Ne sachant manier ni l'épée ni le sabre, je partage cet avis et applaudis des deux mains à cette géniale initiative qui atténuera sensiblement le surmenage de nos écoliers. Je propose même mieux encore : pourquoi ne pas leur enseigner exclusivement la géographie du département où ils vivent ? Pourquoi ne pas leur apprendre à compter que jusqu'à 43 et demi ? Pourquoi ne pas leur apprendre à écrire en utilisant seulement les 13 premières lettres de l'alphabet et à lire avec les 13 dernières ? Au ministre de l'Éducation nationale de juger d'une telle proposition.

Les services du ministère des Postes et Télécommunications viennent de déménager. Le premier jour, les services administratifs ont constaté non sans surprise qu'il n'y avait pas une seule lettre au courrier. Une longue enquête a permis de résoudre ce mystère : on avait oublié de prévenir la poste du changement d'adresse.

DIVERS

LECTEURS IMPATIENTS, NOUS VOUS ENVOYONS LE DÉNOUEMENT DE VOTRE CHOIX POUR TOUT FEUILLETON EN COURS DANS QUOTIDIEN PARISIEN OU RÉGIONAL.

AVIS ET CORRESPONDANCES

Aglaé, reviens vite, ça commence à sentir le brûlé et j'peux pas ouvrir le four.

Maman, viens vite pipi popot.
Signé Toto.

DEMANDES D'EMPLOI

Complètement fauché, accepterais place homme de paille.

Le gilet de flanelle imperméable

À l'occasion de la prochaine saison d'hiver, la maison Stxweruzibwsch et Krustwxsh va lancer le gilet de flanelle imperméable. Cette intéressante innovation est assurée de trouver le meilleur accueil auprès de l'élégante clientèle masculine qui fréquente les endroits où elle va. Le gilet de flanelle imperméable ne laisse jamais passer l'eau et n'absorbe pas la transpiration, qui, si elle ne veut pas demeurer sur la peau, n'a qu'à retourner d'où elle vient. Le modèle le plus courant se fait avec col de velours, poches plaquées, martingale à plis creux. Le modèle de luxe, sensiblement plus cher, comporte un essuie-col et un rétroviseur. En vente dans toutes les maisons bizarres.

OFFRES D'EMPLOI

■ On demande femme de chambre bonne musicienne capable de reconnaître coups de sonnette de créanciers.

■ On demande urgence cuisinière sachant faire revenir mayonnaise tournée.

CONSEILS AUX ESTIVANTS

■ **Si vous partez au bord de la mer,** méfiez-vous des coups de soleil. Le seul moyen de les rendre inoffensifs c'est de vous baigner la nuit, et à l'hôtel, dans le lavabo. Mais si vous tenez absolument à prendre vos bains de soleil dans la journée, prenez-les à l'ombre.

■ **Cette année le hâle étant très cher,** l'hôtelier sera obligé de vous le compter sur votre note. Avant de brunir, consultez donc le cours des hâles.

■ **Pour pêcher la crevette,** certains assurent qu'il faut s'habiller en pêcheur de crevettes. C'est une erreur. Ce qu'il faut, c'est surprendre la crevette et ne pas avoir l'air de venir exprès pour la pêcher. C'est pourquoi nous vous conseillons, pour vos parties de pêche, de porter l'armure ou le smoking.

■ **Si vous allez à la montagne,** ne lisez pas ce qui précède. Cela ne vous concerne pas.

Divers

Les personnes qui ont été témoins de l'incident au cours duquel un jeune homme un peu ivre a donné un coup de poing à un agent de police, rue de la Paix, dimanche dernier, sont instamment priées de ne pas se faire connaître.

DEMANDES D'EMPLOI

Monsieur pointure 45, doigts de pied en éventail, demande place de ventilateur dans palace, Côte d'Azur.

Le grand concours de L'Os à Moelle

Tous les concours sont traditionnellement et exclusivement réservés aux lecteurs et aux lectrices d'un journal. Rompant avec cette règle, la rédaction de *L'Os à Moelle* a décidé de participer à un grand concours que lui offriront ses lecteurs. C'est pourquoi nous leur demandons de s'entendre les uns avec les autres sur la forme de cette compétition interne. Merci, donc, de nous adresser un sujet de concours et un règlement dont les conditions devront notamment comporter les clauses suivantes :

- Le concours est ouvert entre les seuls rédacteurs de *L'Os à Moelle*, y compris Pierre Dac et les autres.
- Il est formellement interdit aux lecteurs et à leurs familles d'y participer.
- Les prix, en espèces ou en nature, devront être fournis généreusement par les lecteurs et expédiés à nos bureaux avant l'ouverture du concours.
- Tous les frais, quels qu'ils soient, seront supportés par les lecteurs. Merci par avance de votre généreuse initiative.

J'ai le choix, pour aller à un dîner mondain, entre une robe verte, longue d'un côté et échancrée sur l'autre épaule, repiquée de paillettes en tulle, collerette en béton ignifugé, bouillonné de légumes brodés, et une bicyclette mauve, freins garnis d'empiècements bleus, et pédales à volants de mousseline braisée. Que me conseillez-vous ? Mon mari sera habillé en sapeur-pompier.

Si le dîner est vraiment entre gens du monde, je vous conseillerai plutôt une poêle à frire rouge, avec des petites chipolatas en strass. Ça fait plaisir à tout le monde.

Jeunes femmes qui voulez briller en société, passez-vous le visage à l'encaustique.

Pendant la canicule, tondez vos lions en chiens ; ils auront moins chaud, et vous aussi.

OFFRES D'EMPLOI

Cherche personne sérieuse habitant campagne et ayant grand jardin pour prendre en pension poissons rouges anémiques.

À vendre briquet à dynamite, pouvant allumer plusieurs cigarettes à la fois : 597,20 F.

Livré avec la notice et un extincteur.

ÉCHANGES

- Descente de lit peau de tigre ayant besoin grand air troquerait sa place avec fauve du zoo aimant la vie d'intérieur.

- Par suite déménagement du 5e étage au rez-de-chaussée, échangerais plantes grimpantes contre plantes rampantes.

Pourquoi s'obstine-t-on à ne pas vouloir me vendre

Dans une époque aussi troublée que la nôtre, il y a des choses incompréhensibles qu'on comprend très bien ; mais il en est d'autres qui sont d'autant plus incompréhensibles qu'on ne comprend vraiment pas pourquoi elles le sont. Mon cas est nettement ressortissant de cette dernière catégorie.

J'ai déjà expliqué, dans un éditorial, comment j'avais failli acheter l'Odéon ; l'affaire n'avait pu se conclure, parce qu'on n'avait pas voulu me le vendre ; si on avait voulu, c'était une affaire faite.

En mon for intérieur, je ne me tins pas pour battu ; la possession de l'Odéon est pour moi une chose nécessaire et logique ; l'Odéon, c'est, en quelque sorte, mon espace vital. C'est d'ailleurs écrit dans mon horoscope. Dans les prédictions de Nostradamus, il y est très nettement fait allusion ; à la page 650 de ce lumineux ouvrage, on peut lire le quatrain suivant :

Au jour dit qui suivra de peu
ceux qui le précèdent,
celui qui doit avoir
ce qui lui revient,
verra venir vers lui
ce qui lui doit revenir.

C'est clair, et précis, et point n'est besoin d'être grand clerc en pharmacie pour en deviner le sens caché. Donc, fort de ces prérogatives occultes, je viens de revenir à la charge. Un soir de la semaine dernière, je m'en fus trouver l'actuel et sympathique directeur de l'Odéon, un homme fort accueillant et qui n'a pas son pareil pour faire en un minimum de temps une soupe à l'oseille avec du riz au lait.

— Alors, mon cher directeur, que je lui dis, ça va-t-y toujours comme vous voulez ?

— Ma foi, me répondit-il, à part les rhumatismes, je n'ai pas trop à me plaindre de l'acide urique.

Encouragé par ce préambule favorable, je m'enhardis et, profitant d'un silence à peine meublé par le bureau et les armoires, je murmurai :

— Et comme ça, cet Odéon ?

— Toujours là, comme vous voyez, voulut-il bien me faire constater.

— Ah ! c'est du bel immeuble, affirmai-je avec force et enthousiasme, et je me demande pourquoi vous vous obstinez à ne pas vouloir me le vendre.

— Mais enfin, reprit-il, qu'est-ce que vous voulez en faire, de l'Odéon ?

— Un théâtre, que je dis catégoriquement.

— C'est déjà un théâtre, voulut-il bien préciser.

— Je le sais, que je fis, mais vous avouerez qu'il est plus facile de faire un théâtre avec un théâtre déjà existant que de transformer une piscine en wagon-restaurant.

— Bien sûr, opina-t-il ; remarquez que je comprends parfaitement vos sentiments ; je vous faciliterais au besoin les tractations, mais je ne peux pas vous vendre l'Odéon, parce qu'il est propriété de l'État ; en conséquence, adressez-vous à l'État.

— Et où habite-t-il, l'État ? que je m'enquis.

— Ben, n'est-ce pas, un peu partout, puisque l'État c'est nous.

— Qui ça, nous ?

— Eh bien, vous, moi, tout le monde, enfin l'ensemble des citoyens auxquels le suffrage universel a dévolu le droit de vote.

— En somme (chef-lieu Amiens), si je comprends bien, c'est le suffrage universel qui seul peut me vendre l'Odéon ?

— C'est à peu près ça, conclut-il, cependant qu'un car de police-secours atterrissait dans l'antichambre, à des fins sur lesquelles je pus méditer alors qu'un instant après je me retrouvais étendu au milieu de la chaussée.

Les choses en sont là : c'est-à-dire entre deux trottoirs, ce qui n'est vraiment pas une situation pour une question aussi importante.

J'ai pourtant l'impression qu'on me cache quelque chose et que le directeur ne m'a pas dit toute la vérité. Je vais essayer de l'avoir à la corruption ; j'ai l'intention, pour l'amadouer, de lui envoyer un joli gilet de chasse pour agrémenter son habit de soirée, et à sa dame un ravissant coffret en frangipane damasquinée pour enfermer les cartes d'alimentation.

Quand même, pourquoi, en haut lieu, s'obstine-t-on à ne pas vouloir me vendre l'Odéon ? D'autant plus que si on me le vendait, dès que j'en serais devenu propriétaire, j'en ferais immédiatement don à l'État ; car, entre nous, qu'est-ce que vous voulez que j'en fasse, moi, de l'Odéon !

le théâtre national de l'Odéon ?

Pourquoi dans un concours de poids et haltères, soulève-t-on ceux-ci avant de les reposer ?

Tout simplement afin de les avoir à portée de la main, pour pouvoir les reposer plus facilement.

Le Gorafi

Haltérophilie – Par mesure de sécurité, les haltères seront désormais en l'air et non par terre

Révolution pour les athlètes, les poids et haltères devront être stockés en hauteur plutôt que par terre. Cela devrait grandement soulager le dos des haltérophiles, qui sont, nous le savons, nombreux à nous lire. « Nous n'aurons plus besoin de les soulever et de nous abîmer le dos, nous avons juste à les prendre en hauteur et à les reposer », s'est félicité un athlète. Dans l'immédiat, la fédération d'haltérophilie annonce le recrutement de 40 000 haltérophiles chargés de tenir en hauteur les haltères dans toutes les salles de sport.

Occasions

■ Comédien céderait **PRIX DE GROS** tomates provenant de toute la France.

■ **RÉVEIL SANS SONNERIE**, conviendrait à personne n'ayant pas à se lever tôt.

■ Grand égoïste cède **STOCK DE VŒUX** de toutes sortes (mariages, naissances, etc.) n'ayant jamais servi.

■ **PENDULE DE COURSE POUR PERSONNES PRESSÉES**, abattant son heure en 20 minutes. Prix à débattre.

■ **RONDS DE SERVIETTE**, la pièce, 15 sous. Les mêmes avec un fond, et pouvant servir de verre, la pièce, 8 F. **VERRES SANS FOND**, pouvant servir de ronds de serviette, la tonne, 1 000 F.

■ Serais acheteur **CARRÉS DE TISSU** 2 cm x 2 cm pour transformer complet noir en complet carreaux.

DE MARSEILLE

Alors qu'il léchait paisiblement les oreilles de son maître, le chien de monsieur Albert Tunoulès a été mordu par un passant hargneux qui, prenant ses jambes à son cou, a filé ventre à terre.

Vous trouvez qu'il y a trop de lacets dans les routes de montagne ?

LA SOLUTION : demander aux ingénieurs des Ponts et Chaussées de les remplacer par des routes à boutons.

Divers

- **AUTOMOBILISTE EN PANNE D'ESSENCE**, kilomètre 127, nationale 7, demande bidon de 5 litres. Très urgent.
- Suis acheteur **COFFRE-FORT** grandes dimensions inviolabilité garantie, pour y mettre coffre-fort plus petit, plusieurs fois fracturé.
- **CORRECTOR FARCEUR** se composant d'un liquide acide, traversant papier, table, plancher, etc. par simple application. Le flacon : 100,10 F.

ANNONCES POUR CANARDS

COIN COIN,
COIN COIN ?
COIN COIN COIN
COIN, COIN COIN ?

COIN COIN COIN.
DONALD COIN, COIN.

Oui ou non !

J'ai beaucoup de respect pour les philosophes et la philosophie, mais à mon avis ni eux ni elle ne valent un bon plat de pommes de terre à la vapeur, voire sautées.

Vous me direz que la philosophie n'a aucun rapport avec la pomme de terre ; peut-être, encore que ce ne soit pas prouvé, mais la question n'est pas là et nul ne peut me contester le droit d'avoir une préférence. C'est que depuis le temps que j'étudie les choses, j'ai fini par conclure que tout ce qu'ont dit ou écrit les philosophes ne prouvait absolument rien et que toutes les histoires de concept, de causalité, de canalisation, d'armature et de produits manufacturés ne reposaient en définitive que sur la base limoneuse d'une vanité fragile. La synthèse du monde peut se résumer en ces deux mots : oui ou non. Voilà la vérité, spirituelle et temporelle, objective et subjective ; hors de ces deux mots, rien n'existe ; ils représentent tout et rien, rien et tout et les deux à la fois, séparément, ou simultanément.

Toute la destinée du monde a été, est et demeurera tributaire de ces deux petits mots.

Ainsi, voilà des années que, à chaque fin de mois, il me manque un ou deux millions pour faire l'appoint ; et mensuellement la même cérémonie se renouvelle : je vais trouver un des gérants de la Banque de France et lui demande de me les prêter ; invariablement, il me répond non ; je ne me décourage pas ; qui sait si un jour il ne me répondra pas oui ? La face de mon existence en sera du coup complètement modifiée. Et n'en est-il pas ainsi pour tout le reste ? Je pense que

tout le mal provient de ce que nous attachons beau-
coup trop d'importance à oui et à non et que nou
leur accordons une puissance qu'ils ne possèden
qu'en raison de notre esprit de fétichisme. Lorsque
d'un commun accord nous aurons décidé de n'attri-
buer à oui et non qu'un sens unique et nettemen
relatif, tout s'améliorera comme par enchantement
car on ne saura plus exactement, chaque fois qu'on
dira oui, si ce oui n'a pas été pris dans le sens de
non par l'interlocuteur, ou si en disant non ce non
n'aura pas été enregistré dans le sens affirmatif. Alors
naturellement, on y regardera à deux fois avant de
s'embarquer à la légère dans des aventures don
l'issue sera plus que douteuse.

C'est la sagesse même qui parle par la bouche de
mon porte-plume. Remarquez qu'il n'y a qu'en France
qu'on se sert du oui et du non ; c'est toujours la même
chose, nous sommes une fois de plus à la traîne
à l'étranger, il y a longtemps qu'on a compris : en
Angleterre on dit yes ou no, en Allemagne ja ou nein
etc. Il n'y a guère qu'en Italie qu'on mélange le tou
pour des besoins particuliers et irrédentistes ; mais
nulle part ailleurs qu'en France on ne dit oui ou non

Alors, est-ce une preuve que tout cela ? Est-i
besoin d'en dire davantage pour démontrer l'action
néfaste de ces deux mots ? Alors, qu'est-ce qu'on
attend pour les supprimer ?

J'adresse l'appel le plus pressant à tous ceux qu
sont de mon avis pour fonder au plus tôt une ligue
antiouinon. C'est nécessaire et urgent, et comme, de
toute manière, ça ne dépassera pas pour le momen
quatre litres et demi de cylindrée, personne ne
risque rien à apporter son adhésion. Hommes libres
je compte sur vous comme le ministre des Finances
compte sur ses doigts. La porte est ouverte sur l'es
calier de la raison : profitons-en avant qu'on ne la
referme, car, comme le disait si justement Copernic
« L'homme qui habite le rez-de-chaussée doit être
autant à la hauteur de sa tâche que le locataire du
sixième étage. »

COURRIER OSFICIEL DES LECTEURS

Ne pourriez-vous faire interdire cet objet de dépeuplement qu'est le lit ? Les statistiques démontrent en effet que sur cent personnes qui meurent, quatre-vingt-dix poussent leur dernier soupir dans un lit...

Votre lettre a été un fameux réveille-matin ! Je dormais profondément quand vos lignes m'ont projeté de mon lit. Je me suis retrouvé quelques heures après faisant fébrilement les cent pas dans ma baignoire, toujours endormi mais loin du lit funeste dont les ressorts grinceront éternellement sous le poids de votre lumineuse accusation. Et puis une idée m'est venue. J'ai pensé que le lit pourrait être remplacé par la descente de lit. Puis, à la réflexion, je me suis dit que pour qu'une descente de lit soit une descente de lit il fallait être dans le lit, et être dans le lit signifiait prendre le risque de mourir. Cette histoire à dormir debout m'ayant endormi à nouveau, je n'ai eu que le temps de sauter dans mon lit. Advienne que pourra et prière de ne plus me réveiller !

Que pensez-vous de mon essai *De l'influence des poteaux télégraphiques sur la digestion des vaches* dont je vous ai adressé un exemplaire ?

Il est tout à fait remarquable, plein d'aperçus ingénieux et de conclusions définitives. En le lisant, j'ai eu le sentiment de boire du petit-lait.

Le Gorafi

Selon une étude, les poteaux électriques n'ont aucune influence sur la digestion des vaches

Le CNRS est formel : il n'y a aucun lien entre la disposition, la forme et l'espacement des poteaux électriques et la digestion des vaches. « Nous avons fait des recherches pendant plusieurs semaines sur cette question plutôt que de travailler sur la faim dans le monde ou les maladies graves, et, nous le confirmons, il n'y a aucun lien », a expliqué un scientifique avant d'entamer une étude sur l'influence des chaises de jardin et de la hauteur des pelouses sur la reproduction des chats domestiques.

LES CONTRIBUABLES RÉCLAMENT DES ABATTEMENTS, NE SONT-ILS PAS ENCORE ASSEZ ABATTUS ?

Perplexité

Je suis perplexe ; non point perplexe d'une manière ordinaire, car il peut arriver à tout le monde d'être perplexe, mais perplexe intensément, profondément, enfin complètement et totalement. À tout bien considérer, je ne crois même pas qu'il soit possible présentement à quelqu'un d'être plus perplexe que moi ; non seulement actuellement, mais dans le passé également ; car, dès que je me suis rendu compte de mon degré exceptionnel de perplexité, j'ai eu naturellement le désir de savoir si l'histoire signalait l'existence de personnages célèbres par leur perplexité. J'ai donc compilé attentivement *Les Grands Perplexes à travers les âges et à travers la fenêtre*, la si remarquable étude qui fait autorité en la matière. Ma conviction est maintenant nettement établie : personne n'a jamais été aussi perplexe que moi, et il est infiniment probable que, dans l'avenir, nul ne pourra jamais l'être davantage. Remarquez que je n'en tire aucune espèce de vanité, étant donné que cet état de perplexité est plutôt un état déficient et débilitant. Il est bien évident que je ne suis pas devenu perplexe sans raison et par le fait d'une perplexité spontanée : ça m'est venu en écoutant et en relisant les considérations de notre ministre des Finances sur la conduite de l'économie. Il a fort judicieusement fait remarquer que le temps était passé de se rouler dans l'herbe en costume de soirée et de se faire des fausses moustaches avec des billets de banque. J'ai également poussé la porte et un hourra d'enthousiasme quand notre argentier a déclaré qu'il fallait limiter les achats au strict minimum et que toute dépense somptuaire serait considérée comme un acte de mauvais citoyen.

Et pourtant, c'est à partir de ce moment que la perplexité commença à m'envahir ; je ne sais, chers amis lecteurs, si vous avez déjà été envahis par la perplexité, mais c'est une sensation bien désagréable : ça commence par le col qui vous serre et les chaussures qui deviennent trop larges, et ça atteint son point culminant par l'abandon des bretelles et le relâchement du gilet de flanelle qui manifeste une curieuse tendance à se transformer en pochette-surprise.

Maintenant, je vais vous préciser la cause exacte de ma perplexité ; voilà : je suis sur le point d'acheter un triporteur. J'ai l'intention de me servir de ce mode de transport chaque fois qu'il y aura de bonnes nouvelles à propager ; j'irai ainsi les porter à tous mes amis et connaissances, qui les connaîtront trois fois plus vite que les autres, puisque j'utiliserai mon triporteur pour accomplir cette tâche bienfaisante. Seulement voilà : l'achat de ce triporteur entre-t-il dans la catégorie des dépenses somptuaires stigmatisées par notre gouvernement ? Ou peut-il être considéré comme d'ordre strictement utilitaire ? Je n'arrive pas à me mettre d'accord avec ma conscience, et cette nouvelle tempête sous une casquette à pont est le point névralgique de ma perplexité. Je suis allé soumettre mon cas au commissaire de police de mon quartier.

— Qu'est-ce qu'il y a ? m'a-t-il demandé.

— Je suis perplexe, lui ai-je confié.

— Vous n'avez qu'à vous faire naturaliser français, m'a conseillé cet excellent homme, victime sans doute d'une bien compréhensible confusion. De guerre lasse, j'ai téléphoné à notre ministre des Finances ; à chaque demande de communication, le même déclic régulier m'a répondu : pas libre, pas libre, pas libre ; et ma perplexité s'en trouve aggravée : si le téléphone du ministre des Finances n'est jamais libre, c'est qu'il y a quelque chose de changé dans la démocratie ; en mon âme naïve de fervent républicain, je m'étais toujours imaginé que la liberté s'appliquait aussi bien au téléphone qu'aux individus. Je m'aperçois qu'il n'en est plus rien. Et me voilà de plus en plus perplexe ; si ça continue, je me ferai perplexe professionnel et je m'exhiberai comme tel sur les scènes de music-hall, avec un ou plusieurs partenaires ; et on s'appellera les « Perplex Brothers ». On verra bien ce que ça donnera. Et si ça ne donne rien, il restera toujours la consolation de nous dire que ça aurait pu donner quelque chose.

Enfin une bonne nouvelle ! Le texte intégral de la loi sur la sécurité sociale vient d'être traduit en français. La ponctuation est éditée à part et vendue au prix de 4 francs les 500 grammes.

Le Gorafi

Un chercheur du CNRS affirme avoir décrypté la nouvelle loi de financement de la sécurité sociale

Après plusieurs mois de travail acharné, un chercheur du CRNS affirme qu'il a enfin compris comment fonctionne la nouvelle loi-cadre sur le budget de la sécurité sociale. L'homme va ensuite s'atteler à lire jusqu'au bout les conditions générales d'utilisation d'Apple.

DE PARIS

Un inconnu qui marchait en regardant en l'air est entré par inadvertance dans une bijouterie. Il en est sorti quelques instants plus tard, en emportant le tiroir-caisse sous l'œil amusé du vendeur. Des agents de police se sont mis gaiement à sa poursuite. On pense qu'il s'agit d'une bonne blague.

Le Gorafi

Pour faire passer le goût des vacances, les congés d'été seront déplacés en hiver

Le gouvernement a trouvé une nouvelle idée pour que les Français restent le plus longtemps possible au travail. En effet, les congés d'été seront désormais placés en hiver, dans le but de dégoûter le plus grand nombre. « Les gens avaient l'habitude d'attendre l'été. Désormais ils auront moins envie de partir et préféreront rester au chaud au travail plutôt que de se baigner en hiver. » De même, les congés d'hiver et leurs sports de glisse seront déplacés en été. Le gouvernement espère que le manque de neige découragera les candidats aux vacances.

UNE BONNE HISTOIRE

LES BONNES HISTOIRES NE SONT PAS TELLEMENT NOMBREUSES. QUAND ON EN CONNAÎT UNE PROPRE À DIVERTIR HONNÊTEMENT SES CONCITOYENS, ON SE DOIT DE LA CONTER. EN VOICI DONC UNE DONT JE GARANTIS L'AUTHENTICITÉ.

Dans une charmante petite ville du Languedoc, un jeudi soir, au mois de juin, un notable du pays qui… je vous demande pardon, mais je confonds avec une autre histoire qui n'est pas drôle du tout, dont l'action se déroule à Copenhague le matin de la Chandeleur : le fils d'un garde-chasse, robuste jeune homme, type accompli du parfait sportif, roulait devant lui deux tonneaux d'olives vertes ; soudain, au détour d'une rue, il aperçut la fille cadette d'un robinetier qui s'était enrichi dans le commerce des passages à niveau ; tremblant, il s'approcha d'elle, mais quelle ne fut pas sa stupéfaction en se rendant compte que… je vous redemande pardon, je ne me rappelle plus très bien la suite ; il est vrai que c'est une vieille histoire… Attendez une seconde, ça va me revenir… Ah ! ça y est, j'y suis : la jeune fille portait sur son épaule gauche une… non, ce n'est pas ça, car je crois me rappeler qu'elle avait deux épaules droites, donc elle ne pouvait rien porter sur son épaule gauche, puisqu'elle n'en avait pas ! Enfin, bref, et pour en revenir à… non, décidément, excusez-moi à nouveau, mais la mémoire me fait totalement défaut ; je ne me souviens plus du tout de quoi il s'agit ; tant pis, ce sera pour une autre fois. Que voulez-vous ? Ce sont des choses qui peuvent arriver à tout le monde, et même aux autres.

OFFRES D'EMPLOI

Ménage avare demande chien voleur pour faire les commissions.

Est-il préférable pour un cultivateur de semer des melons que des camemberts ?

Ça dépend de ce qu'il veut récolter.

Adoptons la vaisselle souple

Pourquoi vous obstinez-vous à vous servir d'une vaisselle fragile, coûteuse et d'un entretien fastidieux ? La vaisselle souple vous rendra la vie plus facile. Fabriquée avec les meilleurs tissus anglais, elle existe également en lin, en sparadrap de Baltimore et en laine des Pyrénées pour tenir la nourriture au chaud pendant les grands froids. Elle ne se vend pas à la pièce, mais au mètre et en demi-largeur. Il faut compter environ cinq à six mètres pour un service à café, et de quarante à cent quatre-vingts mètres pour un service de table. Une précision encore : elle ne doit jamais être lavée mais confiée au teinturier quand elle est sale. Plus de mains abîmées par l'eau grasse, plus de casse, plus d'ennuis ! Adoptez la vaisselle souple !

La vie est chère !

Soyez pratiques
et économes.
Aux approches
du printemps,
prenez les costumes
que vous avez fait faire
pour la saison d'hiver
et coupez-les en deux :
ça vous fera des costumes
de demi-saison.

Le Gorafi

La Fashion Week transforme ses collections mode de printemps-été en printemps-printemps.

Dans un souci d'économie, les collections de mode ne présenteront en effet plus qu'une seule saison qui devra englober toute l'année. Ainsi, chaque vêtement sera conçu pour affronter différents climats et être porté en tout temps.

ÉCHANGES

- Automobiliste échangerait seconde vitesse contre troisième vitesse.
- Échangerais n'importe quoi contre ce que l'on voudra. Très pressé. Onésime Schwxyzrsmnpquiproko, 26, rue de l'Omoplate-Gauche, à Torzy-la-Bretelle.
- Monsieur presbyte cherche dame myope pour échange de vues.
- Possédant cartes de visite dont je ne sais que faire, je les échangerais volontiers contre autant de paires de gifles.

Le Gorafi

Loufoque échange sens de l'humour contre résidence au soleil.

Plusieurs automobilistes ont emprunté hier soir la rue dans laquelle j'habite. Ces individus sans scrupule ne l'ont pas rapportée. Je suis très ennuyé, car je ne peux plus sortir de chez moi. Que puis-je faire ?

Vous faut-il donc une rue pour vous tout seul ? Ne pouvez-vous pas marcher sur le trottoir ?

COURRIER OSFICIEL DES LECTEURS

Est-ce pour fermer les routes qu'on dresse des poteaux télégraphiques ?

Pas du tout. La Nature qui fait bien ce qu'elle fait a songé aux infiniment petits, hirondelles et autres palmipèdes, en fleurissant nos campagnes de poteaux avec des fils de fer en cuivre.

Les traditions se perdent, les traditions s'en vont ! C'est avec une mélancolie teintée légèrement d'arnica que nous faisons cette regrettable mais évidente constatation. Entendons-nous bien. Nous ne partageons d'aucune manière le point de vue nettement égoïste des grincheux séniles qui répètent à l'envi que de leur temps tout était beaucoup mieux et qui estiment que le cours de la vie doit s'arrêter le jour où leur existence se termine.

Notre temps vaut ce qu'il vaut ; il n'est ni meilleur ni pire que les temps passés ; il serait plutôt plus avantageux pour nous puisque c'est celui que nous vivons et, malgré tout l'intérêt des périodes abolies, si nous les avions vécues, nous ne serions probablement plus là pour en bénéficier et les compensations que nous offrirait la postérité seraient évidemment toutes platoniques.

Ceci dit, je me sens beaucoup plus à mon aise pour réclamer le maintien des traditions qui, à mon sens, sont indispensables à la vie spirituelle de notre pays. Je ne prétends pas que toutes les traditions soient bonnes ; il en est de puériles, de ridicules, de calcaires, d'évasives, d'auto-intoxiquées qui sont nettement impropres à la consommation courante. Par contre, d'autres sont nécessaires et ne contribuent pas peu au maintien du respect humain et à l'élévation des sentiments métaboliquement fixatifs.

Ainsi, une tradition que nos contemporains ont complètement laissée tomber en désuétude est celle qui consistait à acheter une paire de chaussures

Plaidoyer

dépareillées le jeudi précédant le lundi du dimanche de Pâques et à la revendre le mercredi de la Chandeleur, à l'occasion des fêtes de la moisson, en hommage aux travailleurs du sous-sol et du troisième étage. C'était une charmante coutume qui faisait fureur en période d'équinoxe, à l'époque bénie où les calfateurs de matelas régnaient en maîtres sur les régions fertiles de la Bessarabie franc-comtoise. Il serait utile qu'elle fût rénovée et qu'on lui rendît sa carte grise.

Bien d'autres traditions devraient être rétablies au même titre que la précédente, c'est-à-dire au titre de tradition, ne serait-ce que celle – délicieuse entre toutes – connue sous le nom de « Bidibingouzden ».

Cette tradition dont la pratique remonte à la lointaine époque des chemins de fer mécaniques donnait lieu à d'émouvantes fêtes de famille ; ça se passait généralement le 11 juillet, mais ça pouvait également avoir lieu le 23 mars.

Les gens se rendaient mutuellement visite, se congratulaient, se souhaitaient un tas de choses excellentes ou s'injuriaient suivant le cas, mais ne s'offraient jamais aucun cadeau : c'est ce qui faisait ressortir l'originalité de cette tradition qui honorait particulièrement les amalgameurs de quenouilles.

Je suis persuadé que le rétablissement de cette coutume arriverait à son heure dans les mois en R et qu'elle resserrerait de la bonne manière les nœuds un peu lâches des chenets du foyer de la grande coopérative nationale qui, comme nul n'en ignore, représente la majorité de ceux qui en font partie.

pour le maintien des traditions

SI VOUS DÉSIREZ OBTENIR DES RENSEIGNEMENTS COMPLETS ET DÉTAILLÉS CONCERNANT LA MÉCANIQUE, LA SIDÉRURGIE, LES COURS DES VIANDES, LA PROTHÈSE DENTAIRE ET LA RADIESTHÉSIE, NE VOUS ADRESSEZ PAS À NOUS. NOUS N'Y CONNAISSONS ABSOLUMENT RIEN.

J'avais offert comme cadeau de mariage un presse-purée à une de mes amies qui était fiancée. Ses fiançailles se sont rompues, mais elle a gardé le presse-purée. Elle est maintenant fiancée à un autre et m'a demandé une écumoire et une lèchefrite. Dois-je les lui donner ?

Pourquoi pas, si votre fortune personnelle vous le permet ? Et si votre amie rompt encore plusieurs fois, elle pourra toujours se consoler en montant un magasin d'ustensiles ménagers.

DIVERS

- Orange sanguine se prêterait bénévolement à la transfusion de son sang à un navet pâle et indigent.
- À louer superbe cave avec vue sur la mer par périscope et ensoleillement indirect par miroirs.

DEMANDES D'EMPLOI

Veilleur de nuit désirant utiliser ses heures de sommeil et ronflant fort demande place bruiteur dans studio cinéma tournant film aviation.

Le Gorafi

Arrestation du couple qui se mariait 76 fois dans l'année pour récolter les listes de mariage

Les autorités ont saisi plusieurs tonnes de vaisselle et de robots ménagers au domicile de ce couple qui profitait des listes de mariage. Après s'être mariés 76 fois dans 56 départements différents, ils avaient écumé 670 magasins d'électroménager et 400 cuisinistes.

À VENDRE

BALAI COUDÉ pour balayer sous les lits, 7,25 F.

DESSOUS DE LITS tout balayés, le mètre carré, 19,95 F.

MOUTONS pour placer sous les lits, la caisse de 100, 6,95 F.

COURRIER OSFICIEL DES LECTEURS

Je ne suis plus ni très jeune ni très jolie, mais je suis mieux que cela : je suis autodidacte. Et comme je vous dois toute la vérité, il me faut vous dire que je tiens cette décoration de mon parrain qui me la rapporta des Indes, dont il est parti, chassé par des moustiques. J'aurais dû m'en méfier aussi, mais insensée que j'étais, je ne l'ai pas fait. Et voici pourquoi aujourd'hui je prends ma tête dans les deux mains et ma plume dans l'autre pour vous écrire. Car vous seule allez pouvoir trouver la clé de ma solution. Dès mon enfance, ma situation de famille a été compliquée. Je suis née orpheline, quoique mes parents vivent encore et soient en parfaite santé. En fait, je suis née orpheline de frère et de sœur, étant fille unique. Et ce qui est beaucoup plus grave, c'est que j'ai une sœur jumelle qui me déteste. Elle met un faux nez pour me narguer et pour plaire aux jeunes gens du voisinage. Enfin je ne lui en veux pas, elle est tellement plus vieille que moi qu'elle pourrait être ma petite-fille. C'est vous dire dans quel cercle littéraire je me suis élevée. Néanmoins, les années de notre enfance se sont doucement écoulées au bord de l'eau qui baignait notre maison. Car nous habitions une maison, ce qui prouve une fois de plus que notre père était original ; il n'avait pas voulu d'une chaumière : il trouvait ça trop moderne, ni d'un gratte-ciel : il trouvait ça trop écrasé. L'industrie de mon père était prospère. En effet, c'était lui qui fournissait tout le café au lait en poudre destiné aux troupes du Tonkin. C'est assez dire que je n'eus pas à rougir lorsque le facteur m'avoua que je ne lui étais pas indifférente. Pour la forme je lui répondis : « Passez votre chemin », mais comme il était dans le fossé, il me répondit : « C'est fait. » Je n'eus plus qu'à accepter son dernier baiser, avant qu'il fût emporté au plus vite par une lettre urgente. Depuis ce temps, bien des jours et des nuits ont passé. Je suis encore cossue. Ma sœur est le bâton de mes cheveux blancs du fait qu'elle a épousé un ingénieur des Ponts et Chaussées qui imite Charles Trenet d'une façon stupide. Mais j'ai encore gardé l'espoir. Dites-moi si je puis broder une nappe avec des fils de haricots. Merci de me répondre sans tarder.

J'avoue ne pas comprendre votre émoi, et le conseil municipal de Saint-Germain-en-Laye, que j'ai interrogé à votre sujet, hésite à donner sa démission. Êtes-vous sûre que, dans votre entourage, quelqu'un n'a pas monté la tête à la petite ?

Le Gorafi

87 % des Français pas d'accord sur le choix de à qui c'est le tour de changer la nappe de la cuisine

Une étude affirme que 87 % des Français divergent sur le choix de changer la nappe ou passer un coup d'éponge dessus. 3 % ne comprennent pas pourquoi ils ont été interrogés sur le sujet et presque 10 % n'ont absolument rien compris à l'article de la page ci-contre et se demandent quel genre de substance prenaient les mecs à *L'Os à Moelle* et qui était leur fournisseur.

Annonce pour espions

AB2, RZZ, 136, XWY, OAW, RXX, AAA BZZZ (grille 439).

DEMANDES D'EMPLOI

Serpent à sonnette sans travail cherche emploi de tout repos comme réveille-matin.

DE PARIS

La 23e Chambre correctionnelle a jugé hier un nommé Noël, 317 ans, sans profession ni domicile avouables, arrêté dans la nuit du 24 au 25 décembre dernier, au moment où il essayait d'obstruer un tuyau de cheminée en y introduisant des polichinelles et des lapins mécaniques tirés d'une hotte qu'il portait sur son dos. À la requête des membres de l'Académie française, partie civile, il a été condamné à vingt ans de travaux forcés pour port illégal de barbe.

LOCATIONS

■ **À LOUER, À L'INSU DU LOCATAIRE ACTUELLEMENT EN VILLÉGIATURE, PETIT PAVILLON TRÈS BIEN MEUBLÉ.**

■ **À LOUER MUR MITOYEN, EN BON ÉTAT.**

Si chacun faisait son métier

« *I quo laïla ipso factor* », disaient les anciens Samoyèdes lorsqu'ils flanquaient un employé à la porte pour insuffisance de conscience professionnelle ; et comme ils avaient raison de dire cela, de prononcer ces mots qui donnaient à leur sanction une valeur morale et une portée sociale dont l'incontestabilité ne pouvait être discutée que par ceux qui n'étaient pas du même avis.

Nous ne pouvons que regretter la disparition de la méthode samoyède et, personnellement, je fais des vœux ardents pour que tous les citoyens s'en inspirent afin de hâter le redressement définitif du pays en même temps que l'amélioration des conditions d'existence.

Car, n'en doutons pas, la vie serait grandement facilitée si chacun, dans sa propre sphère et dans sa spécialité, accomplissait sa tâche totalement et jusqu'au bout ; voilà la grave affaire : on ne finit pas, et si on finit, il y a quelque chose qui cloche au début ou dans le milieu, bref peu de gens font exactement ce qu'ils ont à faire. Il importe donc urgemment que toute individualité prenne conscience de sa valeur personnelle et de son utilité vis-à-vis de la collectivité.

Illustrons nos arguments par l'exemple : d'aventure, vous allez dans un magasin pour acheter des mouchoirs ; c'est, en principe, une opération extrêmement simple, et cependant vous, en tant qu'acheteur, et le vendeur, en tant que commerçant, devez observer rigoureusement d'immuables principes qui donneront à votre conscience la satisfaction du devoir accompli sans défaillance et sans faiblesse : vous arrivez au comptoir et vous dites : « Je voudrais des mouchoirs », vous conformant ainsi aux lois de la demande. Le vendeur doit vous répondre : « Bien, monsieur ou madame », suivant votre accoutrement vestimentaire, et de la sorte il se soumet aux principes de l'offre et de l'observation psychologique ; il ne lui reste plus qu'à proposer à votre agrément les articles dont il dispose jusqu'à ce que vous ayez fixé votre choix. L'achat terminé, le vendeur doit encore vous dire : « Et avec ça ? » et vous devez répondre incontinent : « Avec ça, je vais me moucher. » Ainsi chacun de vous, dans son propre domaine, aura proprement fait son métier suivant les traditions solides et ancestrales qui font la force des peuples et décident de l'avenir des nations.

Si j'ai choisi cet exemple un peu puéril, c'est pour faire mieux comprendre ma pensée que certains pourraient interpréter d'une manière identique, qui saperait une argumentation péniblement échafaudée. Il faut que chacun fasse son travail ! Il faut que celui qui fait durcir les œufs frais mette autant de cœur à l'ouvrage que celui qui rafraîchit les œufs durs ; que l'artiste qui a du talent en ait encore plus et que celui qui n'en a pas en ait encore moins ; et enfin que tous ceux qui ne savent rien faire ne fassent absolument rien : car, n'est-ce pas, ce n'est pas un crime de ne savoir rien faire ; mais où ça en devient un, c'est quand l'incapable veut montrer ce dont il est capable.

Ainsi donc quand tout le monde, y compris les autres, aura réalisé qu'il va de son propre intérêt de faire tout ce que je viens de raconter, l'humanité ne sera pas loin de l'époque bénie qui verra la réalisation de la perfection universelle. Les hommes alors, unis comme les chiffres d'une feuille de contributions, se sentiront plus solides et plus confiants pour apporter le maximum d'efforts en vue du couronnement de la civilisation et de tout ce qui s'ensuit, sans préjudice du reste et des conséquences y afférentes.

Le ventraplane, jeu de l'été

Le dernier-né des jeux de plage, le ventraplane. Ce jeu de sport pur et éminemment familial laisse loin derrière lui l'aquaplane, le ski nautique, le volley-ball et tous les autres jeux plus ou moins équivoques.

RÈGLE DU JEU :

Le ventraplane, comme le rugby, se joue à **TREIZE**, hommes ou femmes indistinctement.

DOUZE des joueurs s'étendent sur le sable, le dos fortement collé au sol, et coude à coude.

LE TREIZIÈME joueur prend le départ à un signal convenu et marche sur le ventre de chacun de ses douze partenaires.

Arrivé au bout, il prend place à côté d'eux. Le second, puis tous les autres, au fur et à mesure, se livrent à la même opération.

Ce divertissement présente, outre son indéniable intérêt athlétique, celui d'être un remède souverain contre les affections hépatiques et appendiculaires. Il est particulièrement recommandé dans les cas de ptose et de synopsis pelliculaire.

Le Gorafi

Plusieurs blessés graves dans un accident de compréhension des règles du ventraplane

Grave accident hier sur une plage de l'Hérault alors que plusieurs jeunes tentaient de comprendre les règles du nouveau jeu populaire, le « ventraplane ». Il semblerait qu'ils se soient tous emmêlé les méninges en essayant de saisir les règles de ce jeu. « Nous rappelons que ce jeu est très compliqué à comprendre et peut provoquer de très méchants nœuds dans le cerveau », explique un pompier qui a échoué à dénouer les méninges d'un des participants.

Nageurs : soyez prudents, ne vous noyez que si vous ne pouvez pas faire autrement.

Le bureau des cheveux perdus

Combien de personnes perdent leurs cheveux sans espoir de les retrouver un jour !

Pourtant, ces cheveux perdus, il y en a qui les trouvent. Ne sachant à qui ils appartiennent, ils les jettent. Désormais cela se passera autrement : toute personne ayant perdu un ou plusieurs cheveux est priée d'en faire la déclaration immédiate au fonctionnaire spécialisé qui se tiendra près du robinet d'eau froide de notre journal. Toute personne ayant, de son côté, trouvé un ou plusieurs cheveux est invitée à les rapporter d'urgence, non pas à nos bureaux, mais au fonctionnaire se tenant directement sous le robinet d'eau chaude. Toute personne n'ayant rien perdu ni trouvé peut également se présenter à nos bureaux, mais à ses risques et périls.

Puis-je aller à New York avec ma trottinette ? Est-ce loin ? Fera-t-il beau ?

Vous pouvez parfaitement y aller ; faites-la enregistrer aux bagages ou conservez-la sur vous. Il fera certainement très beau. Dans le cas contraire, dites-vous que les météorologistes eux-mêmes se trompent parfois.

Il existe une méthode permettant de faire marcher les nouveau-nés en huit leçons. Comment se la procurer ?

C'est très simple. Il faut demander aux nouveau-nés de rédiger une demande en triple exemplaire. Ce qui, en même temps, leur permettra d'apprendre à écrire.

FONDS DE COMMERCE

Salle d'attente portative, pouvant être utilisée par n'importe quel professionnel. Livrée avec matériel d'attente, livres, brochures, magazines, encyclopédies. Option possible en supplément, avec petit guichet et son siège.

Le Gorafi

Commerce qui n'a pas encore été ubérisé attend toujours son ubérisation.

Notre concours des trous dans le sable

Il y a des plages partout, même quand on n'est pas au bord de la mer. Choisissez-en une.
Faites des trous dans le sable et envoyez-les-nous. Les plus beaux trous seront primés.
ATTENTION ! Les faux trous, les trous photographiés, les petits trous pas chers ou les trous qui proviendraient d'autre chose que du sable ne sont pas admis.
1ER PRIX : un chèque établi au nom du gagnant, sur une banque notoirement solvable, mais non signé.
DU 2E AU 10E prix, rien.

Le Gorafi

Les châteaux de sable entrent au patrimoine de l'humanité

L'Unesco a annoncé que les célèbres châteaux de sable que l'on rencontre sur la plage l'été seront désormais classés au patrimoine mondial. « C'est une reconnaissance ! s'est exclamé Hubert, vendeur de seaux de plage à Soulac. Les châteaux de sable sont enfin considérés comme les joyaux d'architecture qu'ils sont. » De son côté, Stéphane Bern annonce une grande mobilisation du Loto du Patrimoine pour sauver les quelque 4 500 000 châteaux de sable construits chaque année et détruits par la marée montante.

Une statistique new-yorkaise annonce que la moitié des salariés américains n'ont plus d'argent le lendemain du jour de la paye. Nous sommes heureux de pouvoir affirmer que ce record est battu – et de loin – par les salariés français. Il est prouvé, en effet, que les trois quarts d'entre eux n'ont plus un centime en poche, eux, la veille du jour de paye.

Le Gorafi

Pour lutter contre les fins de mois difficiles, le salaire sera versé désormais en trois fois

Afin d'éviter toute contrariété pour nos citoyens qui galèrent en fin de mois, il leur sera versé le même salaire en trois parties, de manière à ce que tout ne soit pas gaspillé dans les premiers jours. Selon certains observateurs, verser trois fois le même salaire dans le même mois serait une solution pour résoudre efficacement la misère et la faim dans le monde.

OFFRES D'EMPLOI

MÉDIUM CHERCHE COURROIE DE TRANSMISSION DE PENSÉE.

To se taire

Rien mieux que la situation internationale actuelle ne pouvait m'inciter davantage à méditez le fameux monologue de ce monsieur Hamlet, qui, quoi qu'on en ait pu dire, demeurera dans la mémoire des hommes comme le prototype du pince-sans-rire et du boute-en-train hermétique. Car si Hamlet se demandait s'il y avait lieu d'être ou de ne pas être, je me demande, moi, eu égard à la gravité des circonstances, s'il est opportun de parler ou de garder un mutisme prudent. Or, l'expérience me démontre péremptoirement qu'il est extrêmement délicat d'opter plutôt pour une solution que pour une autre.

Nous ne pouvons présentement faire un pas dans la rue sans tomber sur un quelconque quidam qui vous pose la question rituelle : « Alors, qu'est-ce que vous en dites ? » Il s'agit, bien entendu, de la politique internationale ; or, il est évident que, sincèrement, vous n'en pouvez rien dire puisque, dans le fond comme en surface, personne n'en sait rien ; votre interlocuteur sait parfaitement que vous n'en savez rien, mais il garde cependant une secrète espérance que, quoique vous n'en sachiez pas plus que lui, vous savez tout de même quelque chose. Que faire alors ? Cruel dilemme ! Si vous lui dites quelque chose que vous savez réellement, il ne vous croira pas parce qu'il se dira que vous lui communiquez un renseignement qu'il vous aurait lui-même confié si la conversation s'était amorcée en sens contraire ; et si vous ne dites rien, il croira que vous savez véritablement quelque chose de très grave et que moins vous parlez, plus vous en savez ; c'est ainsi qu'en ces heures troubles,

or not se taire

le dernier des idiots qui sait convenablement lever les yeux au ciel en hochant congrûment la tête peut facilement passer pour un monsieur au courant de nos destinées immédiates.

C'est, après mûre réflexion, cette dernière attitude que je vais probablement adopter. Rien ne prédispose davantage à l'aspect pensif que l'absence totale de pensée. Un homme qui pense et qui traduit sa pensée se fait rarement croire et comprendre ; mais celui qui ne pense à rien et qui sait se taire donne à ses concitoyens la notion exacte de la responsabilité et du savoir, mis au service de la discrétion, mère de toute prudence et belle-fille de la perspicacité.

Vous me direz peut-être qu'il n'est pas indispensable de penser ou de savoir pour parler et que de nombreux exemples... Mais ceci nous entraînerait trop loin et demanderait une refonte totale de la législation tant intérieure qu'extérieure ; je préfère n'y pas penser et n'en rien dire.

Un lot de casseroles carrées empêchant les aliments de tourner et s'adaptant à toutes les sauces.

À VENDRE

LÉON BALANDARD, À NOTRE CHER DISPARU

C'est là un fait peu commun, et l'on pourrait compter sur les doigts d'une moufle les grands hommes qui, au cours des siècles, ont bénéficié d'un tel honneur, habituellement réservé aux chers disparus. Une statue à son effigie de son vivant, au cœur de sa ville natale, fière et reconnaissante.

Ce matin-là, tout en s'approchant de ce monument qu'un voile recouvrait, Léon Balandard a revécu, en quelques secondes, la rapide ascension de sa carrière de génial inventeur. À douze ans, il a mis au point sa première machine à secouer les puces. À quatorze ans, il a imaginé un appareil à éplucher les textes, adopté ensuite par toutes les académies. À vingt ans, ses merveilleuses lunettes à feu continu pour personnes ayant froid aux yeux ont largement contribué à sa gloire intégrale. Monsieur le maire l'a rappelé dans un court mais éloquent discours avant que l'harmonie de Gimey attaque « Viva ! Viva pour l'gars d'cheu nous », un hymne à la gloire de Balandard, composé par Joseph Le Guidou, le sympathique cantonnier du pays. Enfin, l'instant émouvant de retirer le voile est arrivé. Léon Balandard s'est approché, rejoint par Lucien Paradeux, le vaillant forgeron, qui, des deux mains, a saisi la corde qui pendait. Le voile étant accroché à l'un des bras levés de la statue, sa vigoureuse secousse n'a, hélas, apporté aucun résultat. Après s'être craché dans les mains, Paradeux a ressaisi la corde et tiré si fort que la statue s'est brusquement abattue sur l'infortuné Balandard, le punissant ainsi de n'avoir pas voulu faire comme les autres.

Vous qui n'avez qu'une idée : réussir brillamment dans la vie... qu'une pensée, devenir riche, puissant, aimé, craint, respecté... **Écrivez-nous sans tarder** pour nous dire si vous connaissez le moyen d'y parvenir rapidement sans se donner beaucoup de mal. Nous vous en serons particulièrement reconnaissants.

Présages et signes

Chaque année, à cette période du mois de janvier – qui ne doit d'ailleurs sa situation de mois de janvier qu'en raison de la complaisance du mois de février –, chaque année, disais-je donc, on fait l'inventaire des événements prévisibles pour les onze mois restants. Quand je dis : on, c'est une façon d'écrire, car ne voit pas qui veut ; la faculté de voyance n'est impartie et impétrée qu'à une certaine catégorie de privilégiés que les assoifés de prédictions vont consulter avec foi et croyance, comme jadis les anciens allaient se prosterner devant les espadrilles des oracles.

Eh bien ! sans vouloir diminuer en rien les dons exceptionnels qui sont l'apanage de nos modernes thaumaturges, je pense que la voyance n'est pas chose tellement spéciale que toute personne qui veut s'en donner la peine ne puisse arriver à l'acquérir.

Permettez-moi de citer mon propre exemple. Il y a six mois encore, je possédais autant de voyance qu'un expert en chapeaux Jean-Bart. Larévélation me vint un soir que je relisais *Les Mystères de l'ardoise au sucre*, le célèbre roman que Freud écrivit en collaboration avec celui qui lui donna un coup de main pour le faire. Soudain, tout s'éclaira : je me rendis compte que la voyance n'était, en somme, qu'une question d'observations, de déductions, de recoupements, de dates de naissance et d'influx subordonnés à certains éléments fluidiques émanant de ma propre complexion. Me rendant compte de cela, je pouvais y aller : j'avais de la voyance !

C'est à partir de cette minute mémorable que je me rendis également compte que le monde est rempli de présages, de signes et d'impondérables : il y en a partout et, quand on sait les interpréter, on voit et on prévoit.

C'est ainsi que pour vous, chers amis lecteurs, j'ai interrogé le céleri-rave, la limaille de fer et les clous à crochets qui sont d'excellents conducteurs de la vision future ; je peux vous dire des choses qu'aucun des mages ou fakirs officiels n'est capable de découvrir :

Cette année il se passera des CHOSES, vous m'entendez bien : DES CHOSES ! Comprenez-vous le sens caché et profond qui se dissimule sous ces mots, anodins d'apparence, mais combien sibyllins en leurs déliés : DES CHOSES ! Et je puis encore vous affirmer que CES CHOSES ne seront pas les seules : par la force de la génération spontanée, elles donneront naissance à D'AUTRES CHOSES qui elles-mêmes provoqueront DES CHOSES qui n'auront qu'un rapport éloigné avec les CHOSES primitives qui auront engendré les CHOSES dont elles seront issues !

Voilà, amis lecteurs ; maintenant, vous savez ce qui vous attend ; pardonnez ma brutalité, mais j'estime que pour que la voyance soit utile, il faut qu'elle soit nette, précise et sans bavures. Néanmoins, si vous avez besoin d'un quelconque renseignement supplémentaire, je me tiendrai à votre entière disposition les dimanche et lundi de Pâques, du mercredi 10 heures au jeudi 23 heures, sur le sixième demi-muid à gauche en partant de la dix-huitième rangée du centre droit, Entrepôts de Bercy, laboratoire de dégustation. Adresser toute correspondance : Poste restante, bureau central, à Phnom Penh (Cambodge).

À la suite de chagrins intimes, j'ai l'intention de me suicider, l'été prochain, en me cognant la tête contre une tomate crue ou en me noyant dans une compote de pommes.

Je ne puis vous faire revenir sur une décision que vous n'avez d'ailleurs pas encore prise. Mais si vous persévérez dans cette intention, songez que la tomate et la compote seront perdues.

Le Gorafi

L'homme qui tentait de se suicider en se cognant la tête contre une tomate crue est mort à 101 ans

L'homme essayait depuis plus de quatre-vingts ans de mettre fin à ses jours en se tapant la tête contre une tomate. « Bien sûr, au fil des années, il a dû changer de tomate car elle pourrissait et ça mettait des traces partout. Il était très déprimé, il ne s'est jamais remis de sa rupture à 20 ans », a expliqué un proche qui a retrouvé son corps.

« Nous confirmons son décès brutal et terrible »,

a expliqué son arrière-petite-fille, soulignant qu'il était mort dans son sommeil. La famille demande de respecter sa douleur. Ni fleurs ni couronnes, seulement des fruits et légumes.

DIVERS

VOUS QUI VIVEZ SANS PARENTS NI AMIS ET QUI AVEZ HORREUR DE LA SOLITUDE, PRENEZ CHAQUE JOUR LE MÉTRO AUX HEURES D'AFFLUENCE. BILLETS ALLER-RETOUR EN VENTE DANS TOUTES LES BONNES STATIONS.

DIVERS

■ **FUSIL À PIERRE** : 10 F. Fusil à Paul : 10,50 F.

■ **VENTILATEUR** spécial pour classer les timbres-poste : 822,95 F.

■ **APPAREIL À EFFRAYER** les mouches : 1250 F.

Fabriquez vous-même votre appareil photographique en juxtaposant six plaques de tôle, un diaphragme, un sac de lentilles et un déclic ; si tout est bien placé dans l'ordre, ça peut marcher.

DE BOULOGNE-BILLANCOURT

Un ouvrier qui actionnait une pompe aspirante a brusquement disparu. À l'heure actuelle, deux cent dix mètres de tuyau ont déjà été explorés sans le moindre résultat.

DIVERS

Scieur de long s'associerait avec scieur de large pour fabrication pavés de bois rectangulaires.

OFFRES D'EMPLOI

FABRICANT DE DRAPS DEMANDE REPRÉSENTANT BIEN INTRODUIT AUPRÈS FANTÔMES ET REVENANTS.

Si je vous en parle c'est parce qu'il faut bien qu'on en cause

Excusez-moi tout d'abord d'intituler cet article de la manière ci-contre, mais c'est la seule façon de faire comprendre de quoi je vais vous entretenir, comme disait le maréchal-ferrant qui chassait l'huître à poils durs dans un dancing en plein air du lac Baïkal.

Or, de quoi vous parlerais-je, si ce n'est de la chose qui nous occupe présentement, c'est-à-dire de la situation ? Mais, rassurez-vous, je ne vous en parlerai pas dans le mauvais sens ; d'ailleurs, à tout prendre, il n'y a pas de mauvais sens, sauf peut-être quelquefois dans le bon, mais cela dépend de la sauce à laquelle on le traite et de l'idée qu'on s'en fait. Donc, à l'heure actuelle, et à de rares exceptions près, tout le monde s'occupe de la situation ; remarquez que ça part d'un bon naturel, mais ça n'explique rien. Ce que je m'explique encore moins, c'est la tête que font bon nombre de nos concitoyens ; c'est véritablement décourageant.

Les gens qu'on croise dans la rue ont les cheveux égarés, les yeux en broussaille, l'air en dehors, les pieds en dedans, enfin une allure peu en rapport avec le courage et la dignité. Quand un type éternue bruyamment, on voit des groupes entiers pris de panique courir pour aller se réfugier dans les proches abris. Tout de même, il y a des limites ! D'autres sont tellement énervés que, lisant leur journal à l'envers et n'y comprenant rien, ils arpentent la chaussée en hurlant : « Nous sommes vendus, les journaux sont imprimés en langue étrangère. »

En voilà assez ; il faut que ça change, et ça va changer ; c'est pourquoi je me suis décidé à écrire ce qui précède et ce qui va suivre, sans préjudice de ce qui est au milieu. Allons, voyons, qu'est-ce qui ne va pas ? Qu'est-ce qu'il y a ? Oui, oui, je sais ce que vous allez m'objecter, qu'il y a vraiment de quoi se ronger les sangs, et que... — Non, que je suis prêt à vous répondre, il n'y a pas de quoi. — Mais, pourtant, allez-vous réitérer. — Il n'y a pas plus de pourtant que de beurre blanc dans le savon noir, que je vous réitérerai à mon tour, comme étant et parlant au nom de ceux qui estiment que le sine qua non n'est pas forcément beau-frère du modus vivendi.

Mettez-vous bien dans la tête, et une fois pour toutes, que la presse d'information tout entière, quels que soient ses moyens d'investigation, NE SAIT ABSOLUMENT RIEN ! Les seuls qui soient au courant, C'EST NOUS ! À la demande du gouvernement, j'avais promis de ne rien révéler ; la gravité des événements et le trouble de mes concitoyens m'obligent à sortir de ma réserve. Sachez donc que, personnellement, je me suis occupé de la situation avant même qu'on la soupçonne ; ces jours-ci et les jours suivants, j'ai vu TOUS CES MESSIEURS ! Vous voyez de qui je veux parler ? Et je n'ai pas vu qu'eux, j'ai aussi vu les autres. Nous avons procédé de part et d'autre en même temps que d'autre part à un large échange de vues ; j'ai donné tout ce que j'avais comme vues du Massif central et du boulevard de la Chapelle, et ces messieurs m'ont remis des vues de chez eux. En outre, j'ai insisté sur la nécessité absolue d'accepter mes propositions ; CES MESSIEURS m'ont répondu qu'ils étaient pleinement d'accord avec moi et qu'ils ne tiendraient aucun compte de mes suggestions. Vous pouvez ainsi vous rendre compte que l'affaire est en bonne voie. En conséquence, je ne veux plus voir de visages renfrognés ; je veux que le sourire réapparaisse et que la bonne humeur, fille aînée de la puissance tranquille, continue à régner parmi les parties contractantes et similaires.

Et je terminerai en citant Plaute - qui d'ailleurs n'y est pour rien, mais j'estime qu'il vaut mieux le citer que de citer quelqu'un en justice de paix : si la discipline fait la force principale des armées, le sourire est le reflet de la force morale du pays dont auquel et par lequel il est inféodé.

DIVERS

Le Gorafi

Ancienne ministre vend multiples vestes retournées, bon état.

Comment résoudre la crise des chemins de fer

Retards réguliers, trains insuffisants, déficit chronique. Les pouvoirs publics se révèlent incapables de résoudre la crise des chemins de fer. Parallèlement, le monde de la littérature est en crise.

La solution qui vient d'être trouvée par nos gouvernants permet de régler les deux problèmes en même temps. Désormais, les chemins de fer vont connaître une ère de prospérité qui ne pourra être comparée qu'à celle dont vont jouir parallèlement les auteurs de romans. Et cela et ceci, pour la même et unique raison. L'État vient en effet de décider d'adopter un procédé de nature à bouleverser le commerce des lettres et le trafic ferroviaire. Exposons-le avec ordre et clarté.

On sait que, sur les voies ferrées, les trains prennent toujours leur gauche. On sait également qu'on écrit et qu'on lit toujours de gauche à droite. On sait encore que, dans les trains, les voyageurs vont rarement jusqu'au bout du trajet définitif et qu'ils descendent souvent en cours de route, alors qu'en allant jusqu'au terminus ils verseraient une somme plus importante à la SNCF. De la combinaison de ces différents paramètres est née la solution adéquate qui permet en même temps de retenir les voyageurs dans leur compartiment d'un bout à l'autre du trajet.

Le principe est simple : en partant du principe que les voyageurs vont parcourir un ouvrage de gauche à droite dans les trains qui prennent leur gauche, il faut publier, tout au long de la voie, en caractères gigantesques, un roman captivant que les voyageurs pourront lire par la portière de leur train pendant qu'il roule. Ainsi, les voyageurs qui auront pris place, par exemple, dans le rapide Paris-Nice ne descendront plus à Dijon, à Lyon, à Avignon ou à Marseille. Captivés par l'œuvre littéraire le long de la voie, ils ne descendront pas avant de l'avoir achevée pour savoir si Paul épousera Virginie, si Napoléon sera vaincu à Waterloo, si Philéas Fogg fera son tour du monde en quatre-vingt-un jours, bref, ils voudront connaître la fin. Et comme elle n'apparaîtra qu'à la fin du voyage, le tour sera joué. Il paraît que les auteurs de romans ont l'intention d'intervenir auprès du gouvernement. Ils demandent à ne pas être payés à la ligne. Ils font remarquer, en effet, que, dans ce cas, ils ne toucheraient qu'une somme infime, leur histoire n'étant publiée que sur une seule ligne… Une ligne de chemin de fer !

Le Gorafi

Pour faire des économies, la SNCF va réduire toutes ses lignes de chemin de fer à une liaison entre Paris et Marseille

Idée lumineuse de la SNCF qui a annoncé aujourd'hui la suppression de la totalité de ses lignes de chemin de fer qui seront remplacées par une seule ligne entre Paris et Marseille. Composée de 5 800 gares, cette ligne ultra-centralisée devrait représenter une économie de 670 000 % de frais de fonctionnement pour la SNCF. En outre, un seul train de 800 kilomètres de long devrait desservir les deux villes, avec là aussi des économies substantielles pour la société de transport.

Savez-vous pourquoi les oiseaux volent le bec en avant ?

Pour la même raison qui fait que les homards marchent à reculons.

On est sans nouvelles du 17 novembre que l'on attendait aujourd'hui, et qui n'est pas encore arrivé. En conséquence, nous passons directement au 18 novembre.

Sachant que vous êtes amateur de découvertes exceptionnelles, je viens vous faire part d'une de mes dernières inventions : la coupe de cheveux au taille-crayon. Qu'en pensez-vous ?

Que vous êtes une petite tête d'épingle.

Le Gorafi

Le régime miracle qui consistait à manger du sable entre les repas était une escroquerie

« J'avoue, au début cela ne m'a pas choqué », raconte un utilisateur qui a perdu 40 kilos à la suite des opérations destinées à lui retirer le sable des intestins. Les médecins se prononceront demain sur la fiabilité du régime qui consiste à grignoter ses phalanges un jour sur deux durant la semaine de la pleine lune.

C'EST UNE HONTE !

Oui, c'est une honte ! Si j'en arrive à m'exprimer d'une manière aussi brutale, c'est que c'est véritablement une honte. Et quand je dis que c'est une honte, ce n'est pas d'une petite honte qu'il s'agit, d'une pauvre malheureuse fausse honte qui aurait presque honte qu'on dise d'elle que c'est une honte, mais d'une honte qui étale cyniquement son impudence devant les populations atterrées et littéralement anéanties. Qu'un pareil état de choses puisse exister de nos jours sans que les autorités responsables prennent des dispositions pour le faire cesser, voilà qui dépasse la compréhension des honnêtes gens blessés dans leurs convictions les plus profondes comme dans leurs plus chères affections. Il est impossible que ça continue ainsi. Il y a encore, grâce au ciel, dans notre pays, des âmes courageuses et des énergies en puissance qui, devant la carence officielle, sauront s'unir, individuellement et de part et d'autre, pour faire cesser au plus vite une semblable situation qui risque de compromettre notre réputation nationale, sans parler du préjudice considérable qu'elle porte à la respectable industrie des derviches tourneurs sur bois. Du fond de mon cœur loyal et indigné, je clame et clamerai jusqu'à ce que je sois enfin entendu : c'est une honte de voir une pareille honte !

NOTE DE LA RÉDACTION : IL VA DE SOI QUE CE QUI ME FAIT DIRE « C'EST UNE HONTE » EST SUFFISAMMENT CONNU DE TOUS CEUX QUI SAVENT DE QUOI IL RETOURNE, SANS QU'IL ME SOIT NÉCESSAIRE D'AJOUTER LA MOINDRE PRÉCISION. LE TOUT EST DE SE COMPRENDRE ET DE S'ENTENDRE, AFIN DE SE METTRE D'ACCORD.

Tout est jeune

Aimez-vous rêver à l'ombre des terre-pleins ? Moi, oui ; l'ombre du terre-plein a quelque chose de particulier, de romantique et de moderne tout à la fois ; et puis, ça sort de la banalité ; ce n'est d'ailleurs qu'après avoir rêvé à l'ombre d'un tas d'autres choses que je me suis décidé pour les terre-pleins ; longtemps j'ai rêvé à l'ombre des passages à niveau ; c'était bien, mais sans plus, et puis, là, mes rêves s'égarant entre les lignes prenaient des chemins de traverse que même les efforts de l'aiguilleur ne parvenaient pas à ramener sur la bonne route ; voilà pourquoi je rêve à l'ombre des terre-pleins ; mais ce n'est pas simplement pour vous conter cela que j'écris ceci ; c'est pour vous dire qu'à l'ombre de ces terre-pleins en question, je laisse errer mon esprit sur nombre de problèmes, sur les mystères de l'humanité et sur les phénomènes résultant des causes qui les ont engendrés.

Et c'est au cours d'une de ces méditations que je me suis aperçu qu'on faisait, à l'heure présente, un usage quelque peu excessif et parfois déplacé du mot « jeune ». Ne l'avez-vous point constaté ? Le mot « jeune » occupe une place prépondérante dans tous les domaines ; entendez-moi bien : c'est le mot qui, en maintes circonstances, prend la place usurpée de la fonction.

Le mot « jeune » est, certes, le mot le plus charmant qui soit, mais j'ai toujours cru que le fait d'être jeune était simplement un état consécutif à l'âge ; il faut croire que je me trompais puisque « jeune » devient presque, de nos jours, le synonyme d'un état professionnel : on n'entend, on ne voit, on ne lit plus que ça : musique jeune, théâtre jeune, mobiliers jeunes, casseroles jeunes, anthracite jeune, spectacles jeunes, etc., bref tout est jeune. Je ne l'affirmerai pas, mais je crois bien qu'il y a des jeunes de métier.

Tout ça me plonge dans un abîme de réflexions et de considérations qui sont loin d'être réjouissantes : cette rage de vouloir tout étiqueter du mot « jeune » est, à mon avis, un signe de dégénérescence et de sénilité précoce ; car, enfin, lorsqu'un être est jeune, c'est-à-dire qu'il a une vingtaine d'années, ça se voit, il n'a pas besoin de clamer à tort et à travers : « Vous savez, je suis jeune ; regardez comme je suis jeune, hein ! Croyez-vous que j'ai l'air jeune ? » Non ; il est jeune simplement parce qu'il l'est et il ne demande qu'une chose : c'est de vieillir un petit peu. Ce qui a tout gâté, ce sont les incorrigibles vieilles petites filles, les vieux gamins qui eux, à tout prix, veulent rester jeunes au mépris de toute loi humaine ! Alors, on a mis le mot « jeune » à toutes les sauces ; moi, n'est-ce pas, dans le fond, ça ne me dérange pas, mais je demande qu'on pousse la chose à fond ; soyons tous jeunes, mais sans exception : que le président de la République s'habille d'une barboteuse et qu'à la commission des finances, le ministre siège en couche-culotte ; alors, là, ça vaudra la peine…

Et pourtant, je connais un moyen de ne pas vieillir : c'est d'accueillir les années comme elles viennent et avec le sourire… un sourire, c'est toujours jeune, ça engendre l'indulgence qui, comme chacun sait, est belle-fille de la bonté, deux choses qui ne peuvent pas prendre de l'âge ! Il est vrai que moi, n'est-ce pas, je parle en Loufoque et que mon entendement est fermé à bien des raisonnements ! Tout ça ne m'empêchera pas de continuer mes rêveries à l'ombre des terre-pleins ! C'est si agréable, si reposant, et puis, ça fait tellement plus jeune !

AVIS ET CORRESPONDANCES

Tête de veau sérieuse et détachée cherche vinaigrette pas trop sure pour association de bon goût.

EN CONFORMITÉ AVEC LES DISPOSITIONS FISCALES, LES DIRIGEANTS DES STATIONS DE SPORTS D'HIVER DEVRONT DÉSORMAIS PAYER UN IMPÔT POUR LES PENTES SUPÉRIEURES À 8 %. UN ABATTEMENT À LA BASE SERA TOUTEFOIS CONSENTI POUR LES ALTITUDES INFÉRIEURES À 18,80 MÈTRES.

ATTENTION ! VÉRIFIEZ VOS MILLEFEUILLES

Certains pâtissiers peu scrupuleux, trompant honteusement la confiance de leur clientèle, mettent en vente de soi-disant millefeuilles qui n'en contiennent que 887 et quelquefois moins. N'hésitez pas à vous livrer une sévère vérification avant de déguster. Et si le compte n'y est pas, faites immédiatement dresser un procès-verbal par un membre de la Société « La Paille de fer pour tous », nanti de tous pouvoirs pour défendre les règles de la saine justice et des intérêts vitaux du consommateur.

Le Gorafi

Shrinkflation : 78 % des millefeuilles vendus seraient en fait des cinqcentsfeuilles

Face à l'augmentation du coût de la vie, de très nombreuses pâtisseries tricheraient avec le célèbre millefeuille pour ne proposer qu'un simple cinqcentsfeuille. « C'est scandaleux », a expliqué un expert après avoir passé trois semaines à compter les feuilles des millefeuilles. Autre cas relevé : le Paris-Brest se révélerait parfois n'être qu'un Paris-Rennes.

DRÔLE DE GUERRE

Dès la naissance de *L'Os à Moelle* et tout au long des mois qui vont précéder la « drôle de guerre », Pierre Dac s'est posé la question à plusieurs reprises : qui mérite la palme de la loufoquerie ? Son équipe ou les gouvernements qui dirigent la France ? Tandis qu'Hitler peaufine ses plans pour envahir un jour Paris, nos ministres lancent un emprunt pour financer la Défense nationale. Ils dorment sur leurs deux oreilles et assurent à leurs électeurs que les informations publiées dans la presse ne sont pas alarmantes. Les accords de Munich les confortent dans cette certitude. Un conflit européen avec l'Allemagne n'est pas et ne sera jamais d'actualité. Cela n'empêche pas les Français de manifester leur inquiétude et leur colère. La vie devient de plus en plus chère et le charbon est hors de prix.

À la fin de l'année 1938, des décrets-lois sont adoptés afin de permettre des réformes jugées indispensables pour le redressement et la bonne marche de l'économie du pays. Au début de 1939, la crise économique qui s'annonce ajoute encore au pessimisme ambiant. En avril, Albert Lebrun est réélu président de la République. Les députés et les sénateurs ont ainsi manifesté un désir d'union, de stabilité et de continuité face aux nuages noirs qui s'amoncellent à l'horizon. Une situation que Pierre Dac résume ainsi : « Y a du mou dans la corde à nœuds. »

Jacques Pessis

16 SEPTEMBRE 1938

Lord Neville Chamberlain, Premier ministre anglais, a rencontré Hitler en Allemagne. Le Führer lui a annoncé son intention d'annexer les Sudètes.

JE N'AI PAS VOULU ÇA !...

Non, je ne l'ai pas voulu ! Si j'avais pu supposer que ça prenne de pareilles proportions, je me serais tenu bien tranquille : mais peut-on toujours prévoir ? On croit bien faire et il se produit tout le contraire de ce qu'on espérait. Enfin, l'heure n'est plus aux jérémiades ; il faut, quand c'est nécessaire, avoir le courage de reconnaître ses erreurs et ne pas hésiter à prendre ses responsabilités.

Je ne saurais mieux traduire mon état qu'en m'assimilant à l'apprenti sorcier qui, ayant déclenché les forces liquides, ne pouvait plus les arrêter.

Lorsque j'ai fondé la Société des Loufoques, mes intentions étaient pures et pacifiques ; elles ne tendaient qu'à développer les sentiments d'optimisme et de bonne humeur parmi ses membres ; c'était donc un but louable dont ne pouvaient que se réjouir tous ceux qui estiment que la gaieté est le plus puissant facteur de la santé morale.

La Société prospéra, s'étendit ; de nombreux clubs se fondèrent un peu partout ; la loufoquerie fit tache d'huile, tout en demeurant dans les limites de la saine réjouissance et de la gauloiserie honnête ; évidemment quelques excès furent bien commis par-ci par-là, mais leurs conséquences ne présentèrent jamais aucun caractère de gravité.

Et puis, silencieusement, doucereusement, la loufoquerie glissa et sans qu'on s'en aperçoive passa et dépassa nos frontières. La situation se corsait ; qu'allait devenir la loufoquerie en terres étrangères ? Serait-elle comprise et assimilée ? Demeurerait-elle simple et bon enfant, aimable et souriante ? Nous étions en droit de l'espérer. Hélas !

la déception est cruelle ! Il en est de la loufoquerie comme des livres trop savants mal digérés par des primaires insuffisamment préparés ; elle devient toxique, dangereuse, terrible, et du plan de la seule plaisanterie passe sur le plan tragique de la folie intégrale.

C'est ce qui s'est produit. Le mal est fait ; est-il irréparable ? Je suis trop atterré pour envisager la question, terrorisé par la tournure dramatique d'événements dont je suis, en tout état de cause, uniquement responsable.

Qu'il me soit permis cependant, dans mon actuelle détresse, de jeter ce cri de défense : je n'ai pas voulu ça ! De toute ma conscience révoltée je proteste de la pureté de mes intentions. Je ne pouvais pas prévoir que cette bonne vieille loufoquerie des familles deviendrait une arme dangereuse dont se serviraient certains hommes qui seraient mieux à leur place dans un cabanon capitonné que dans le fauteuil doré de leurs excentricités.

Mea culpa ! Mea culpa ! Mais je n'ai pas voulu ça ! Non, je ne l'ai pas voulu !

Après l'entrevue Chamberlain-Hitler à Berchtesgaden, il a été décidé qu'une deuxième rencontre entre les deux hommes d'État aurait lieu à Godesberg, près de Cologne.

Pourquoi Godesberg ?

Parce que la coquette cité rhénane est à peu près à mi-chemin entre Londres et Berchtesgaden. Or, Godesberg est également à peu près à égale distance de Toulouse et de Stockholm, de Moscou et de Fez, de Belgrade et des îles Shetland, et aussi et surtout du cap Tcheliouskine au nord de la Sibérie, et du Popocatepetl, le volcan mexicain.

Il est aisé de prévoir, du fait de cette équidistance, quelles sensationnelles entrevues pourront ainsi se dérouler à Godesberg.

7 OCTOBRE 1938

Édouard Daladier, président du Conseil, et son homologue britannique, lord Neville Chamberlain, ont affirmé leur volonté d'éviter un conflit européen avec l'Allemagne. Des propos tellement rassurants que l'on distribue des sacs de sable aux Parisiens afin qu'ils se protègent d'éventuels bombardements.

C'EST POUR AVOIR L'HONNEUR DE VOUS REMERCIER

On a remercié et l'on continue à remercier avec enthousiasme et émotion messieurs Chamberlain et Daladier de nous avoir conservé la paix. C'est juste et c'est très bien.

Ceci déclaré, et les choses remises en place, comme disait le camionneur en déplaçant une boîte d'allumettes qui calait son véhicule, je m'étonne violemment de la chose suivante : personne n'a songé à remercier Hitler. Je vous en prie, restez assis et rangez vos matraques ! Attendez que je vous explique le pourquoi de ma surprise et les raisons qui militent en faveur de la chose en elle- même sans préjudice de son aspect extérieur.

Lorsqu'un heureux et providentiel événement se produit, à qui songe-t-on immédiatement ? Incontestablement à celui qui est l'auteur initial dudit événement, qui l'a provoqué et fait ce qu'il fallait faire pour en hâter le dénouement favorable. Or, si Hitler s'était tenu tranquille ces temps derniers, s'il n'avait tenu des discours incendiaires et fait peser la menace de guerre sur le monde, est-ce que les accords de Munich auraient pu être réalisés ? Non, n'est-ce pas, puisqu'il n'y aurait eu aucune raison valable de réunir les quatre chefs de gouvernement. Alors ? une conclusion s'impose, claire et formelle, c'est à Adolf Hitler que nous sommes redevables de la tranquillité heureusement recouvrée. Donc, je remercie le Führer ; remarquez que nous ne sommes pas, lui et moi, en termes particulièrement amicaux ; on se salue quand on se voit, on se demande des nouvelles de nos chevaux et ça ne va jamais plus loin ; je me sens donc d'autant plus à mon aise pour lui exprimer ma gratitude. Merci, Adolf Hitler, pour les sept jours que je viens de passer à la caserne de Reuilly ; merci pour les heures merveilleuses que j'y ai vécues en compagnie de camarades dont le souvenir demeurera en moi impérissable ; merci pour avoir donné l'occasion à des milliers de braves gens de se mieux connaître et de s'estimer ; merci pour nous avoir permis de nous aimer mutuellement au mépris de toutes considérations sociales, politiques et confessionnelles. Et enfin, merci surtout de m'avoir donné la révélation des effectifs ; car voilà la grande chose à laquelle je voulais venir : LES EFFECTIFS !!! Durant la semaine passée au 212e Régiment régional, je fus chargé par l'autorité militaire, qui savait évidemment ce qu'elle savait, de m'occuper de la question des effectifs ; c'est d'ailleurs une question primordiale ; il s'agit, chaque soir, de faire un état récapitulatif du nombre d'officiers, sous-officiers et soldats présents effectivement dans les quatre bataillons. C'est moi qui assurais ce service ; ou du moins qui, en principe, devais l'assurer. Or, je me demande comment, pendant des années, j'ai pu vivre sans effectifs ; je n'en reviens pas ! Les effectifs non plus, d'ailleurs. Ah ! voyez-vous, l'effectif est devenu maintenant pour moi le but suprême de ma vie et mon unique ambition : je ne respire plus que par et pour l'effectif !

Car, ne l'oublions pas, il y a une poésie de l'effectif ; une poésie spéciale, certes, mais une poésie tout de même, une poésie que je n'hésiterai pas à qualifier d'effective ; ce lyrisme de l'effectif meuble mes jours et mes nuits, et me berce de son rythme chiffré comme la barcarolle berce le rêve de la limande à poils durs. Peut-être aurez-vous la curiosité de me demander si je m'en sortais, de mon histoire d'effectifs ; je vous répondrai franchement : non ; l'effectif est resté pour moi une sorte d'entité lointaine et nébuleuse, à laquelle je suis demeuré totalement étranger, mais c'est justement pour cela qu'il m'a définitivement conquis et à tout jamais.

Adolf Hitler, je n'oublierai jamais ça ; merci encore une fois, merci pour tout ce que je viens d'énumérer ; merci pour les nouvelles, sincères et durables amitiés que je viens de constater au cours de ces derniers jours et merci, au nom de tous mes frères d'armes, de nous avoir rendu pour un temps la belle et saine gaieté de nos vingt ans.

On va fêter le cinquantenaire d'Adolf Hitler, celui de la tour Eiffel et celui de Charlie Chaplin. Le premier serait l'auteur d'« Une vie de chien », celle qu'il fait mener à son peuple, le second aurait pour devise « Über alles », le troisième aurait trois étages. À moins que ce ne soit le contraire. Ou autre chose. En ce qui me concerne, le seul cinquantenaire que j'aimerais célébrer, ce serait celui de la paix. Un rêve impossible, même pour les loufoques !

Le Gorafi

Insolite : un peintre autrichien médiocre fête bientôt ses 50 ans

Un peintre autrichien va bientôt fêter ses 50 ans à Berlin. Celui qui avait le grade de caporal dans l'armée du Kaiser a tenté une carrière dans la peinture, en vain. Mais il reste cependant confiant sur son avenir et veut croire à sa bonne étoile. « Je pense que les critiques ne sont pas prêts pour ma peinture, à base de couleur brune, et un peu de blond aussi, pour le courant aryen », a-t-il expliqué en peignant à l'aquarelle une très jolie croix noire gothique à l'arrière d'un panzer.

14 OCTOBRE 1938

La conférence réunissant à Munich, le 29 septembre 1938, les dirigeants français, allemand, italien et anglais s'est terminée par des accords officialisant l'abandon des provinces des Sudètes à Hitler. À leur retour à Paris et Londres, le 30 septembre, Daladier et Chamberlain sont accueillis triomphalement. On pense qu'ils ont sauvé la paix mondiale.

LES VÉRITABLES ARTISANS DE L'ACCORD DE MUNICH : C'EST NOUS !

Pendant toute la durée de la tension internationale, je me suis abstenu de tout commentaire ; également pendant mon intérim militaire : appartenant à la Grande Muette, il était de mon devoir strict de ne rien dire ni rien écrire. C'était normal, naturel, logique et lénifiant. Lorsque survint la détente, je me suis dit : patientons un peu, ça va venir. Rien ne vint. Je me suis alors fixé des délais, des points de repère ; je me suis dit : je vais compter jusqu'à 12 683, et ensuite, si rien ne se produit, je prendrai les décisions que commandera la situation ; en fin de compte, il ne s'est rien produit, et ça continue. Alors, tant pis, puisqu'on ne veut pas reconnaître nos mérites en haut lieu, je vais prendre le tonneau par les bornes et alerter l'opinion publique.

Lorsque l'Europe se vit sauvée, ce fut un débordement général d'enthousiasme. On tressa des pots de fleurs à messieurs Chamberlain, Daladier, Hitler et Mussolini, sans oublier leurs dames. Je n'ai rien à objecter à ces élans de reconnaissance.

Seulement, maintenant, ça va comme ça et je ne souffrirai pas davantage l'indifférence coupable et officielle ; il ne faut pas que ceux qui ont été les véritables et obscurs artisans de la paix retrouvée soient systématiquement tenus à l'écart et privés des honneurs qui leur sont dus après avoir été à la peine. Les promoteurs de l'accord de Munich, C'EST NOUS ! Et, croyez-moi, on sait à quoi s'en tenir là-dessus dans les chancelleries ; nous ne voulons en rien diminuer le mérite des « quatre », mais nous voulons que justice nous soit rendue.

Voulez-vous demander à Georges Bonnet, notre ministre des Affaires étrangères, de qui il tient les renseignements de dernière heure qui lui ont permis d'agir utilement ? Qui a envoyé à Mussolini le télégramme qui a provoqué son coup de téléphone à Berlin ? Et enfin, qui Édouard Daladier a-t-il rencontré dans le plus grand secret et dans un taxi, à 2 h 30 du matin, au coin de la rue Houdon et du boulevard Exelmans ?

Ai-je besoin de préciser ? Est-il nécessaire de mettre un nom sur ce qui ? Non, n'est-ce pas, puisque ce qui c'était MOI !

Vous comprenez bien, amis lecteurs, que je ne regrette pas d'avoir agi de la sorte ; j'ai fait ce que tout autre, à ma place, aurait fait ; mais je veux qu'on le sache ; aux heures graves, j'ai pris mes responsabilités. À présent que ça va mieux, je veux ma part de bénéfices. Que tous mes camarades de la rédaction trouvent ici l'expression de ma gratitude émue. Sans eux, je n'aurais pu rien faire. Leur esprit d'équipe, d'abnégation, leur mépris de tout intérêt personnel, leur dévouement à la cause nationale m'ont permis d'œuvrer dans le sens que vous savez et pour le résultat que vous connaissez.

Voilà, j'ai dit ce que je devais dire. Il fallait que ce fût su ; c'est su ; je n'ai plus rien à ajouter. Si, pourtant, une simple suggestion : si les populations reconnaissantes voulaient se cotiser pour nous offrir un petit quelque chose en commémoration de notre action décisive, nous n'y verrions aucun inconvénient. Nos cartes de remerciement sont prêtes et l'émotion de nos accusés de réception sera proportionnée à la valeur des mandats qui nous parviendront.

Grâce à nous, le monde va pouvoir se remettre au travail dans la tranquillité ; si demain, le mauvais sort voulait que des nuages obscurcissent à nouveau le ciel désormais serein de l'Occident, nous serions de nouveau à pied d'œuvre prêts à renouveler notre geste médiateur, le tout au tarif habituel de notre catalogue, qui vous sera envoyé franco sur demande et sans autres frais que le prix marqué.

Au début du mois de novembre 1938, Hitler revendique officiellement l'annexion d'une partie des colonies françaises. De son côté, Mussolini demande à récupérer la Corse et la Savoie.

Adolf s'apprête à revendiquer des colonies. Il en est une que l'on devrait lui accorder tout de suite : l'île Sainte-Hélène ! Pourquoi pas ? Benito a bien l'île d'Elbe. Quand on se prend pour Napoléon, il faut bien jouer son rôle jusqu'au bout. Et nous serions si tranquilles si Adolf était à Sainte-Hélène !

Hitler a longtemps considéré Mussolini comme son modèle. En 1939, l'élève, qui a dépassé le maître, propose une alliance militaire au Duce. Leur but : envahir et annexer des territoires d'un commun accord, comme des enfants se partagent des jouets.

LA VISITE DU PETIT ADOLF AU JEUNE BENITO

« Viens donc goûter jeudi avec moi, je te montrerai mes nouveaux joujoux... »

Tel est le télégramme que le petit Benito avait pu envoyer, la semaine dernière – qui n'est pas pour autant la dernière des semaines –, à son petit camarade Adolf, en prélevant quelques lires sur sa jolie tirelire.

C'est ainsi que le petit Adolf, accompagné par sa Fräulein, la ravissante mademoiselle Goebbels, a profité du jour de congé à l'école pour se rendre à Rome. Après une affectueuse accolade devant leurs familles royale et impériale visiblement émues, Benito a montré à Adolf ses quatre cents petits avions bien rangés et ses cent petits bateaux. Ils les ont fait manœuvrer dans le petit bassin méditerranéen du jardin, avant de s'amuser à faire voler les avions et de discuter sur les mérites respectifs de leurs soldats de plomb. Adorable innocence de l'enfance !

« Vive l'enfance ! » a lancé le petit Benito malicieux, histoire de faire rager son copain Adolf qui, aussitôt, s'est mis à trépigner en hurlant « Fous-moi le Kampf ! ». Il a fallu les séparer, mais l'harmonie et la complicité ont été rétablies devant le goûter. Un bavoir autour du cou, ils se sont partagé un gâteau avant le retour des hostilités :

« T'as l'air d'un capitaine de bateau-lavoir »

a ricané Adolf, avant d'être interrompu par Fräulein Goebbels, en ces termes :

« Ce n'est pas beau, deux petits amis qui se disputent tout le temps.

- Il n'est pas mon ami, a crié Adolf, il n'est pas mon ami, il joue tout seul à l'Éthiopie.

- Et lui, a pleurniché Benito, c'est un autricheur ! »

Il a fallu, une fois encore, les séparer. Avant de partir, Adolf a glissé à l'oreille de Benito :

« Dis, si j'en ai besoin, tu me les prêteras, tes petits bateaux et tes petits avions ? »

Benito a tendu la main droite et répondu :

« Je te le jure, Adolf. »

Alors, on ne sait pas pourquoi, Adolf s'est mis à pleurer, tandis que Fräulein Goebbels écrivait, sur son journal intime :

« Les deux enfants ont l'air de s'être follement amusés ! Ils vont bientôt rejouer ensemble, c'est certain ! »

Hitler aurait l'intention, dit-on, de marquer le souvenir de sa visite en Italie, en offrant à Mussolini un observatoire complet et flambant neuf. En somme, le Führer, qui a probablement promis la lune au Duce, lui envoie, en attendant mieux, de quoi la contempler...

Cela permettra à monsieur Mussolini de patienter et aux chimistes allemands de prendre leur temps pour fabriquer une lune synthétique avec de la graisse de chevaux de bois.

Le Gorafi

L'Italie quitte l'Axe après que la fausse lune offerte par Hitler s'est dégonflée

Le Duce affichait sa très grosse colère après que le cadeau de son grand ami le Führer s'est révélé être un vulgaire ballon de baudruche. « Le chancelier lui avait promis de lui offrir la lune, les autorités italiennes sont très irritées », a expliqué un messager du ministère des Affaires étrangères italien. Le cadeau du Reich qui aurait dû occuper le Duce pendant quelques semaines et avec lequel il aurait pu s'amuser dans le jardin n'a pas résisté aux assauts du marmot qui n'a pas hésité en plus à s'y faire les dents. « À cet âge, ils font encore leurs dents », explique la puéricultrice du Duce. De son côté, le Reich s'est empressé de livrer un très gros pistolet capable d'atteindre même l'Éthiopie mais l'objet s'est révélé n'être qu'un très encombrant pistolet à eau.

Hitler a convoqué d'urgence à Berchtesgaden messieurs Goebbels et Goering, cependant que Mussolini, de son côté, réunissait le grand conseil fasciste.

Toutefois, on estime à Londres, dans les milieux bien informés, que la sécurité européenne ne semble pas sérieusement menacée. On ignore encore les réactions du sous-comité de non-intervention.

BERLIN, 1ER SEPTEMBRE 1939

Le 9 novembre 1938, des milliers de magasins gérés par des Juifs et des centaines de synagogues sont détruits en Allemagne lors de ce qu'on a appelé la Nuit de cristal. À partir du 1er septembre 1939, Hitler impose de nouvelles restrictions aux Juifs restés en Allemagne.

UNE DÉCISION DES GOUVERNEMENTS TOTALITAIRES

De Jacob Lévy, notre espion particulier permanent

Pour faciliter l'application des doctrines racistes, le gouvernement allemand – avec un esprit de décision pratique qu'il faut lui reconnaître – a décidé qu'à l'avenir les populations de la Germanie seraient divisées en deux catégories : les blonds, dont l'origine aryenne n'est pas suspecte, et les bruns dont elle l'est. Il est donc sérieusement question de faire jouer l'axe Rome-Berlin et vice versa. L'Italie, étant en grande partie aryenne-brune, absorbera les têtes noires suspectes à Adolf, tandis que Benito lui enverra en échange les blonds insuffisamment macaroniques.

Mais la fraude est à redouter. Comment déceler les têtes carrées brunes qui auront eu recours à l'eau oxygénée pour se blondir ? Là encore, le génie teuton a prévu le remède.

Des camps de « décantation » seront installés. Tous les blonds seront mis en quarantaine après que leur crâne aura été transformé en patinoire à mouches jusqu'à repousse d'une nouvelle toison.

La question se pose maintenant pour les roux. Sont-ce des bruns déteints ou des blonds trop cuits ? La réponse est à venir.

Le Gorafi

Lois aryennes : pour cacher ses bruns, le Reich aurait importé plusieurs millions de perruques blondes

Selon une enquête de Jules-Edgard Plenel, l'Allemagne aurait tenté de cacher ses têtes trop brunes en important plusieurs tonnes de perruques blondes. L'objectif est de prouver que toute l'Allemagne est blonde et donc dignement aryenne.

« C'est tout à fait faux »,

a affirmé Goering, tout en recoiffant l'immense frange platine qui lui tombe sur le nez. « Les Allemands sont naturellement blonds du fait de leur aryanité. Ceux qui disent le contraire sont jaloux de ne pas avoir des cheveux aussi doux et soyeux », a-t-il ajouté avant de filer chez le coiffeur pour faire une permanente. De son côté, le chancelier Hitler serait brièvement devenu chauve après une tentative de décoloration qui a mal tourné et il pourrait rester caché jusqu'à la fin de la guerre.

8 NOVEMBRE 1939

Le 8 novembre 1939, Hitler échappe à un attentat. Une bombe explose dans la salle de la Bürgerbräukeller de Munich, où il venait de commémorer sa tentative de prise du pouvoir de 1923. Il y a 8 morts et 63 blessés. Georg Elser avoue sa tentative après 4 jours et 5 nuits entre les mains de la police allemande.

NE BATTEZ PAS LES DICTATEURS, MÊME AVEC UNE FLEUR !

Les journaux nous informent que Hitler a été blessé par un bouquet de fleurs qu'on avait jeté dans sa voiture.

Un accident du même genre vient d'arriver à notre président Pierre Dac. Dans un accès d'enthousiasme, un de ses fervents admirateurs lui a lancé sur le crâne un os à moelle délicatement enrubanné de faveurs roses. « Je suis très touché par cette attention », a murmuré Pierre Dac en s'affaissant. Pour éviter le retour de tels incidents, nous prions instamment nos fidèles lecteurs de ne rien lancer en témoignage de sympathie dans les voitures de la rédaction, à l'exception des liasses de billets de banque qui, en raison de leur poids léger, ne sauraient causer aucun dommage.

UNE DÉCLARATION D'HITLER

C'est un véritable tour de force journalistique ! L'heure est révolue où les hommes d'État parlaient pour ne rien dire : la diplomatie secrète a vécu. Notre envoyé spécial, A. Jean Savasse, a été reçu par Hitler, dans son cabinet de travail de Berchtesgaden. La mèche toujours souriante, le Führer s'est lancé dans des déclarations de tout premier ordre et définitivement définitives.

Et la conversation suivante s'est engagée :

–

–

–

–

–

–

Soudain, frappant du poing sur la table, monsieur Adolf Hitler s'est attendri :

–

–

–

–

–

–

Il y eut alors un long moment de silence au cours duquel le chancelier guetta, sur le visage de notre envoyé, l'effet de ses paroles. Puis il reprit :

–

–

–

–

Nos lecteurs apprécieront comme il convient l'effort gigantesque que nous avons fait.
Le lumineux exposé du chancelier a dissipé bien des malentendus, a précisé bien des obscurités, et n'appelle aucun commentaire.

Le Gorafi

Selon une étude, les intentions d'Hitler contre l'Europe seraient possiblement « inamicales »

Une étude de plusieurs scientifiques français qui ont étudié longuement les discours du chancelier allemand a abouti à une conclusion alarmante. En effet, il se pourrait que l'Allemagne nazie ait des intentions « inamicales » envers l'Europe et le reste du monde. « A priori, il est assez en colère quand il parle et très tendu dès qu'il aborde les relations internationales et tout ce qui touche à l'espace vital allemand. » Toujours selon cette étude, les nazis n'auraient « pas beaucoup » de sympathie pour les Juifs, les Tsiganes, les homosexuels et globalement tous les opposants politiques. « Mais c'est peut-être juste un malentendu dans la traduction de *Mein Kampf* », assurent les spécialistes.

En prévision de la grande Foire de New York, on est en train de repeindre et de remettre à neuf la Statue de la Liberté.

Le fait est que cette pauvre Liberté avait bien besoin de réparations, depuis quelque temps. Son flambeau était un peu éteint. Inutile de préciser que ce n'est pas monsieur Adolf Hitler, bien qu'il soit peintre de son métier, que l'on a chargé de ce petit travail. Et heureusement pour elle !

Le Gorafi

Les États-Unis déclarent la guerre au Reich après que Hitler a tenté de repeindre la statue de la Liberté

Le président américain a annoncé que les forces armées de son pays et de ses alliés étaient en état de guerre avec le

Reich et ses alliés après que le Führer allemand a été surpris en train de repeindre la statue de la Liberté. « J'ai voulu montrer que moi aussi j'aime la paix en ajoutant des couleurs de mon cru », a déclaré le caporal allemand arrêté par la police, armé de plusieurs pinceaux et de pots de peinture brune. Selon le maire de New York, « les dommages sont irréparables et la statue ne ressemble plus à rien, on est face à quelqu'un qui n'a aucune connaissance en matière stylistique et picturale, c'est un crime contre l'art doublé d'un crime de guerre ».

Adolf Hitler – qui est dictateur quelque part, en Europe – se fait construire une maison de verre sur un sommet des Alpes bavaroises. C'est une idée comme une autre. On annonce, par ailleurs, que Benito Mussolini – qui est également dictateur quelque part, en Europe – aurait fait construire à son tour une maison sur un sommet des Dolomites. Elle ne sera pas en verre, mais en papier mâché. Elle comportera, outre la chambre à coucher, la salle à manger et le salon, un boudoir, un fumoir et un crachoir. Cette dernière pièce serait réservée aux visiteurs français.

Le Gorafi

Adolf Hitler exige que les montagnes allemandes plus hautes que son « nid d'aigle » soient rasées

Les ingénieurs du Reich ont beaucoup de travail. Le chancelier allemand a exigé que les montagnes allemandes qui dépassent 1 834 mètres soient rasées, estimant que des montagnes plus hautes que celle sur laquelle est bâti son « nid d'aigle » seraient une insulte à son image. « Je n'admets pas que dans le Reich il y ait des montagnes plus grandes et plus belles que la mienne, ceci doit être exécuté lundi en huit », a affirmé le chancelier lors d'un discours devant le miroir de sa salle de bains. Dans l'immédiat, les ingénieurs allemands tentent de réunir plusieurs tonnes de dynamite pour faire sauter les montagnes récalcitrantes.

Le chancelier Adolf Hitler a prononcé à l'Opéra Kroll de Berlin un grand discours qui n'a pas duré moins de deux heures d'horloge. On s'étonnait un peu partout de ce flot de paroles intempestives dont on n'arrivait pas à saisir la cause et encore moins le pourquoi. Mais l'explication nous en est donnée par cette nouvelle publiée dans la presse : « Les Américains ont décidé d'organiser un concours international du plus grand menteur. » Monsieur Hitler tente donc sa chance.

Le Gorafi

Adolf Hitler hospitalisé après avoir fait un discours de moins de deux heures

Le Reich allemand retient son souffle après l'annonce de l'hospitalisation brutale de son Führer. En cause, un discours délivré à l'Opéra Kroll de Berlin qui aurait duré moins de deux heures. Le chancelier a été immédiatement conduit à l'hôpital Adolf Hitler situé boulevard Adolf Hitler à deux pas de la station de métro Adolf Hitler et installé dans une aile de l'hôpital à son nom. « Le patient est toujours sous observation, nous espérons qu'il pourra bientôt sortir et délivrer des discours de plus de deux heures, voire peut-être trois heures. » Dans l'immédiat, le Duce a envoyé au chancelier un très émouvant télégramme de bon rétablissement de plus de quatre heures.

Les journaux de toutes opinions du monde entier ont épilogué pour savoir :

1. Si Adolf Hitler avait dit ou pas dit :
   « En cas de guerre, l'Allemagne serait aux côtés de l'Italie. »
2. Et si le président Roosevelt avait dit ou pas dit :
   « Notre frontière est sur le Rhin. »

Nous traitera-t-on de loufoques, si nous affirmons :

1. Que c'est Hitler qui pense :
   « Notre frontière est sur le Rhin. »
2. Et que monsieur Franklin Roosevelt se dit que :
   « En cas de guerre, l'Allemagne serait aux côtés de l'Italie. »

Josef Goebbels s'élève contre les hurleurs de guerre démocrates. « Nous ne demandons rien, s'exclame-t-il, alors qu'est-ce qu'ils nous veulent ? » Les Relazioni internazionali, organe officiel des loufoques transalpins, s'étonnent à leur tour de tout le bruit qu'on fait autour des revendications italiennes. « En somme, déclarent-elles, il suffirait qu'on nous donne tout ce que nous ne réclamons pas pour qu'il n'y ait plus aucune menace de guerre en Europe. »

Comme quoi, après tout, nos paisibles voisins ne sont pas tellement exigeants. Au fond, pourquoi ne donnerait-on pas Djibouti à Hitler et le Cameroun à Mussolini ? Pendant qu'ils discuteraient le bout de gras, on aurait tout le temps de jouer à la belote ou de leur chiper, en douce, la Sardaigne et le bassin de la Sarre.

Le Gorafi

Pour éviter la guerre en Europe, la SDN propose de donner Djibouti et le Cameroun aux forces de l'Axe

Dans un but de désescalade, la SDN a voté hier la possibilité de donner Djibouti et le Cameroun à Adolf Hitler pour l'un et à Mussolini pour l'autre. « C'est un geste de pure bonne volonté qui saura être accepté pour ce qu'il est, sans parler des habitants desdits pays qui seront tout aussi ravis de rejoindre de chouettes empires prospères et progressistes », a déclaré un porte-parole de la SDN. Selon les experts, le temps que les géographes de l'Axe identifient ces pays sur une carte et réalisent que le reste du monde s'est bien moqué d'eux, le risque de guerre en Europe devrait être repoussé au moins jusqu'aux années 1960.

On a craint un instant de voir Hitler poser sa candidature à la présidence de la République française, auquel cas il eût été bien difficile de ne pas lui accorder satisfaction sur ce négligeable point. Aux dernières nouvelles, le Führer aurait renoncé, du moins momentanément, à ce nouveau morceau d'espace vital. Nous ne saurions trop l'en féliciter.

À propos de chef d'État, Albert Lebrun, notre président de la République, est allé dimanche dernier à Montélimar où, sous couleur d'inaugurer la statue d'Émile Loubet, l'un de ses prédécesseurs, il a prononcé un vibrant discours sur le nougat !

- Tunis, Djibouti, Suez ! clame Benito Mussolini.
- Nougat de Montélimar ! réplique la France du tac au tac.
- Memel, Dantzig, Cameroun ! hurle Adolf Hitler.
- Nougat de Montélimar ! riposte la France.

Et notez bien que nous avons encore en réserve, pour les temps à venir, des arguments plus violents encore : les pruneaux d'Agen, les madeleines de Commercy, les asperges d'Argenteuil, les dragées de Verdun, les bêtises de Cambrai et la moutarde de Dijon ! Sans compter un petit beaujolais de derrière les fagots... Ah, mais !

Le Gorafi

Pour ses efforts en faveur de la paix, *Time* nomme le nougat de Montélimar homme de l'année 1939

Le célèbre magazine américain a présenté sa prochaine couverture pour l'homme de l'année 1939 : il s'agira du nougat de Montélimar. Cette petite confiserie a conquis la France et le reste du monde. « Celui qui mange du nougat de Montélimar n'a pas du tout envie de monter au front et préfère rester chez lui, au calme », explique un journaliste. Plusieurs sources indiquent que la France exporterait en secret du nougat de Montélimar dans plusieurs pays de l'Axe pour calmer les plus énervés. « On en donne secrètement à Hitler de temps en temps, surtout après ses longs discours. » Selon plusieurs sources, une guerre aurait été évitée en 1933, 1934, 1935, 1936, 1937, 1938 et maintenant 1939, grâce au pouvoir du nougat de Montélimar.

Il paraît que le IIIe Reich aurait des visées sur la Patagonie.
Après tout, c'est un espace vital comme un autre.
Et puis, en ce qui me concerne, ça me ferait tellement plaisir d'appeler ce pays lointain la Terre de feu Hitler...

Patagonie – Plusieurs millions de manchots votent pour demander leur rattachement au Reich

L'expansion du Reich semble inarrêtable : à présent la Patagonie pourrait basculer dans l'axe de l'Axe. Ainsi, plusieurs millions de manchots de Magellan, communément appelés *Spheniscus magellanicus*, ont voté pour être rattachés au Reich allemand européen. En effet, depuis la publication de *Mein Kampf* dans cette partie désolée d'Amérique du Sud, les manchots se sont pleinement retrouvés dans ce leader brun plein d'espoirs. « Les pages du Fürher ont été très utiles, chaque soir j'en déchirais plusieurs pour m'en servir pour mon nid et protéger mon petit », raconte une maman manchote très émue. De son côté, le Reich allemand n'a toujours pas fait de commentaire, se posant la question de comment aryaniser plusieurs millions de volatiles à plusieurs milliers de kilomètres.

7 AVRIL 1939

DE L'UTILISATION DU HOQUET COMME FACTEUR DE PAIX

Vous êtes libre de lire ou de ne pas lire cet article ; je comprends d'ailleurs fort bien que, a priori, on se contente de sourire et de passer à autre chose, au vu du titre ci-dessus. Cependant, ne croyez pas que si j'intitule le présent article de telle manière, c'est simplement par esprit de pure plaisanterie ou par amour inconsidéré du coq-à-l'âne. Non, je le fais en connaissance de cause et par expérience personnelle.

Je viens d'avoir le hoquet ; vous direz qu'il n'y a pas là de quoi en faire état et que, de toute façon, vous ne voyez pas bien le rapport entre ce hoquet et la paix mondiale.

Je vais essayer de me faire comprendre : je ne viens pas d'avoir un hoquet ordinaire, ça m'a duré quarante-huit heures sans désemparer à la cadence d'un spasme toutes les deux secondes, sans compter les spasmes doublés, triplés et même quintuplés. D'après l'avis compétent de la Faculté, il s'agissait d'une forme de hoquet à base microbienne et de forme épidémique. Ce diagnostic, qui s'est révélé rigoureusement exact, fut pour moi une véritable révélation et m'ouvrit des horizons neufs et extrêmement vastes sur l'utilisation du hoquet comme élément pacifique.

Certes, je suis de l'avis de messieurs Daladier et Chamberlain sur les méthodes à employer pour faire reculer la guerre. Mais depuis que j'ai eu le hoquet, je suis absolument persuadé que l'humour est peut-être la panacée qui nous assurera longtemps la paix et la tranquillité ; mais comprenons-nous bien : non pas l'humour de mots, mais l'humour visuel et de situation. Et c'est là que mon hoquet intervient. Imaginez un instant Hitler ou Mussolini en train de prononcer un discours virulent et incendiaire soudainement pris d'un hoquet à forme spasmodiquement épidémique ?

Au début, l'auditoire sera ému, compatissant et poliment navré ; or, ce hoquet étant, je le répète, de forme épidémique, il gagnera fatalement les proches de l'orateur et s'étendra peu à peu à tous les assistants. À partir de ce moment, les paroles les plus violentes ne pourront plus être prises au sérieux, et l'appel aux armes et à l'invasion se terminera par une partie de rigolade inextinguible.

En conséquence, je m'adresse à nos savants de l'Institut Pasteur, pour propager, en période de tension internationale, et au besoin la provoquer, une épidémie de hoquet microbien. Je suis certain des résultats ; vous n'avez pas idée de ce que devient un discours sérieux et vengeur haché et coupé par le hoquet ! Le rire désarme, ne l'oublions pas ; c'est plus que jamais le moment d'y penser.

En avril 1939, les gouvernements français et britannique tentent de rassurer les pays alliés, face aux menaces de plus en plus fortes que font peser sur eux Hitler et Mussolini. Aux États-Unis, le président Roosevelt dresse une liste des pays d'Europe qui, aux yeux des Américains, doivent demeurer libres. Théoriquement…

Le président Roosevelt a envoyé à Benito Hitler et Adolf Mussolini la liste complète des espaces vitaux européens.

En précisant, toutefois, que ce n'est pas une liste de lots à réclamer. Anito Hitlini et Bedolf Mussotler n'ont pas encore répondu. Ils se tâtent. En principe, ils seraient presque d'accord, mais ils désireraient apporter quelques petites modifications à la liste fournie par monsieur Roosevelt. C'est ainsi qu'ils voudraient remplacer « Pologne » par « Guatemala », « Yougoslavie » par « Honduras », « Liechtenstein » par « îles de la Sonde », « Hollande » par « Liberia » et « France » par « Bélouchistan ».

Le Gorafi

Espace vital – Adolf Hitler affirme que les Allemands ont des crampes et se sentent à l'étroit dans leur Reich

Le chancelier allemand s'est emporté contre Roosevelt qui venait lui demander de respecter l'espace vital européen. « C'est scandaleux, un citoyen du Reich ne peut même plus étirer ses bras sans recevoir de reproches d'un voisin français ou polonais », a-t-il répondu au président américain. « Nos citoyens ont des crampes, ils sont à l'étroit, ils ont besoin d'espace pour aller faire du jogging, se promener le dimanche ou juste prendre quelques jours de vacances. Vous pensez qu'on a envie d'aller dans le Schleswig-Holstein ou à Rostock ? Soyons sérieux », a-t-il répété. « Alors qu'un week-end sur une plage de l'Atlantique ou en Crète, ou même à Paris, c'est quand même mieux. » Selon plusieurs sources, le Reich pourrait construire une terrasse de plus de 389 700 km² juste au-dessus du territoire polonais « pour pouvoir profiter du soleil le matin », assure-t-on du côté de la chancellerie du Reich.

Une nouvelle loi sur les étrangers interdit les constitutions d'associations étrangères. Il faudrait qu'elle ne soit pas exclusivement applicable à l'intérieur de notre pays, mais aussi hors de nos frontières, car c'est évidemment là que l'on trouve le plus grand nombre d'étrangers. Que diriez-vous d'une loi qui interdirait outre-Rhin les associations d'Allemands et outre-Alpes les concentrations de chemises noires ?

Le Gorafi

Un fasciste italien renvoyé de son club de chemises noires à cause d'une chemise jugée trop délavée

Terrible drame pour ce fasciste italien. En raison d'une chemise noire jugée « trop claire », le malheureux a été renvoyé de son club de chemises noires. « C'est un drame pour lui », a expliqué sa mamma qui a trouvé son fils en train de pleurer sur son lit. Mais le responsable local des chemises noires a été très strict : « Il y a une tenue vestimentaire à respecter. Si on commence à ne pas prendre sa chemise noire, bientôt on oubliera son huile de ricin ou son gourdin », a-t-il commenté. Plusieurs cas de chemises noires délavées auraient été signalés à travers le pays, forçant à l'exil plusieurs centaines de milliers de blanchisseurs par crainte de représailles.

Si, au lieu d'avancer nos pendules d'une heure, on les avait avancées de 350 400 heures, Hitler aurait 90 ans. Tous les espoirs auraient été permis. Mais nous aussi, nous aurions eu 40 ans de plus. Alors, tant pis !

Le Gorafi

Décalage horaire : pour tromper l'armée allemande, la France va avancer toutes ses pendules de 350 400 heures

Pour déstabiliser les armées du Reich qui seraient tentées d'envahir notre pays, le gouvernement a pris une décision radicale. Toutes les horloges et pendules de France vont être avancées de 350 400 heures. « Nous serons donc en 1979 », a claironné le directeur de l'Observatoire de Paris avant de sortir en pantalon pattes d'éléphant devant les journalistes au son de *In the Navy* des Village People. « Voilà clairement une chose à laquelle les nazis n'auraient jamais pensé », a relevé le président du Conseil. « Entre ça et la ligne Maginot, on voit que la France est pleine de ressources pour empêcher la guerre. » Selon certains experts, cette mesure ne sera toutefois pas utile, le Reich allemand retardant de plusieurs centaines de milliers d'années sur le reste de la planète.

À LA VEILLE DE SES 50 ANS, HITLER DÉFINIT SON ESPACE VITAL

De notre envoyé spécial à Berlin, Léopold Lavolaille

Ce cher Adolf a le même âge que la tour Eiffel, mais la ressemblance s'arrête là. Il a une belle mèche et des moustaches, elle pas. Elle domine Paris et lui... pas ! Invité aux cérémonies du cinquantenaire d'Adolf Hitler en tant qu'ambassadeur du roi des Loufoques, j'ai fait une entrée très remarquée. J'avais en effet revêtu ma grande tenue, c'est-à-dire une chemise en pilou ornée d'organdi, avec des pans flottants sur un jupon à grandes fleurs brodées, et un entonnoir doré crânement incliné de chaque côté. Les foules allemandes ont certainement eu le sentiment confus que, si elles différaient énormément dans le fond, les théories du souverain que j'ai l'honneur d'ambassader plénipotentiairement et celles de leur Fuhreur avaient certaines apparences communes.

Quoi qu'il en soit, Adolf lui-même – quand un ami vous invite à fêter son anniversaire on peut l'appeler par son prénom – m'attendait à la gare. Étant donné l'heure matinale, il était encore en pyjama d'acier au vanadium, mais portait déjà sa jolie casquette de livreur des grands magasins. Que cette sympathique corporation excuse cette comparaison peu flatteuse ! Une splendide conduite intérieure, d'une étanchéité évidente aux liquides comme aux solides, nous a rapidement transportés à la chancellerie, et c'est là qu'a eu lieu l'entretien que je rapporte ci-après :

ADOLF. – Je suis heureux de saluer en vous le représentant d'un grand souverain que je sens si proche de moi par ses conceptions philosophiques.

MOI. – Halte-là ! N'allez pas trop loin, car si vous avez l'un et l'autre une égale influence sur l'esprit des gens, ces influences sont nettement divergentes. Alors, en effet, que Pierre Dac, mon bien-aimé roi, fait rigoler le monde entier, vous, oh ! Führer, vous l'em...poisonnez.

ADOLF. – D'accord, mais ceci démontre bien que nous sommes faits pour nous entendre, puisque nos espaces vitaux ne se chevauchent pas, si j'ose dire. Le sien, c'est la rigolade, et le mien, c'est la... le... poison, comme vous avez dit.

Ici s'est arrêté cet entretien que j'ose qualifier d'historique, puisque, pour la première fois, Adolf Hitler a défini avec précision ce qu'il considère comme son espace vital et que, nous en sommes sûrs, personne ne lui contestera.

Le Gorafi

À 50 ans, il n'a pas de montre Rolex, rate sa vie et décide d'envahir l'Europe

Un citoyen du Reich a laissé exploser sa colère ce matin le jour de ses 50 ans. En effet, l'individu a découvert qu'il n'allait pas recevoir de montre prestigieuse de type Rolex pour fêter dignement son demi-siècle. Après avoir hésité un temps à envoyer tous ses amis proches dans un camp de travail pour les punir de cet oubli fâcheux, l'homme est revenu à la raison et a annoncé qu'il se contenterait d'envahir un pays européen au hasard. Selon nos informations, le pays désigné sera annoncé dans la journée, ce qui laissera aux chancelleries étrangères le temps de réagir ou d'envoyer une montre équivalente pour éviter toute effusion de sang inutile.

Le chancelier Hitler s'apprête à prononcer un grand discours.

On pense qu'il va en profiter pour répondre spontanément et de façon foudroyante au message que le président Roosevelt lui a adressé hier... Non, avant-hier... Enfin... il y a quelques semaines... Mais que disait-il, au fait, ce télégramme urgent du locataire de la Maison-Blanche ? Personne ne s'en souvient. C'est tellement loin !

CONVOCATION URGENTE

Monsieur Adolf Hitler est prié de se présenter de toute urgence au bureau de *L'Os à Moelle*, de préférence entre minuit et 3 heures du matin, pour communication de la plus haute importance. Prière de se munir d'une pièce d'identité.

L'entretien que M. Adolf Hitler n'a pas cru devoir nous accorder s'est déroulé dans une atmosphère de courtoisie et de compréhension mutuelle et les conclusions ont été sensiblement les mêmes que si l'événement avait effectivement eu lieu.

21 JUILLET 1939

Mussolini a scellé avec Hitler une « alliance militaire défensive ». Le principe de l'entrée en guerre de l'Italie aux côtés du Reich est acquis par le Pacte d'acier du 22 mai 1939. Le Duce multiplie les menaces contre la France si elle ne cède pas à ses revendications sur les colonies. Un réel danger pour la paix.

MON ENTRETIEN AVEC BENITO

De notre envoyé spécial à Rome, GKW Van den Paraboum

Introduit, à Rome, dans l'immense cabinet de travail du Duce mille fois décrit et tellement décrié, j'aperçois, tout au fond, Benito qui m'attend.

« Heil Hitler ! crie-t-il d'une voix tonitruante, en portant la main ouverte à la hauteur de l'endroit où, logiquement, il aurait dû avoir des cheveux.

– Evviva ! réponds-je en saluant.

Car je m'étais trop superficiellement renseigné, avant l'audience, sur les us et coutumes de la maison. C'est alors que je remarque le bizarre accoutrement du sous-maître actuel de la Péninsule. Il a endossé un long tablier blanc par-dessus un gilet rayé jaune et noir. Sous un bras, il a placé un plumeau, et dans la main, il étreint une brosse à reluire.

– Ce costume, m'explique-t-il en se mettant au garde-à-vous, c'est le nouvel uniforme fasciste. »

Je remarque qu'il est chaussé de brodequins à semelles de crêpe. C'est sans doute sa façon à lui de porter le deuil de l'Italie.

Je reprends mes esprits et mon équilibre et sors, de ma poche, mon calepin et mon fidèle crayon de Tolède.

« Vous êtes allemand, n'est-ce pas ? me demande Benito tout de go.

– Mais... mais non, Excellence, vous savez bien que je suis français.

– C'est vrai, je l'avais oublié. Alors, je peux me délasser un instant !... Garde-à-vous !... Repos !... Et que ça claque !... Repos !... Rompez vos rangs !... Heil Hitler ! »

Puis, au pas de l'oie, il gagne son fauteuil, derrière le bureau en bois d'Ebenito.

« Quel bon vent vous amène à moi, ami ?

– Excellence, j'ai quelques questions à vous poser.

– Parfait !... Le patron n'est pas là : il est actuellement à Berchtesgaden, mais je suis assez au courant quand même... »

Le Duce me lance alors un joli sourire en ajoutant :

« Vous savez !... C'est moi qui reçois ses ordres et qui les transmets. »

Mais il rectifie aussitôt :

« ... aux Italiens seulement, naturellement !... Car, pour ses collaborateurs allemands, mon maître donne ses instructions directement. »

Il croise ensuite ses jambes en forme de croix gammée et il enchaîne :

« Je vous écoute.

– Est-il exact que vous ayez décidé de mobiliser les aveugles ?

– Mobiliser !... répond-il en se curant les ongles avec le petit casque à pointe breloque qui pend à sa chaîne... c'est un bien gros mot !... Je ne les mobiliserai qu'en cas de mobilisation...

Pour l'instant, je les militarise : il y a une nuance...

- Mais en quoi ces aveugles militaires pourront-ils, éventuellement, vous être utiles ?

- Une longue série d'expériences nous permet de certifier que les aveugles, ayant l'ouïe plus développée que le commun des mortels, ont par conséquent une aptitude toute spéciale à faire du repérage par le son.

- Je ne vois toujours pas...

- Ce sont eux, donc, qui seront chargés de la défense contre les avions ennemis.

- Vous leur confierez des armes ?

- Mais oui : des canons, des mitrailleuses... est-ce que je sais, moi ?... Enfin, toutes les jolies inventions que nos usines d'Essen nous envoient chaque jour.

- Excellence !... c'est une blague ? »

Le Duce se redresse effaré, le gros doigt sur la petite couture du tablier :

« Sachez, monsieur, depuis la conquête...

- Quelle conquête ?

- Eh !... celle des... Depuis la conquête, on ne blague plus. L'esprit n'est plus de mode. »

Il me fait signe, du menton, que je dois maintenant me retirer précipitamment.

Et, comme je m'éloigne, je l'entends qui murmure:

« Je ne vais tout de même pas lui dire que ces soldats-là, au moins, ne ficheront pas le camp ! »

EXCLUSIF

HITLER INTIME : « UNE RÉPUTATION IMMÉRITÉE », NOUS DIT SON VALET

Nous n'avons pas l'outrecuidance de penser que nous apprenons quelque chose à nos lecteurs en leur disant qu'Adolf Hitler a la réputation d'être intransigeant. Intransigeant lors des affaires récentes d'Autriche, de Tchécoslovaquie, pour ne citer que les plus importantes, et intransigeant encore en ce qui concerne Dantzig et le « Korridor ».

Oui, mais cela n'est qu'un bruit qui court. À vous parler franc, nous n'avons jamais cru ici à tant d'intransigeance. Notre humble avis est qu'il s'agit beaucoup plus d'un besoin morbide de paraître intransigeant, pour la galerie, que d'une intransigeance foncière.

Bien souvent, je contemple une superbe photographie placée devant moi, sur mon bureau-ministre. Surchargée d'une aimable dédicace, c'est le Führer lui-même qui me l'a donnée en souvenir, au cours d'une visite que je lui ai rendue l'an dernier. Fort intéressé par sa personnalité, je désirais le voir de près, et m'étais surtout mis en tête de lui faire couper, au cas où elle eût été vraiment rebelle, la mèche qui barre son front. Elle risque, en se balançant entre ses yeux, de provoquer ce strabisme convergent, si fâcheux dans le visage d'un dictateur. Mon plan a hélas échoué. Au lieu de couper la mèche inesthétique pour m'en faire cadeau, Hitler m'a offert deux poils de sa moustache liés en leur milieu par une faveur rose :

– On m'en demande trop souvent, m'a-t-il précisé, en souriant d'un seul côté, par application d'un décret de Goering sur les restrictions.

À ce propos, il n'est pas sans intérêt de noter au passage que les restrictions sont acceptées dans tout le Reich avec une admirable abnégation, même par les grands chefs. Ce demi-sourire, valable pour son interlocuteur, laisse à l'autre côté du visage un air de dignité qui en impose aux foules massées plus loin.

Mais je reviens à la photographie d'Adolf. Chaque fois que je la regarde, je me demande s'il est possible qu'un garçon aussi beau, qu'un homme dont le visage respire tant d'intelligence, qu'un être dont le regard est si doux, soit vraiment intransigeant ? Ce n'est pas possible.

Fidèle à mes principes et à la méthode scientifique, je suis allé, dans la foulée de mes réflexions, passer le dimanche à Berchtesgaden, bien décidé à demander des précisions au maître de l'Allemagne et à l'observer pendant notre entretien. J'ai compris très vite que je ne m'étais pas trompé : Hitler simule l'intransigeance. Au fond de lui-même, c'est un doux, presque un timide.

Comme nous venions de terminer une partie de cartes, je l'ai coincé entre une porte secrète et un escalier dérobé :

« Entre nous, Adolf, tu tiens tant que ça à la bagarre ? Ce n'est pas sérieux ! Tu te fais mal voir à Londres, à Paris, à Varsovie, à Washington... Tu verras que ça finira mal.

- Pas sûr, j'ai un truc ! Quand j'ai bien frappé ma table à coups de poing et refusé toute négociation pacifique, je téléphone en douce à Benito, avant que les choses ne se gâtent. »

Nous ignorons encore si Benito a joué son rôle avec conscience. Bornons-nous à le souhaiter.

¼ D'HEURE AVEC HITLER

Certains de nos confrères se laissent trop souvent entraîner par l'information fantaisiste ou par les fausses nouvelles.

Ainsi, que n'a-t-on pas dit sur Hitler ! Eh bien ! je puis affirmer que tout ce qu'on a écrit sur ce monsieur était inspiré par un irrespect total de la vérité.

Et si je le dis avec tant d'assurance, c'est que je le sais, puisque je reviens de Berchtesgaden, où le Führer m'a fait l'honneur de m'éternuer en pleine face, c'est-à-dire de me parler amicalement. C'est drôle, lorsque le Führer vous parle, il a l'air d'éternuer, mais il parle vraiment. Seulement, c'est sa moustache qui lui remonte dans le nez, alors ça le chatouille, et ça lui donne la position de l'éternueur assis, c'est drôle !

Ce n'est pas sans émotion que j'ai franchi la grille de l'admirable propriété du chancelier. Il faut reconnaître que j'ai été très bien accueilli, car j'apportais un présent au Führer, un petit pot de beurre, et comme je m'étais habillé en Petit Chaperon rouge, on a cru que j'arrivais de Russie et tous les SS m'ont salué casque bas.

Non, non, vraiment, monsieur Hitler n'a jamais été peint comme il est en réalité. C'est un gros barbu avec un tout petit nez en l'air, malheureusement déparé par une verrue fleurie d'une touffe de poils. En remuant souvent la tête, la touffe de poils se déplace et ventile la pièce. J'y ai attrapé un rhume, pas sur la verrue, mais dans la pièce.

Lorsque j'ai pénétré dans son cabinet, j'ai tout d'abord admiré dans les vitrines une admirable collection de jambons d'York, collection commencée par Charlemagne l'année où, bien avant l'affaire de Roncevaux, Roland a inventé le linguaphone nautique.

Le cabinet est décoré avec une rare originalité, et nos ensembliers qui se croient si forts feraient pas mal d'en prendre de la graine. En effet, tous les meubles sont en liège. Comme Hitler ne boit pas de vin, il a bien fallu qu'il utilise les bouchons, voués au chômage. Il a eu l'idée d'en faire des meubles légers et flottants. Il est d'ailleurs indispensable que les meubles flottent dans la pièce. En effet, comme il a toujours trop chaud, il fait couler de l'eau dans son bureau pour avoir plus froid, et on en a jusqu'au menton. Cela permet de ne pas paraître ridicule si on a un gros ventre. Tout cela, on ne le niera point, n'a jamais été rapporté dans un journal français !

Hitler, dont je n'aperçois alors que le nez sortant de l'eau, me dit aimablement :

« Je vous en prie, buvez donc une tasse. » Et il se met à jouer l'ouverture du *Trouvère* de Verdi sur un ravissant clavecin flottant au milieu de la pièce. Le temps du morceau, il disparaît sous l'eau. Seules ses mains émergent et courent gracieusement sur le clavier. Cela entraînant, vous le comprendrez, quelques remous, je suis forcé, à mon tour, de disparaître sous l'eau.

Dans cette position, je me serais beaucoup ennuyé si je ne m'étais amusé à pêcher des moules qui s'accrochaient aux flancs du clavecin.

Et je suis revenu, et me revoici, content de vous peindre l'homme tel que je l'ai vu, et tel qu'il est.

8 SEPTEMBRE 1939

L'ultimatum de la France et du Royaume-Uni, qui demandaient à l'Allemagne de retirer ses troupes de Pologne avant le 3 septembre, est rejeté par Hitler. Le Royaume-Uni, l'Australie, la Nouvelle-Zélande et la France déclarent alors la guerre à l'Allemagne.

EH ! BEN, MON 'IEUX

Ça n'a l'air de rien, cette petite phrase, mais qu'est-ce que ça représente : « Eh ! ben, mon 'ieux ! » Quand on dit ça, on a tout dit, et l'ayant dit, voilà que je ne sais plus quoi dire ; je suis tout bête devant mon papier, ne sachant quels mots tracer, car je me rends compte que la moindre exagération, dans un sens ou dans un autre, risque de rendre un son fêlé et de manquer son but. Alors, ma foi, je vais écrire simplement comme si je pensais tout haut.

Il y a presque un an et demi que ce brave petit *Os* poursuit son petit bonhomme de chemin, sans faire de mal à qui que ce soit, sans fiel, sans méchanceté, sans parti pris politique, animé de la seule intention de faire rire ; et puis voilà que, aujourd'hui, tous mes camarades sont partis à droite et à gauche, un peu partout, c'est-à-dire dans la même direction ; toute la rédaction, à peu de chose près, est mobilisée. *L'Os* va-t-il disparaître ? Nous allons faire l'impossible pour qu'il en soit autrement ; nous allons essayer, comme nous pourrons, de continuer la tâche difficile de faire naître ne serait-ce que l'ombre d'un sourire sur les lèvres de ceux qui nous ont toujours montré leur sympathie sans préjudice des autres.

Ça ne va pas être commode ; je ne sais pas encore si nous pourrons y arriver, mais nous ferons tout ce qui est en notre pouvoir. Je sais bien que de graves censeurs diront que ce n'est pas le moment de rigoler ; c'est tout à fait notre avis et nous n'en avons nulle envie, mais je pense aussi que c'est faire œuvre utile que tenter de détourner, pendant quelques instants, l'esprit des graves préoccupations qui sont devenues la monnaie courante de tous les jours.

Ah ! monsieur Hitler, comme il est regrettable que vous n'ayez jamais fait partie de nos abonnés ; car je suis persuadé que ça aurait pu changer la face des choses ! Enfin, il est inutile de récriminer et, comme le disait si justement monsieur de Saint-Simon : « Plus les regrets sont superflus, plus il est superflu d'en avoir. » Et, croyez-moi, si monsieur de Saint-Simon a prononcé de telles paroles, c'est qu'il avait d'excellentes raisons pour le faire.

En conséquence de ce qui précède, on va tâcher d'en mettre un bon coup. Évidemment, il y aura des surprises : il se peut, par exemple, qu'une semaine le journal ait le format d'une feuille de carnet de blanchisseuse, et que, par compensation, il soit imprimé, la semaine suivante, sur du papier d'emballage ou du carton bitumé ; peu importe : le principal, c'est qu'il paraisse ; en tout état de cause, et en dehors des collaborateurs habituels, je puis, d'ores et déjà, vous annoncer que monsieur von Ribbentrop, le ministre des Affaires étrangères du chancelier, a promis de nous envoyer des histoires amusantes et finement drolatiques. Quant à monsieur Molotov, il doit nous adresser des recettes de cuisine. Nous ferons mieux encore, mais vous comprendrez aisément que la plus grande discrétion s'impose présentement quant à nos projets.

Pour conclure, je ne saurai faire ni discours pompeux ni écrire de phrases définitives ; ce n'est point mon affaire ; je me contenterai donc de faire nôtre ce slogan attribué à Léonidas Labarrique : « Pendant les hostilités, le sourire est à l'extérieur. »

Les armées d'Adolf Hitler ont envahi la Pologne, celles de Staline ont également franchi la frontière. La Grande-Bretagne et ses dominions envoient des troupes sur notre territoire. La Home Fleet se promène dans la Baltique et en Méditerranée. La Suisse mobilise. L'Italie ne bouge pas. La Boulimie et la Mérovingie s'agitent. Vous verrez que toutes ces histoires finiront, à la longue, par nous amener des complications internationales.

LA PLANÈTE MARS DEVIENT NOTRE ALLIÉE

Chacun a su – tous les journaux l'avaient annoncé – que, le 27 juillet dernier, la planète Mars ne se trouvait qu'à 58 013 000 kilomètres de la terre. Mais ce que nous apprenons seulement aujourd'hui, c'est que les gouvernements anglais et français ont profité de ce rapprochement inouï de notre voisine pour converser avec ses dirigeants. De ces entretiens est née une alliance militaire entre notre planète et Mars. C'est demain ou après-demain au plus tard que le pacte entrera effectivement en action et que Mars déclarera la guerre à l'Allemagne. Pour du fantastique et de l'imprévu, c'est du fantastique et de l'imprévu.

Le dieu de la Guerre en personne contre l'infernal Hitler ! Ah ! ah ! ah ! Monsieur Hitler ! Que dites-vous de notre activité diplomatique ? Les troupes martiennes commenceront à débarquer sur Terre le 16 décembre 3782. C'est, en effet, dans 1 843 années que Mars, qui s'éloigne à nouveau de nous, ne se trouvera plus qu'à une distance de 57 657 000 kilomètres de la Terre. Patience, Français ! La fin de la guerre est donc proche.

SEPTEMBRE 1939

Ayant compris que les ondes pouvaient constituer une redoutable arme de guerre, Goebbels a fait de Radio Stuttgart un outil de la propagande allemande. Six émissions par jour diffusées sur la ligne Maginot diffusent de fausses interviews de soldats destinées à endormir l'armée française, ainsi que des chansons populaires, histoire d'enfoncer le clou.

La radio allemande est aux petits soins pour nos soldats. Elle organise en effet le « quart d'heure des auditeurs ennemis ». C'est ainsi que l'autre jour, elle a diffusé à l'intention des soldats français, sur demande transmise par la Suisse, « Parlez-moi d'amour », la chanson de Lucienne Boyer. Et l'on dira, après cela, que monsieur Adolf n'est pas gentil pour nous. Comme une politesse en appelle une autre, espérons que la radio française organisera à son tour, de temps à autre, un petit concert récréatif pour les auditeurs de la ligne Siegfried. Voici quelques disques que nous recommandons aux programmateurs : « Y a pas de beurre sur les punaises » ; « Serre ta ceinture d'un cran, camarade » ; « Si t'aimes pas le lard salé, mange donc de la mélasse » ; « Hitler, Staline, Goebbels ou les trois petits cochons » et « J'ai perdu mon estomac à Heidelberg ».

13 OCTOBRE 1939

Édouard Daladier a repoussé les propositions de paix d'Adolf Hitler. Le président du Conseil maintient des troupes ne disposant pas des moyens nécessaires pour résister à l'ennemi. Aucune activité notoire n'étant d'actualité, elles parviennent à faire illusion. Nos mobilisés se contentent de tuer le temps, en particulier sur la ligne Maginot.

NOTRE ENVOYÉ TRÈS SPÉCIAL SUR LE FRONT

Les grands quotidiens ont sur le front des envoyés spéciaux qui informent, au jour le jour, leurs lecteurs sur les opérations en cours. *L'Os à Moelle* ne pouvait faire moins que d'avoir, lui aussi, un envoyé, beaucoup plus spécial si cela est possible, et surtout mieux placé que ses confrères pour puiser les informations aux meilleures sources. Notre envoyé, très spécial, est donc parti pour le front, mais accrédité auprès de l'état-major allemand, ce qui constitue un progrès très sensible en profondeur. Voici son premier article :

QUELQUE PART EN ALLEMAGNE

Je viens de prendre mon petit déjeuner : un café au lait fait avec du mou de veau pilé dans du yaourt cuit au four, le tout étant ensuite passé au tamis. L'illusion est totale ! Que les plaisantins de la presse parisienne cessent de raconter leurs histoires d'ersatz... En réalité, le café au lait est fait en dépit du bon sens, en France. Il n'y a de vrai café au lait que celui de la ligne Siegfried, préparé comme je l'ai expliqué ci-dessus. À peine est-il besoin d'y ajouter, ainsi qu'il est d'usage dans les popotes d'officiers généraux, une cuillerée de magnésie hydratée pour remplacer la caféine.

Mais cela pourrait nous entraîner loin.

Dès 9 heures au méridien de Prutzig, je dois être reçu par le général Brauchitsch, chef, après le caporalissime Hitler, de l'armée allemande.

Je dois vous dire que, par précaution, j'ai placé un 6,35 mm dans ma poche-revolver, ma dernière carte d'électeur, un numéro de L'Os à Moelle, un couteau à cran d'arrêt et 25 centigrammes de cyanure de mercure.

Dès mon entrée dans le bureau du général, j'ai l'impression très nette que je vais trouver devant moi un militaire. Son casque et son masque contre les gaz sont accrochés dans l'antichambre et son sabre baigne dans un récipient d'huile goménolée pour éviter l'oxydation de la lame.

Sur la table-bureau, de pur style gothique, des cartes à jouer sont étalées.
Je m'en étonne avec tout le tact dont je suis capable :

« Je croyais vous trouver, monsieur le Général, occupé à étudier des cartes d'état-major, au 160 000e ! »

Le général réprime rapidement un sourire à la fois sardonique et sarcastique :

« Chez vous, peut-être, on s'amuse encore à ça. Les Français sont routiniers. Votre École de Guerre ne se met pas à la page ! Ici, j'ai remplacé les vieilles cartes géographiques d'état-major par des collections de 32 cartes à jouer. C'est plus gai, et ça permet de faire des réussites. Or, à la guerre, il n'y a que la réussite qui compte. Napoléon l'a dit : "Un général vaincu est un général qui n'a pas réussi. »

Je dois avouer que ces arguments m'ont, comme on dit, assis. J'en ai été d'autant plus ravi que l'éminent stratège a oublié de m'offrir un siège.

Ses explications géniales ont alors continué :

« Le plan Schlieffen prévoyant les opérations de l'armée allemande contre ses voisins date de 1905. Il est périmé. Je me fais donc des réussites. Dois-je attaquer sur la gauche ? les cartes me disent : non ; dois-je attaquer à droite ? les cartes m'invitent à m'abstenir ; dois-je attaquer au centre ? les cartes sont nettement hostiles. Des cartes d'état-major ne me conseilleraient rien du tout. J'en déduis donc qu'il faut attendre. De son côté, mon cher Führer consulte les astres. Pour le moment, il est sous l'influence de la lune. Il est même comme elle... Pour préciser, dans son dernier quartier...

– ... général ? hasardai-je finement.

– Vous l'avez dit ! Et dites bien à *L'Os à Moelle* que la victoire ne saurait nous échapper, car je vais acheter un jeu de 52 cartes. Ce sera plus précis au point de vue tactique, et plus conforme aux exigences de la science militaire moderne... Excusez-moi, j'ai quelques lettres anonymes à écrire. Venez demain à la même heure, je vous ferai assister à nos exercices de tir aux pigeons par la DCA.

Le Gorafi

La France surprend les armées du Reich en déplaçant dans la nuit ses frontières de plusieurs milliers de kilomètres

Incroyable coup de bluff de l'armée française face aux troupes d'Hitler. En effet, tout le pays a été déplacé dans la nuit de plusieurs milliers de kilomètres. Quand les chars allemands se sont aventurés jusqu'à la frontière, ils sont tombés dans un grand trou là où aurait dû se trouver la France. « C'est un plan très astucieux », s'est félicité un porte-parole du ministère de la Guerre qui a déclaré avoir d'autres plans très astucieux, comme l'implantation massive de « ronds-points giratoires », superbe invention automobile du 2e Bureau des Inventions qui piégerait les armées ennemies et les enverrait tourner sur elles-mêmes jusqu'à la capitulation.

FÊTES ET RÉUNIONS

La Société amicale des Pèlerines roulées informe ses adhérents et sympathisants qu'elle organise le 22 courant, de 0 heure à 3 heures du matin, dans les luxueux salons de sa cave-abri, 98 *ter*, rue Brise-Miche, une grande réunion publique et contradictoire sur les causes de l'actuel malentendu international.

Monsieur Adolf Hitler est courtoisement invité à venir expliquer les points obscurs de son livre *Mein Kampf*.

L'Amicale garantit formellement à l'honorable Führer qu'il ne lui sera rigoureusement rien fait d'autre en dehors de ce qui pourrait lui arriver éventuellement et fortuitement.

Qu'est devenu l'imperméable du Führer ? Nous ne craignons aucun démenti, cinglant ou non, en disant que, depuis fort longtemps, nul n'a plus revu le fameux imperméable dont, jadis, Hitler ne se séparait ni jour ni nuit. Sur toutes les photos qui nous parviennent de par là-bas, on voit maintenant le Führer revêtu d'un uniforme trop grand pour lui et très probablement emprunté au maréchal Goering. Le mystère demeure entier !

Hitler n'est pas content, oh ! mais là, pas du tout. Il a fait des propositions de paix et personne ne les accepte. Avouez que c'est décourageant. Soyez donc pacifiste ardent et convaincu, donnez-vous donc du mal pour pacifier un pays aussi belliqueux que la Pologne, répondez donc aux violences par la manière douce, bombardez donc Varsovie avec des obus à blanc... Et tout et tout... Et doux et doux ! Pourtant, on ne peut pas être plus conciliant qu'Adolf Hitler. Il est prêt à faire n'importe quoi pour avoir la paix. Il reprendra les anciennes colonies allemandes s'il le faut. Il adoptera la Roumanie et la Yougoslavie si c'est nécessaire. Et même la Suisse, si on l'exige ! Alors, comme dit la chanson, qu'est-ce qu'on attend ? Qu'est-ce qu'on attend pour être heureux ?

DES ARMES NOUVELLES POUR UNE GUERRE TOTALE

Un individu vient d'être arrêté « quelque part », entre Rhin et Moselle, et incarcéré à la Santé. L'oreille collée à la porte du juge instructeur, nous avons pu noter quelques passages importants du premier interrogatoire. Il s'agirait d'une affaire de la plus extrême gravité et dont les conséquences sont imprévues.

Le triste sire, sous l'uniforme innocent de livreur d'un grand magasin parisien, aurait réussi à se faufiler dans nos lignes, avec, dans sa voiture, un chargement de plusieurs milliers d'exemplaires de *Mein Kampf*, l'ouvrage d'Hitler, dans la traduction française.

Le plan du traître – manifestement à la solde de Goebbels – est facile à comprendre. Il a distribué généreusement les livres à nos braves troupiers qui, sans méfiance, se sont aussitôt livrés à la lecture du fameux bouquin. La lâche manœuvre a porté ses fruits. Vingt-quatre heures plus tard, des milliers d'hommes dormaient d'un profond sommeil tout le long de nos avancées de la ligne Maginot. Ces hommes surpris à leur poste, le fusil entre les mains, et ronflant debout, risquaient le conseil de guerre. Le haut commandement, alerté, a fort heureusement pris à temps des mesures énergiques pour redresser la situation.

Une contre-attaque s'est naturellement imposée. Des patrouilles de volontaires ont déposé la nuit des milliers d'œuvres de Nietzsche, de Schopenhauer et de Kant dans les tranchées allemandes. Le résultat a été foudroyant. Au soir, un ronflement sonore s'élevait au-dessus de la ligne ennemie.

Quoique cette nouvelle façon de faire la guerre puisse paraître bien inhumaine à plus d'un cœur sensible, et qu'elle présente une triste analogie avec les attaques par les gaz asphyxiants, il ne semble pas qu'elle soit contraire aux conventions de La Haye.

Au surplus, comme ce n'est pas nous qui avons commencé, les armées d'Hitler doivent s'attendre au pire. Après les livres, nous leur ferons entendre par haut-parleurs quelques-unes de nos vedettes inoccupées en ce moment. Ce coup-là, les boches ne se réveilleront pas !

L'ÉCRIVAIN HITLER PLAGIAIRE !

Nous nous apprêtions à écrire une substantielle critique et à faire une large publicité à la dernière œuvre d'Adolf Hitler qui a pour titre *Mein Kampf*. Mais, au moment même de prendre la plume en main, il nous est apparu soudain qu'il s'agit d'un odieux et vulgaire plagiat d'une des fables de notre bon et national La Fontaine, intitulée « La grenouille qui se veut faire aussi grosse que le bœuf ». Les premiers vers sont les suivants :

Une grenouille vit un bœuf
Qui lui sembla de belle taille.
Elle qui n'était pas grosse en tout comme un œuf,

Envieuse s'étend, et s'enfle, et se travaille
Pour égaler l'animal en grosseur...

Et plus loin :

La chétive pécore
S'enfla si bien qu'elle creva.

Nous référant au texte – en prose, là est la seule différence – d'Hitler, aucun doute n'est possible. Il n'est qu'un vil plagiaire de Jean de La Fontaine. Comme tel, nous n'observerons donc, vis-à-vis de son dernier ouvrage, que le silence le plus dédaigneux.

ON VOUDRAIT BIEN SAVOIR

La guerre est-elle finie ? Adolf Hitler vit-il encore ? Goering a-t-il maigri ? Manque-t-on toujours de café ? A- t-on assez de bromure ? La principauté d'Andorre a-t-elle envoyé un ultimatum à celle de Monaco ? Le Guatemala a-t-il envahi la Bulgarie ? Sommes-nous à un tournant de l'histoire ? Autant de questions angoissées qui nous viennent à l'esprit et demeurent, hélas ! sans réponses.

Qui sait ? Le défilé de la Victoire de 1939 a peut-être eu lieu hier sur les Champs-Élysées et tous nos copains sont peut-être démobilisés à l'heure qu'il est...

Pourtant non, il me semble que s'il en était ainsi, notre colonel – qui doit être au courant, lui – nous aurait prévenus en douce. Avouez que ce serait la moindre des choses.

Le Gorafi

Guerre mondiale : le Guatemala envahit accidentellement la Bulgarie

Le monde vient de basculer dans un nouveau tournant à 180° dans la folie guerrière. On apprend en effet que les armées guatémaltèques auraient envahi plusieurs provinces de Bulgarie. Cette information est en cours de vérification auprès de la SDN qui dit « chercher où se trouve exactement le Guatemala ». La Bulgarie affirme de son côté être prête à riposter en envahissant un pays au hasard. Autre source d'inquiétude : la principauté d'Andorre aurait envoyé un ultimatum à celle de Monaco. Mais, en raison des événements en Europe, la distribution du courrier est très perturbée et l'ultimatum andorran pourrait arriver après son expiration, entraînant le monde civilisé dans un conflit encore plus complexe.

2 FÉVRIER 1940

L'armement et la Défense nationale sont désormais les priorités du gouvernement français. Il annonce la création de cartes d'alimentation. Édouard Daladier affirme à la radio que l'Allemagne espère faire chuter la France en exploitant des faiblesses à l'arrière, en passe d'être compensées.

COMMENT RECONNAÎTRE L'ÉTAT DE GUERRE ?

Je pense que voilà un article qui arrive à son heure ; d'ailleurs, depuis quelque temps, rien qu'à la manière dont me regardaient certains décalamineurs de passe-montagne, je sentais que le moment était proche où je me trouverais dans l'obligation de l'écrire ; en quelque sorte j'étais en état permanent d'incubation, ce qui ne m'empêchait nullement d'être également en état permanent tout court ; car c'est bien là un des principaux bienfaits de la démocratie qui donne à tout citoyen le droit d'être, où et quand il veut, en état permanent.

La conséquence de tout ce qui est causé par tout ça est donc le présent article que j'intitule sans l'ombre d'une hésitation : « Comment reconnaître l'état de guerre ? » Ou, plus exactement : « De quelle manière peut-on se rendre compte qu'on est en guerre ? »

Évidemment, et à première vue, cette question semble parfaitement hors de propos et risque simplement de faire hausser, sinon le cours de l'or, tout au moins les épaules ; mais si l'on a suffisamment de conscience et d'esprit critique pour se livrer à un examen approfondi de la chose, on se rend très rapidement compte qu'elle est loin d'être dénuée de sens commun.

Les gens simplistes diront, en toute sincérité d'ailleurs, qu'on se rend lumineusement compte de l'état de guerre quand des millions d'hommes sont sous les armes et que le seul fait d'échanger des projectiles variés avec l'ennemi suffit largement à édifier le plus borné. Quoique respectueux de cet argument, auquel, au demeurant, je ne conteste pas une certaine valeur, je me permettrai néanmoins de le révoquer en doute et de le taxer d'insuffisance notoire.

On peut parfaitement se battre et ne pas être en guerre ; ça s'est vu ; je ne me rappelle pas où, mais ça s'est vu ; peut-être par des gens qui ne voyaient pas très clair, mais ça c'est une autre histoire, comme seul avait le droit de dire Rudyard Kipling, unique et exclusif dépositaire de cette phrase célèbre.

Remarquez que je n'ai pas la prétention d'affirmer que nous ne sommes pas en guerre ; mais j'affirme – et j'insiste là-dessus – que la preuve scientifique du climat d'hostilités n'a pas été faite. Que diable ! nous aussi nous avons des chimistes distingués, dévoués au bien public et aux intérêts de l'humanité ! Pourquoi ne leur demande-t-on pas la preuve irréfutable de l'état de guerre ?

Des siècles d'expérience ont démontré que lorsque la tête de moineau, sous l'action de la teinture de tournesol, prend l'aspect d'une gueule de loup ou d'un bec de cane, c'est que la guerre existe à l'état nettement positif. Cette réaction n'a jamais manqué son coup, sauf une fois cependant, mais parce qu'on avait remplacé la teinture de tournesol par de la soupe aux morilles.

Or, il n'apparaît pas que les pouvoirs publics se soient préoccupés de faire établir par des savants l'évidence de l'état de guerre ; c'est pour le moins regrettable, car pareille expérience fermerait définitivement la bouche aux sceptiques encore trop nombreux qui persistent à s'imaginer que la guerre n'est pas commencée, ce qui les incite à s'occuper uniquement de leurs petites affaires avec un égoïsme touchant, sonnant et trébuchant.

Un morceau de tête de moineau, un peu de teinture de tournesol, et voilà tout en ordre jusqu'à la victoire ! Monsieur le Président de la République, je suis à votre entière disposition pour mettre les choses au point. Je suis libre tous les jours de 16 à 18 heures, de 17 à 19 heures, mais jamais entre 15 h 55 et 20 heures moins trente.

L'OS À MOELLE VA LANCER LUI AUSSI DES TRACTS SUR L'ALLEMAGNE ET LA RUSSIE

On sait que les avions finlandais lancent quotidiennement des tracts dans les lignes russes et l'on connaît la teneur de ces documents par lesquels le gouvernement d'Helsinki offre aux soldats ennemis 100 roubles pour un revolver, 150 roubles pour un fusil, 1 500 pour un tank, 10 000 pour une mitrailleuse, etc. Et pour un avion en bon état : 10 000 dollars avec un voyage gratuit à l'étranger pour le pilote qui l'aura amené. La direction de notre journal, après réunion du grand conseil d'administration, du petit conseil de rédaction et du moyen conseil de mise en pages, a décidé de distribuer à son tour, par voie aérienne, des tracts ossamoellesques aux populations hitlériennes et staliniennes.

Voici, d'ailleurs, le modèle de notre tract n° 187 *bis*, AS/R x Y/Z, GDB, destiné à l'armée d'URSS :

SOLDASKOFS!
CONSTITUEZ-VOUS PRISONNOSKOFS.
L'OSSAMOELLOS- KOF VOUS OFFRE GÉNÉREUSEMENSKY :

Pour une huche à pain .... 18 F 95

Pour un avion en bon état .... 828 F 10

(En outre, le pilote qui l'aura amené aura droit à un voyage gratuit à La Garenne-Bezons, un pot de moutarde et un strapontin au théâtre de l'Odéonskof.)

Pour un kilo de caviar .... 112 F 25

Pour un colonel soviétique .... 3 F 30

Pour un général soviétique .... 6 sous

Pour une pelote à épingles .... 15 F

Pour un sac de sciure..458 F 45

Pour une demi-douzaine de moujiks..................................21 F 15

Pour une douzaine de hallebardes.......................................8 F 25

Notre tract n° 876 ter, GZ/XVF RDSDTDTDGHUIDSQ 709-RJ7, destiné à l'armée allemande :

SOLDATS DU IIIe REICH, VENEZ À NOUS, VOICI CE QUE NOUS PAYONS :

Pour un Zeppelin en bon état..17 F

Pour un Zeppelin en mauvais état..0 F 55

Pour la moustache à Hitler..6 F 25

Pour Hitler au grand complet .... 15 millions

(Avec, au surplus, un voyage gratuit à Brive-la-Gaillarde, 1 kilo de beurre, 1/2 livre de café, un passe-montagne et 2 saucisses de Toulouse.)

Pour les décorations du maréchal Goering ....3 sous

Pour un parachute en bon état..5 F

Pour le même, avec parachutiste.. 5 F 25

Pour un fortin de la ligne Siegfried....................................1 F 30

Enfin, nous avons mis à l'étude un modèle de tract en blanc que nous ferons lancer sur les îles désertes de la mer Blanche.

HITLER A-T-IL UNE ARME SECRÈTE ?

Pour intimider les Alliés, Hitler a fait annoncer que l'Allemagne possède une formidable arme secrète.

Le service d'espionnage de *L'Os* n'a pas attendu pour s'informer. Dès que la nouvelle a été officielle, quelques collaborateurs parachutistes se sont rendus sur place, quelque part en Hitlérie. Leurs recherches ont été couronnées de succès. L'arme en question n'est pas ce que l'on pense. Elle n'est pas non plus ce que l'on a pu dire. Vue de face, on a l'illusion de la voir de profil. De profil, elle donne plutôt l'impression qu'elle est placée de face. Elle est massive, entièrement en acier chromé, montée sur billes et très bien camouflée. Chaque Allemand la charge chaque matin par la culasse en vue de la faire fonctionner à plein rendement quand le Führer commandera « Feu ! ». À vrai dire, elle a déjà été utilisée, mais sans trop de fracas, sur le front occidental.

Mais, direz-vous, cette arme, à quoi se charge-t-elle ? Quel explosif nouveau vont-ils employer et quels projectiles allons-nous recevoir ? C'est à ces questions que nous sommes en mesure de répondre aujourd'hui. L'arme n'est pas nouvelle : c'est un gros calibre de bluff et une énorme charge de sauvagerie.

23 FÉVRIER 1940

Sur Radio Stuttgart, Paul Ferdonnet, un journaliste au service du Troisième Reich, traduit en français des textes de la propagande allemande faisant l'apologie du nazisme. Il tente ainsi de démoraliser les troupes françaises. Ce qui lui vaut d'être surnommé « le traître de Stuttgart ».

UNE NOUVELLE FORMATION MILITAIRE ALLEMANDE

D'après une information qui nous vient de Suisse, les Allemands ont créé tout récemment une « Compagnie de Propagande », composée en majeure partie de correspondants de guerre et de journalistes. Cette nouvelle formation militaire n'a pas encore rejoint le front, mais elle s'entraîne journellement à l'arrière. Le stylo sur l'épaule droite, la machine à écrire sur le dos et le bloc en bandoulière, les soldats de cette Compagnie de Propagande font des manœuvres de jour et de nuit, quand ce n'est pas de nuit et de jour.

Un des principaux exercices est le maniement du prospectus, qui se décompose ainsi :

- Présentez... Us !

- Prospectus... On !

- Lancez... Us !

Et l'on entend tout aussitôt un crépitement formidable :

- Tract, tract, tract, tract, tract, tract !

Ce sont les prospectus qui atteignent en rafale l'objectif proposé. Cette Compagnie de Propagande comprend une section d'hommes-sandwiches motorisés, et une escouade de colleurs d'affiches. Des exercices de lancement de bobards ont lieu fréquemment, sous la haute direction de Paul Ferdonnet, le traître de Stuttgart. Quelques marins ont été affectés également à la Compagnie de Propagande.

On les a chargés tout spécialement du montage des bateaux. On s'attend à la participation prochaine de cette formation nouvelle aux opérations. Ces journalistes militarisés auraient, en effet, reçu l'ordre d'attaquer la ligne Maginot à coups d'articles de tête et de romans-feuilletons. Heureusement, les troupes défensives de la Censure française les attendent au tournant !

Le Gorafi

L'armée allemande accusée d'imprimer des tracts de propagande avec des feuilles de papier coupantes

Rien n'arrête la sauvagerie du Reich. Dernier exemple en date, nos valeureux soldats en poste le long de la ligne Maginot auraient été bombardés avec des kilos de tracts de propagande. Mais ces tracts seraient composés de feuilles de papier très tranchantes, en plus d'être remplis d'inepties comme celle affirmant qu'Hilter aurait inventé le jeu du morpion. « Ce sont des méthodes d'un autre âge, il faut garder un peu de dignité dans les combats », s'est insurgé un porte-parole du ministère de la Guerre. L'armée française pourrait répliquer en bombardant les lignes ennemies de 78 tours de Rina Ketty ou de l'intégrale de Fernandel.

15 MARS 1940

Sumner Welles, sous-secrétaire d'État américain et envoyé spécial en Europe du président Roosevelt, a tenté de provoquer des négociations de paix entre les Alliés et l'Allemagne. Il n'a pas croisé la moindre oreille favorable à sa médiation. Il a prévenu Hitler que la moindre extension du conflit par le Reich entraînerait une réaction énergique et déterminée des États-Unis.

ASSEZ DE BOBARDS !

La publication, après la visite au Führer de monsieur Sumner Welles, le sous-secrétaire d'État américain, des conditions de paix formulées par le chancelier Hitler nous a légitimement intrigués à L'Os.

Grâce à notre carte de visite portant mention de rédacteur à L'Os à Moelle, on nous ouvre toutes les portes. « Organe des loufoques » plaît beaucoup à Adolf, qui a vraiment la tournure d'esprit qu'on attend aussi bien des collaborateurs de notre organe que de ses lecteurs.

Nous l'avons donc trouvé presque au saut du lit, alors qu'il faisait sa toilette avec une pierre ponce et un tampon de paille de fer.

« Rien de mieux, cher ami, dit-il en découvrant largement ses 42 dents longues et pointues. Pas besoin de savon avec ça. D'ailleurs, le savon est plus utile pour faire cuire les œufs sur le plat. Mais laissons ces détails sans importance. Quel bon vent vous amène ?

– Mon cher Adolf, j'ai lu dans nos journaux vos conditions de paix. »

En entendant ces mots, prononcés avec la gravité que vous pouvez imaginer, le Führer s'est esclaffé. Sa bouche s'est ouverte si grande que sa lèvre supérieure lui a soudain caché le visage jusqu'aux sourcils.

« Elle est bien bonne ! Vous avez lu les communiqués de Goebbels, cette demi-portion ! Mais il est cinglé ce type-là ! Si vous croyez tout ce qu'il raconte, vous n'avez pas fini d'en croire et d'en baver !

– Alors, mon bon Dodophe, ces fameuses conditions ne seraient pas les vôtres ?

– Pas du tout ! Les miennes sont raisonnables, Dieu merci ! Je crois pourtant avoir fait mes preuves pour qu'on ne m'imagine pas capable d'imaginer de pareilles sornettes.

– Sornettes, peut-être, mais sornettes d'alarme !... »

Soudain silencieux, le front plissé par un pénible travail cérébral, Hitler a répété en boucle et à voix basse ce trait d'esprit, puis, désespérant d'en saisir le sens, il a poursuivi son propos :

« En vérité, la paix ne dépend pas de moi. Parce que, moi, je suis décidé à donner satisfaction à tous ceux qui seront disposés à ne pas me contrarier. Qu'on me laisse la Pologne, la Tchécoslovaquie, l'Autriche et... le reste. Surtout le reste... Quant à ce qui suivra, je le veux : la Suède, la Norvège, le Danemark...

– Jusqu'ici, vous n'êtes pas exigeant, en somme !

– Non. Et puis, je pense que la Suisse doit entrer dans mon vital espace avant la Roumanie, la Bulgarie, la Yougoslavie et la Grèce.

– Il me semble que vous oubliez l'Angleterre ?

– Attendez ! Ça viendra par la suite. En attendant, l'Italie et l'Espagne.

– Si je comprends bien, l'étude des frontières européennes sera grandement facilitée, grâce à vous.

– D'autant plus que je ne laisserai pas la France à son cruel isolement, surtout en considération de ses admirables vins, beurres, et de toutes ses spécialités gastronomiques, si rares ici.

– Mon cher Führer, je vous remercie pour cette remarquable mise au point. Je suis rassuré. Mais il me semble que vous avez oublié la principauté d'Andorre et la république de San Marin ?

– Non pas ! Elles resteront indépendantes. J'insiste sur ce point. J'ai une grosse responsabilité devant l'Histoire. Il ne faut pas que ma mémoire soit ternie par l'abus de la force. Je ne veux pas qu'on m'accuse de rester seul maître du destin de l'Europe. »

Une fois de plus, on a exagéré les prétentions d'Hitler. Espérons que cette déclaration suffira à calmer les appréhensions de nos compatriotes !

Le Gorafi

Le Reich nie vouloir envahir l'Europe mais exige cependant le déplacement rapide de 300 millions de personnes avant 1940

Dans un communiqué envoyé à la SDN, le ministre des Affaires étrangères du Reich a redit que son pays et ses forces armées ne souhaitaient pas envahir l'Europe et le reste du monde. « C'est totalement faux, c'est du bobard. En revanche, notre gentil chancelier Hitler a dessiné des plans de déplacement de 300 millions de personnes que nous voudrions soumettre aux pays concernés », a-t-il corrigé. Le Reich ne parle pas de plan d'évacuation en cas d'invasion de l'Europe mais plutôt de « déplacement stratégique de stocks de personnel diplomatique localisés dans le cadre d'une inversion de gestion de responsabilité étatique », le tout sous « contraintes hiérarchiques de système d'éjection mécanique de projectiles profilés à propulsion explosive ».

1er AVRIL 1940

LES DINDONS DES FARCES

Les farces du 1er avril, cette année, ont été particulièrement réussies dans le monde entier. On aurait pu croire, étant donné les circonstances, que les plaisanteries traditionnelles seraient plus ternes et moins nombreuses que les années précédentes. Eh bien, elles ont été, au contraire, innombrables et parfaitement réussies. On s'est mystifié dans le monde entier, aussi bien en Europe qu'en Amérique, en Afrique et en Asie, au pôle Nord qu'au pôle Sud, à Batavia qu'à Foutchéou, à Honolulu qu'à Quimperlé, à Rozay-en-Brie qu'à Fernando Poo. Voici d'ailleurs quelques-unes des dépêches adressées par nos correspondants particuliers :

BERLIN. Le docteur Goebbels a téléphoné au chancelier Hitler pour l'informer qu'il avait acheté un quart de beurre au marché de Weissensee. Le Führer a sauté aussitôt dans sa voiture pour venir chercher un demi-quart de la précieuse denrée. « Poisson d'avril ! » s'est alors écrié le docteur Goebbels. Adolf Hitler a pris la chose du bon côté, se contentant, pour la forme, de faire décapiter à la hache une demi-douzaine de personnes.

MOSCOU. Staline a mis en portefeuille le lit de monsieur Molotov. De plus, il a signé un pacte de non-agression avec le Bélouchistan.

SCAPA FLOW. Un croiseur britannique a coulé un sous-marin allemand.

MARSEILLE. Monsieur Marius Escartefigue a versé le contenu d'un plat de bouillabaisse dans la poche droite du chef de cabinet de la préfecture. Ce dernier en rit encore.

QUELQUE PART EN FRANCE. Le caporal La Guillaumette a accroché un chapeau mou à la place du képi de son colonel.

Le colonel, de son côté, a collé huit jours de prison au caporal La Guillaumette.

YOKOHAMA. Pour amuser ses enfants, un industriel japonais s'est fait hara-kiri.

5 AVRIL 1940

Le 30 novembre 1939, l'Union soviétique envahit la Finlande. La guerre d'Hiver est déclenchée. Les Finlandais résistent jusqu'au 13 mars 1940. Édouard Daladier a demandé aux gouvernements suédois et norvégien d'autoriser les armées alliées à traverser leurs territoires afin de venir en aide à l'armée finlandaise attaquée par la Russie. Goebbels a menacé la Suède de représailles si elle donnait son feu vert. C'est ainsi que les Finlandais ont fini par rendre les armes. Un traité de paix permet aux Soviétiques de prendre possession des territoires de la Carélie, du port de Vyborg, et de bénéficier d'avantages stratégiques et économiques.

DIPLOMATIE MASQUÉE

On apprend que les délégués finlandais, lors de la signature du traité de paix avec la Russie, étaient arrivés à Moscou sous de faux noms et avec de fausses barbes. La voilà bien, la diplomatie secrète !

C'est sans doute en vertu de cette nouvelle formule que monsieur Souritz, ambassadeur d'URSS à Paris, vient de se déguiser en courant d'air.

Nous tenons à la disposition de ceux que cela peut intéresser une panoplie de diplomate, d'un prix très avantageux, comportant une fausse barbe, une moustache postiche, une perruque blanche, des faux cils, un faux nez et un masque noir. Envoi contre remboursement, sous pli discret.

UNE RÉVÉLATION SENSATIONNELLE

HITLER NE SERAIT PAS HITLER !

Le professeur Popodalopoulos, l'archéologue-psychopathe bien connu qui s'était déjà illustré par une remarquable étude sur l'âge de la pierre à briquet, vient de nous communiquer le fruit de ses derniers travaux. Ils sont bouleversants : Hitler, le Führer de l'Allemagne, ne serait pas Hitler !

On sait qu'à l'exemple de beaucoup de dictateurs, le Führer a un sosie, destiné à encaisser en ses lieu et place les pommes cuites et les bouquets en métal chromé. Les deux hommes se ressemblent étrangement, principalement le sosie qui ressemble à Hitler plus encore qu'Hitler au sosie. Pour comble de confusion, ce dernier s'appelle également Hitler, comme son maître.

C'est ce qui explique qu'un jour, marchant côte à côte dans une rue déserte, les deux hommes changèrent machinalement de trottoir et ne purent se rappeler dès lors leurs positions primitives ! Lequel des deux était le vrai Hitler ? Ils s'interrogèrent mutuellement sans pouvoir obtenir de réponse. Un arbitrage eut lieu, arbitrage dont le professeur Popodalopoulos conteste aujourd'hui l'exactitude. Après examen, le savant est en mesure d'affirmer que l'Hitler qui met actuellement le monde en révolution ne serait qu'un vulgaire sosie. L'autre Hitler, le « vrai », se serait retiré dans un petit village du Tyrol où il garde les moutons, tout en confectionnant de menus ouvrages de tricot.

Cette nouvelle apporte au monde anxieux un réel soulagement. Finies les craintes chimériques, puisque Hitler, bien qu'il s'appelle Hitler, n'est pas en réalité l'Hitler que l'on prenait pour Hitler.

P.-S. Nous apprenons en dernière heure que le professeur Popodalopoulos était en train de développer la présente thèse devant l'Académie de Médecine de Tombouctou, lorsque quatre infirmiers solides ont surgi dans la salle. Le malheureux savant a aussitôt été interné.

Le Gorafi

Panique dans le Reich après qu'un sosie d'Hitler s'est échappé et a dit des choses sensées

La paix a failli revenir brutalement en Europe. En effet, un des nombreux sosies d'Hitler se serait échappé tôt ce matin et aurait harangué la population en diffusant des discours d'amour et de tolérance. « C'était horrible. Tout à coup, Hitler disait des choses mignonnes et sympas », raconte un passant. « Pendant un instant on a cru que la guerre n'allait pas avoir lieu et que nous allions retrouver la concorde mondiale », raconte un autre, encore sous le choc. Le coupable, identifié comme un barbier rasant gratis dans le ghetto juif, a pris la fuite, armé d'un chapeau rond et d'une canne.

ÉCHANGES DE TÉLÉGRAMMES

Mussolini a envoyé à Hitler le télégramme suivant :

« Permettez-moi de vous adresser les vœux les plus chaleureux à l'occasion de votre anniversaire. »

Hitler a immédiatement répondu à Mussolini :

« Conformément à votre demande, je vous permets de m'adresser vos vœux à l'occasion de mon anniversaire. »

Mussolini a, sans plus attendre, télégraphié à Hitler :

« Je suis heureux de vous adresser mes félicitations à l'occasion de votre anniversaire. »

Hitler a répondu à Mussolini :

« Permettez-moi de vous adresser mes remerciements pour le télégramme chaleureux que vous m'avez adressé à l'occasion de mon anniversaire. »

Mussolini a aussitôt téléphoné à Hitler :

« Faisant droit à votre requête, je vous autorise à m'adresser vos remerciements pour le télégramme que je vous ai adressé à l'occasion de votre anniversaire. »

Hitler a incontinent fait parvenir à Mussolini la dépêche suivante :

« Puisque vous m'y autorisez, je vous adresse mes remerciements pour le télégramme que vous m'avez adressé à l'occasion de mon anniversaire. »

Mussolini a répondu à Hitler :

« Je vous remercie cordialement des remerciements que vous m'avez envoyés pour le télégramme que je vous ai adressé à l'occasion de votre anniversaire. »

Hitler a aussitôt télégraphié à Mussolini :

« Recevez mes remerciements chaleureux pour les remerciements que vous m'avez adressés pour me remercier du télégramme de remerciements que je vous ai adressé pour vous remercier du télégramme de félicitations que vous m'avez fait parvenir à l'occasion de mon anniversaire. »

Mussolini a répondu à Hitler :

« Très ému des
remerciements chaleureux
que vous m'adressez
pour les remerciements
que je vous ai adressés
pour vous remercier
des remerciements que
vous m'avez télégraphiés
pour me remercier
des félicitations que
je vous ai fait parvenir
à l'occasion de votre
anniversaire, je vous
en remercie vivement. »

Hitler a répondu à Mussolini :

« Je tiens à vous remercier personnellement du télégramme de remerciements que vous m'avez envoyé pour me remercier des remerciements que je vous ai adressés en remerciement de la dépêche de remerciements que vous avez eu l'amabilité de me faire parvenir pour me remercier des remerciements que je vous ai adressés en remerciement des remerciements que vous m'avez adressés pour me remercier des remerciements que je vous ai adressés à l'occasion du télégramme de félicitations que vous m'avez envoyé à l'occasion de mon anniversaire. »

À cette date et à cette heure, Mussolini étudie la réponse qu'il compte adresser à Hitler, dès que sa température sera un peu tombée.

Le Gorafi

Pénurie de cartes d'anniversaire en Europe après que Mussolini et Hitler se sont mutuellement félicités pendant trois semaines

Après la viande, le pain et l'os à moelle, un autre objet du quotidien rejoint la longue liste de produits rationnés : la carte d'anniversaire. En cause, les multiples félicitations des deux dictateurs allemand et italien qui ont échangé pendant trois semaines plus de 4 000 cartes de remerciement pour se remercier mutuellement de s'être remerciés pour s'être remerciés en guise de remerciement pour se remercier mutuellement de s'être remerciés dans le cadre d'un remerciement pour se remercier de se remercier mutuellement et d'un commun accord de leurs anniversaires respectifs.

LA MALADIE SECRÈTE D'HITLER

Bien que la chose soit tenue secrète par les services du ministère de l'Agriculture du Reich, afin de ne pas affoler les populations rurales, les gens bien renseignés croient savoir que l'étrange maladie dont souffre Adolf Hitler ne serait autre qu'une fièvre aphteuse ménagiteuse et concubraine.

C'est pourquoi, aux côtés des médecins qui le soignent, ont été appelés des professeurs de l'École de Vétérinaires de Hausenhalforttestrass. Les premiers symptômes sont apparus sous la forme de beuglements plus rauques, quoique moins fréquents, du malade dont l'appétit, chose curieuse, n'a fait qu'augmenter, en même temps que ses manies. Il a exigé, par exemple, une marmite norvégienne pour faire cuire sa chicorée de Bruxelles et les choux de même provenance, et réclamé du fromage de Hollande à défaut de petits-suisses, risquant ainsi l'indigestion, mais se fiant à son estomac de crocodile.

Il y a longtemps que l'on savait se trouver en présence d'un phénomène, un triste phénomène, dont l'absence d'un cœur était une des caractéristiques. À la place du cœur, on a découvert une espèce de culot mal placé. Cela le rend si peu sensible qu'il peut se débarbouiller avec de la paille de fer et s'essuyer avec du papier de verre. En attendant de la boucher définitivement au papier d'émeri.

« Mesdames, mesdemoiselles, messieurs, mon général, ma sœur, le présent recueil est maintenant terminé. Pour tout autre renseignement en ce qui concerne ce qui précède, veuillez vous reporter à votre livre de cuisine habituel. »